CELSO WOLTZENLOGEL

MÉTODO ILUSTRADO DE
FLAUTA

VOLUME 2

MÉTODO ILUSTRADO DE FLAUTA
METHODE ILLUSTREE DE FLUTE
ILLUSTRATED METHOD FOR FLUTE

COLABORAÇÃO ESPECIAL
COLABORACIÓN ESPECIAL
COLLABORATION SPECIALE
SPECIAL CONTRIBUTION

CÉSAR GUERRA-PEIXE

Em um único volume:
1ª Edição - 1983
2ª Edição revista e ampliada - 1988
3ª Edição revista e ampliada - 1995
4ª Edição - 2000

Em dois volumes:
Edição revista e ampliada - 2008

Nº Cat: 404 - M

Irmãos Vitale S/A Indústria e Comércio
www.vitale.com.br
Rua França Pinto, 42   Vila Mariana   São Paulo   SP
CEP: 04016-000 Tel: 11 5081-9499 Fax: 11 5574-7388

© Copyright 2008 by Irmãos Vitale S.A. Ind. e Com. - São Paulo - Brasil
Todos os direitos autorais reservados para todos os países. *All rights reserved.*

CIP-BRASIL CATALOGAÇÃO-NA-FONTE
SINDICATO NACIONAL DOS EDITORES DE LIVROS, RJ

```
W849m
5.ed.
v.2

Woltzenlogel, Celso, 1940-
    Método ilustrado de flauta, volume 2 / Celso Woltzenlogel ;
colaboração especial César Guerra-Peixe. - 5.ed. rev. e ampl. -
São Paulo : Irmãos Vitale, 2008.
    195p. : il.

    ISBN 978-85-7407-240-1

    1. Flauta doce - Instrução e estudo. I. Título.

08-4591.                    CDD: 788.35
                            CDU: 780.641

16.10.08   21.10.08                         009348
```

CRÉDITOS:

Capa / Cubierta / Couverture / Cover
Rui de Oliveira / Marcia Fialho

Fotos / Fotos / Photos / Photos
Décio Daniel da Rocha Teixeira

Ilustrações / Ilustraciones / Illustrations / Illustrations
José Ferreira Leça / Marcia Fialho

Textos Espanhol e Francês / Textos Español y Francés / Textes Espagnol et Français / Spanish and French Texts:
Alicia Graciela Cassarini de Woltzenlogel

Textos em Inglês/ Textos en Inglés/ Textes en Anglais/ English Texts:
David Evans / Laura Rónai

Edição eletrônica de partituras / Edición electrónica de partituras / Edition életronique de partitions / Eletronic edition of scores:
Luciano Alves (5ª edição /5a edición/5ème. édition/5th edition)

Edição eletrônica de textos/ Edición electrónica de textos/Edition életronique de textes/ Eletronic edition of texts
Luciano Alves / Marcia Fialho (5ª edição / 5ª edición / 5ème. édition / 5th edition)

ÍNDICE - VOLUME 2

Dedicatória	5
Agradecimentos especiais	7
Prefácio dos Editores	8
Prefácio da 5ª edição	9
Prefácio	10
Apreciações	12
Biografia	18
Cap. I: Exercícios diários de mecanismo: escalas menores com intervalos diversos	21
Cap. II: Escalas cromáticas com intervalos diversos	63
Cap. III: Passagens difíceis em legato - Exercícios para o dedo mínimo da mão direita	84
Cap. IV: Duos, Trios e Quartetos	88
Cap. V: Estudos sobre a síncopa	123
Cap. VI: Sons harmônicos	146
Cap. VII: Exercícios para emissão das notas pianíssimo	149
Cap. VIII: Trêmulos com intervalos diversos - Dedilhados	153
Cap. IX: Dedilhados especiais	160
Cap. X: Efeitos especiais	161
Cap. XI: Sons múltiplos	163
Cap. XII: Microtons	165
Cap. XIII: Flauta amplificada	166
Cap. XIV: Dedilhados alterados	167
Cap. XV: Respiração contínua ou circular	168
Cap. XVI: Noções gerais de reparos	175
Cap. XVII: Organização do repertório	182
Cap. XVIII: Música Brasileira para flauta	189
Cap. XIX: Literatura sobre a flauta	193
Cap. XX: Endereços das editoras	194
Cap. XXI: Reparadores de flauta no Brasil	195

ÍNDICE - VOLUME 1

Dedicatória	5
Agradecimentos especiais	7
Prefácio dos Editores	8
Prefácio da 5ª edição	9
Prefácio	10
Apreciações	12
Biografia	18
Cap. I: A Evolução da Flauta	21
Cap. II: A Flauta - Montagem	28
Cap. III: Cuidados e Manutenção	31
Cap. IV: Diapasão	32
Cap. V: Respiração - Exercícios respiratórios	34
Cap. VI: Embocadura	39
Cap. VII: Como segurar a flauta	43
Cap. VIII: Dedilhado geral da flauta	49
Cap. IX: Afinação	52
Cap. X: Programação de estudos (como estudar)	53
Cap. XI: Primeiras lições; Exercícios respiratórios com o instrumento; 31 pequenos estudos; Sons sustentados	55
Cap. XII: Legato	66
Cap. XIII: Mecanismo	67
Cap. XIV: 10 exercícios melódicos com articulações diversas	69
Cap. XV: Terceira oitava - Sons sustentados	73
Cap. XVI: Vibrato	76
Cap. XVII: Exercícios preparatórios para emissão das oitavas ligadas	78
Cap. XVIII: 22 exercícios melódicos sobre os intervalos de segundas, terças, quartas, quintas, sextas, sétimas e oitavas	81
Cap. XIX: A articulação e os diferentes golpes de língua	92
Cap. XX: Exercícios sobre o duplo e triplo golpes de língua	94
Cap. XXI: Trinados - Dedilhados - Exercícios preparatórios - 6 pequenos estudos	108
Cap. XXII: Exercícios diários de mecanismo: escalas maiores e arpejos com intervalos diversos	115
Cap. XXIII: Endereços das editoras	166
Cap. XXIV: Reparadores de flauta no Brasil	167

ÍNDICE - VOLUMEN 2

Dedicatoria	*5*
Agradecimientos especiales	*7*
Prefacio de los Editores	*8*
Prefacio de la 5ª edición	*9*
Prefacio	*10*
Apreciaciones	*12*
Biografia	*18*
Cap. I: Ejercicios diarios de mecanismo - Escalas menores con intervalos diversos	*21*
Cap. II: Escalas cromáticas con intervalos diversos	*63*
Cap. III: Pasajens difíciles en legato - Ejercicios para el dedo meñique de la mano derecha	*84*
Cap. IV: Dúos, Tríos y Cuartetos	*88*
Cap. V: Estudios sobre la síncopa	*123*
Cap. VI: Sonidos armónicos	*146*
Cap. VII: Ejercicios para la emisión de las notas pianíssimo	*149*
Cap. VIII: Trémolos con intervalos diversos - Dedeos	*153*
Cap. IX: Dedeos especiales	*160*
Cap. X: Efectos especiales	*161*
Cap. XI: Sonidos múltiples	*163*
Cap. XII: Microtonos	*165*
Cap. XIII: Flauta amplificada	*166*
Cap. XIV: Dedeos alterados	*167*
Cap. XV: Respiración contínua o circular	*169*
Cap. XVI: Nociones generales de reparos	*175*
Cap. XVII: Organización del repertorio	*182*
Cap. XVIII: Música Brasileña para flauta	*189*
Cap. XIX: Literatura sobre la flauta	*192*
Cap. XX: Dirección de las editoras	*194*
Cap. XXI: Reparadores de flauta en Brasil	*195*

ÍNDICE - VOLUMEN 1

Dedicatoria	*5*
Agradecimientos especiales	*7*
Prefacio de los Editores	*8*
Prefacio de la 5ª edición	*9*
Prefacio	*10*
Apreciaciones	*12*
Biografia	*18*
Cap. I: Evolución de la Flauta	*21*
Cap. II: La Flauta - Montaje	*28*
Cap. III: Cuidados y Conservación	*31*
Cap. IV: Diapasón	*32*
Cap. V: Respiración - Ejercicios respiratorios	*34*
Cap. VI: Embocadura	*39*
Cap. VII: Posición del Flautista	*43*
Cap. VIII: Tabla general de la flauta	*49*
Cap. IX: Afinación	*52*
Cap. X: Organización de los Estudios (Como estudiar)	*53*
Cap. XI: Primeras lecciones; Ejercicios respiratorios con el instrumento; 31 pequeños estudios; Notas tenidas	*55*
Cap. XII: Legato	*66*
Cap. XIII: Mecanismo	*67*
Cap. XIV: 10 ejercicios melódicos con articulaciones diversas	*69*
Cap. XV: Tercera octava - Notas tenidas	*73*
Cap. XVI: Vibrato	*76*
Cap. XVII: Exercicios preparatorios para la emisión de las octavas ligadas	*78*
Cap. XVIII: 22 ejercicios melódicos sobre los intervalos de segundas, terceras, cuartas, quintas, sextas, séptimas y octavas	*81*
Cap. XIX: La articulación y los diferentes golpes de lengua	*92*
Cap. XX: Ejercicios sobre el doble y triple golpes de lengua	*94*
Cap. XXI: Trinos - Dedeos - Ejercicios preparatorios - 6 pequeños estudios	*108*
Cap. XXII: Ejercicios diarios de mecanismo: escalas mayores y arpegios con intervalos diversos	*116*
Cap. XXIII: Direcciones de las editoras	*166*
Cap. XXIV: Reparadores de flauta en Brasil	*167*

TABLE DE MATIERES - VOLUME 2

Dédicace	5
Remerciements spéciaux	7
Préface des Editeurs	8
Préface de la 5ème édition	9
Préface	11
Apréciations	12
Biographie	18
Chap. I: Exercices journaliers de mécanisme: gammes mineures avec des intervalles divers	22
Chap. II: Gammes chromatiques avec des intervalles divers	63
Chap. III: Sur quelques traits difficiles en legato - Exercices pour le petit doigt de la main droite	84
Chap. IV: Duos, trios et quatuors	88
Chap. V: De la syncope	123
Chap. VI: Sons harmoniques	146
Chap. VII: Exercices pour l'émission des notes pianissimo	151
Chap. VIII: Trémolos avec des intervalles divers - Doigtés	153
Chap. IX: Doigtés de facilité	160
Chap. X: Effets spéciaux	162
Chap. XI: Sons multiples	163
Chap. XII: Microtons	165
Chap. XIII: Flûte amplifiée	166
Chap. XIV: Doigtés altérés	167
Chap. XV: Respiration circulaire o continuelle	171
Chap. XVI: Entretien (Notions générales)	175
Chap XVII: Organisation du répertoire	182
Chap XVIII: Musique Brésilienne pour flûte	189
Cap. XIX: Littérature sûr la flûte	193
Cap. XX: Adresses des éditeurs	194
Cap. XXI: Réparateurs de flûte au Brésil	195

INDEX - VOLUME 2

Dedication	5
Special thanks to	7
Editor's preface	8
Preface to the 5th edition	9
Preface	11
Apreciations	12
Biography	18
Chap. I: Daily technique exercises: minor scales with different intervals	22
Chap. II: Chromatic scales with different intervals	63
Chap. III: Difficult legato passages - Exercices for the little finger of the right hand	84
Chap. IV: Duos, trios and quartets	88
Chap. V: Syncopation studies	123
Chap. VI: Harmonics	146
Chap. VII: Preparatory exercises for producing pianissimo notes	151
Chap. VIII: Tremolos with different intervals - Fingering	153
Chap. IX: Special fingerings	160
Chap. X: Special effects	162
Chap. XI: Multiple sounds	163
Chap. XII: Microtones	165
Chap. XIII: Amplified flute	166
Chap. XIV: Altered fingerings	167
Chap. XV: Circular breathing	172
Chap. XVI: General repair information	175
Chap XVII: Building a repertoire	182
Chap XVIII: Brazilian flute music	189
Cap. XIX: Literature Dealing with the Flute	193
Cap. XX: Editor's Addresses	194
Cap. XXI: Flute Repairmen in Brazil	19

TABLE DE MATIERES - VOLUME 1

Dédicace	5
Remerciements spéciaux	7
Préface des Editeurs	8
Préface de la 5ème édition	9
Préface	11
Apréciations	12
Biographie	18
Chap. I: Evolution de la flûte	24
Chap. II: La flûte - Montage	28
Chap. III: Entretien de l'instrument	31
Chap. IV: Diapason	33
Chap. V: De la respiration - Exercices respiratoires	36
Chap. VI: De l'embouchure	39
Chap. VII: De-la tenue	43
Chap. VIII: Tablature générale de la flûte	49
Chap. IX: De-la justesse	52
Chap. X: Organisation du travail	54
Chap. XI: Premières leçons - exercices respiratoires avec l'instrument - 31 petites études - sons filés	56
Chap. XII: Du Legato	66
Chap. XIII: Du Mécanisme	67
Chap. XIV: 10 exercices mélodiques avec des articulations différentes	69
Chap. XV: Troisième octave - Sons filés	73
Chap. XVI: Du Vibrato	76
Chap. XVII: Exercices préparatoires pour l'émission des octaves liées	78
Chap. XVIII: 22 exercices mélodiques sur les intervalles de secondes, tierces, quartes, quintes, sixtes, septièmes et octaves	81
Chap. XIX: De l'articulation et des coups de langue	93
Chap. XX: Exercices sur le double et le triple coups de langue	94
Chap. XXI: Du Trille - Tablature des trilles - Exercices préparatoires - 6 petites études	108
Chap. XXII - Exercices journaliers de mécanisme: gammes majeurs, et arpèges avec des intervalles divers	115
Cap. XXIII: Adresses des Editeurs	166
Cap. XXIV: Réparateurs de Flûte au Brésil	167

INDEX - VOLUME 1

Dedication	5
Special thanks to	7
Editor's preface	8
Preface to the 5th edition	9
Preface	11
Apreciations	12
Biography	18
Chap. I: The evolution of the flute	25
Chap. II: Assembling the flute	28
Chap. III: Care and maintenance	31
Chap. IV: Pitch	33
Chap. V: Breathing - Breathing exercises	34
Chap. VI: The embouchure	39
Chap. VII: How to hold the flute	43
Chap. VII: Fingering chart	49
Chap. IX: Tuning	52
Chap. X: Study plan (How to study)	54
Chap. XI: First lessons - Breathing exercises with the instrument - 31 short studies - Long notes	56
Chap. XII: Legato	66
Chap. XIII: Mechanism	67
Chap. XIV: 10 Melodic exercises with different articulations	69
Chap. XV: Third octave - Long notes	73
Chap. XVI: Vibrato	77
Cap. XVII: Preparatory exercises for slurred octaves	78
Cap. XVIII: 22 Melodic exercises for seconds, thirds, fourths, fifths, sixths, sevenths and octaves	81
Chap. XIX: Articulation and different forms of tonguing	93
Chap. XX: Exercices for double and triple tonguing	94
Chap. XXI: Trills - Fingering - Preparatory exercices 6 short studies	108
Chap. XXII - Daily technique exercises - major scales and arpeggios in various intervals	111
Cap. XXIII: Publisher's Addresses	166
Cap. XXIV: Flute Repairmen in Brazil	167

DEDICATORIA

À memória de meus mestres Moacyr Liserra e Jayme Rocha de Almeida;
Aos meus pais Luiz e Sterina Woltzenlogel;
Aos meus alunos, sem os quais jamais teria tido a experiência necessária para chegar
às conclusões aqui contidas;
Às minhas filhas Karina e Constanza.

DEDICATORIA

A la memoria de mis maestros Moacyr Liserra y Jayme Rocha de Almeida;
A mis padres Luiz y Sterina Woltzenlogel
A mis alumnos, sin lo cuales jamás habría tenido la experiencia necesaria para llegar
a las conclusiones acá transcritas.
A mis hijas Karina y Constanza

DEDICACE

A la mémoire de mes professeurs Moacyr Liserra et Jayme Rocha de Almeida;
A mes parents Luiz et Sterina Woltzenlogel;
A mes élèves, sans lesquels je n' aurais jamais eu l' expérience nécessaire pour arriver
aux conclusions ici comprises;
A mes filles Karina et Constanza;

DEDICATION

To the memory of my teachers Moacyr Liserra and Jayme Rocha de Almeida;
To my parents Luiz and Sterina Woltzenlogel;
To my students without whom I would never have had the necessary experience to arrive
at the conclusions contained in this method;
To my daughters Karina and Constanza

À minha esposa Alicia pelo seu incentivo e a sua colaboração
A mi esposa Alicia por su incentivo y su colaboración
A ma femme Alicia pour son encouragement et sa collaboration
To my wife, Alicia, for her encouragement and collaboration

AGRADECIMENTOS ESPECIAIS

A esses grandes músicos que escreveram, especialmente, as preciosas peças musicais aqui contidas.
A Fernando Vitale, Diretor da Editora Irmãos Vitale.

AGRADECIMIENTOS ESPECIALES

A los grandes músicos que escribieran, especialmente, las preciosas piezas musicales incluidas en este método.
A Fernando Vitale, Director de la Editora Irmãos Vitale.

REMERCIEMENTS SPECIAUX

A ces grands musiciens qui ont écrit spécialement, les précieuses pièces musicales ici transcrites.
A Fernando Vitale, Directeur de Irmãos Vitale Editeurs.

SPECIAL THANKS TO

The great musicians who worked with me on this project; contributing their precious compositions found throughout this method.
To Fernando Vitale, Director of Irmãos Vitale Editors.

Agradeço também/Agradezco también/Je remercie aussi/Thanks also to:

Centro de Documentação da Funarte, Gladys Robles, Hilton Nobre, Julie Koidin, Karina Woltzenlogel, Kátia Pierre da Costa, Laura Rónai, Militza Putziger, Murilo Barquette, Patrícia Vega, Solange Vieira Gomes.

PREFÁCIO DOS EDITORES

A flauta conquistou nos últimos tempos uma grande popularidade em nosso país. A editora Irmãos Vitale não poderia ignorar este fato. É por esta razão que decidimos editar, pela primeira vez, um método de flauta de um autor brasileiro.
Convidamos, para escrevê-lo, um dos músicos mais ativos e experimentados: Celso Woltzenlogel.
Sua longa experiência como professor e como flautista das principais orquestras sinfônicas do Rio de Janeiro, a sua experiência na música de câmara e, especialmente, nos estúdios de gravação, deram-lhe o material necessário para produzir esta obra tão didática e tão atualizada. Basta ver as músicas para ele escritas pelos compositores mais renomados do Brasil, as ilustrações e as fotografias, para perceber o entusiasmo e dedicação desse grande músico que Irmãos Vitale tem a honra de apresentar.
Esperamos que nossos leitores possam aproveitar seus ensinamentos.

PREFACIO DE LOS EDITORES

En estos últimos años, la flauta adquirió una gran popularidad en nuestro país. La editora Irmãos Vitale no podría estar ajena a este hecho. Por eso, resolvió editar, por primera vez, un método de flauta de un autor brasileño.
Invitó, para ello, a uno de los músicos más activos y con mayor experiencia: Celso Woltzenlogel.
Su larga carrera como profesor y como flautista de las principales orquestas sinfónicas de Río de Janeiro, su vivencia como músico de cámara y especialmente en estudios de grabación, le dieron el material necesario para escribir esta obra tan didáctica y tan actualizada. Baste ver las piezas musicales especialmente escritas por los más renombrados músicos de Brasil, las ilustraciones y las fotografías que contiene, para percibir el entusiasmo y la dedicación de este gran músico que la editora Irmãos Vitale tiene el honor de presentar.
Esperamos que nuestros lectores puedan aprovechar sus enseñanzas.

PREFACE DES EDITEURS

La flûte a atteint, dernièrement, une grande popularité dans notre pays. Irmãos Vitale éditeurs ne pouvaient pas rester indifférents. C' est pour cela que nous avons décidé d' éditer, pour la première fois, une méthode de flûte d' un auteur brésilien.
Nous avons, pour ce faire, invité un des musiciens les plus actifs et les plus expérimentés: Celso Woltzenlogel.
Sa longue carrière comme professeur et comme flûtiste des principaux orchestres symphoniques de Rio de Janeiro, son expérience dans la musique de chambre, et, spécialement, dans les studios d' enregistrement lui ont donné le matériel nécessaire pour produire cet ouvrage à la fois didactique et actuel. Il suffit de voir les morceaux de musique écrits pour lui par les compositeurs les plus renommés du Brésil, les illustrations et les photographies, pour sentir l' enthousiasme et le dévouement de ce remarquable musicien que Irmãos Vitale a l' honneur de présenter.
Nous espérons que nos lecteurs pourront profiter de ses enseignements.

EDITOR'S PREFACE

Over the years the flute has gained great popularity in our country. Irmãos Vitale editors could not ignore this fact. For this reason we have decided, for the first time, to publish a flute method written by a Brazilian. To write it, we invited one of our most experienced professional musician: Celso Woltzenlogel.
His long experience as teacher and flautist in the symphony orchestras of Rio de Janeiro, chamber music groups and, above all, the recording studio, have furnished him with the material necessary to produce this authoritative and up-to-date work. One only has to glance the illustrations, photographs, and music written especially for him by Brazil's most renowned composers to realize the enthusiasm and dedication of this remarkable musician who Irmãos Vitale has the honor to bring to you.
We hope that our readers will find these concepts useful.

PREFÁCIO DA 5ª EDIÇÃO

Durante a preparação da Tese de Doutorado defendida na Faculdade de Educação da Universidade Federal do Rio de Janeiro, em 1993, foram enviados questionários a professores e alunos de todo o país solicitando críticas sobre este método e também sugestões para futuras edições. Algumas delas foram atendidas na terceira edição publicada em 1995.
Nesta 5a. edição, atendendo, também, a pedidos, o método foi dividido em dois volumes. O capítulo de Música Brasileira para Flauta foi atualizado e um duo inédito de Camargo Guarnieri escrito, em 1989, foi acrescentado. Há, também, os endereços de internet de compositores brasileiros, das mais importantes editoras musicais e de reparadores de flauta no Brasil.
Esperamos que estas novidades sejam do agrado de todos aqueles que utilizarem este método.

O autor

PREFACIO DE LA 5ª. EDICIÓN

Durante la preparación de la Tesis de Doctorado defendida en la Facultad de Educación de la Universidad Federal de Río de Janeiro, en 1993, fueran enviados cuestionarios a profesores y alumnos de todo el país, solicitando críticas sobre este método y sugestiones para nuevas ediciones. Algunas de ellas fueron atendidas en la tercera edición publicada en 1995.
En esta 5ª. edición, atendiendo también a pedidos, el método fue dividido en dos volúmenes. El capítulo de Música Brasileña para Flauta fue actualizado y un dúo de flautas inédito de Camargo Guarnieri, escrito en 1989, fue agregado. Hay también, la dirección de Internet de compositores brasileños, de las más importantes editoriales musicales y de reparadores de flauta en Brasil.
Esperamos que estas novedades sean del agrado de todos aquellos que utilicen este método.

El autor

PREFACE DE LA 5 ème EDITION

Pendant la préparation de la Thèse de Doctorat défendue dans la Faculté d' Education de l' Université Fédérale de Rio de Janeiro, en 1993, ont été envoyés des questionnaires aux professeurs et aux élèves de tout le pays, en demandant des critiques sur cette méthode et des suggestions pour les nouvelles éditions. Quelques-unes ont été répondues dans la 3ème. édition publiée en 1995.
Dans cette 5ème édition, en répondant aussi à des demandes, la méthode a été divisée en deux volumes. Le chapitre de Musique Brésilienne pour Flûte a été actualisé et un duo inédit de Camargo Guarnieri, écrit en 1989, a été ajouté. Il y a aussi des adresses d' Internet de compositeurs brésiliens, des éditeurs de musique les plus importants et des réparateurs de flûte au Brésil.
Nous espérons que ces nouveautés seront bien reçues par tous ceux que utiliseront cette méthode.

L'auteur

PREFACE TO THE 5th EDITION

During the preparation of the doctoral dissertation which was defended at the Faculty of Education of the Federal University of Rio de Janeiro, in 1993, it was sent questionnaires to professors and students throughout Brazil asking for their comments on this method, and also for suggestions for future editions. (Some of these were incorporated in the third edition, published in 1995). In this fifth edition, responding to popular request, we have divided the method into two volumes. We have brought the chapter on Brazilian Music for Flute up-to-date and added a previously unpublished flute duet by Camargo Guarnieri, written in 1989. There are also internet addresses for Brazilian composers, the most important musical publishers and for flute repairmen in Brazil.
We hope that these innovations will please all those who use this method.

The author

PREFÁCIO

Este trabalho nasceu graças ao incentivo do grande compositor brasileiro César GUERRA-PEIXE. Visa especialmente resolver a dificuldade que muitos estudantes de flauta têm em cursar os Conservatórios, principalmente nas cidades do interior, e os problemas de aquisição e compreensão dos métodos estrangeiros. Por essa razão procuramos, através de uma linguagem acessível e de ilustrações, motivar o aluno na prática desse milenar instrumento.

A seqüência deste método visa, portanto, às aulas básicas de iniciação. Por isto começamos com os cuidados e manutenção do instrumento. Logo a seguir, o aluno encontrará uma série de exercícios respiratórios tão fundamentais para o aprendizado de qualquer instrumento de sopro. Para os estudantes mais avançados reservamos alguns capítulos com estudos de virtuosidade e efeitos especiais empregados na música contemporânea.

Através deste método pretendemos preencher uma grande lacuna no que se refere ao estudo das síncopas, à maneira como são empregadas na música popular brasileira. Daí, a razão de termos incluído um capítulo inteiramente dedicado ao assunto, com estudos especialmente escritos pelos mais renomados compositores brasileiros. Finalmente, um capítulo sobre noções de reparos e ensapatilhamento da flauta dará ao aluno os conhecimentos necessários para resolver quase todos os problemas que o instrumento possa apresentar. As informações aqui contidas não são novas; representam, entretanto, o resultado de anos de pesquisa, na experiência obtida como instrumentista de orquestra e na prática do magistério.

Um método, por mais completo que seja, jamais poderá substituir o calor humano de um bom professor; contudo, esperamos que nosso modesto trabalho contribua para o aprendizado e a arte da execução da flauta em nosso país.

O autor

PREFACIO

Este trabajo nació gracias al incentivo del gran compositor brasileño César GUERRA-PEIXE. Su objetivo principal es solucionar las dificultades que muchos estudiantes de flauta tienen para acceder a los Conservatorios, especialmente en las ciudades del interior, y de adquirir y comprender métodos extranjeros. Por esta razón buscamos, a través de un lenguaje accesible y de ilustraciones, motivar al alumno para la práctica de este milenario instrumento.

La secuencia de este método tiene por objetivo, por tanto, las clases básicas de iniciación. Por eso comenzamos con los cuidados y conservación del instrumento. En seguida, el alumno encontrará una serie de ejercicios respiratorios tan fundamentales para el aprendizaje de cualquier instrumento de viento. Para los estudiantes más adelantados reservamos algunos capítulos que contienen estudios de virtuosismo y recursos especiales empleados en la música contemporánea.

A través de este método pretendemos llenar el gran vacío existente sobre el estudio de las síncopas a la manera como son empleadas en la música popular brasileña. Por esta razón incluimos un capítulo enteramente dedicado al asunto, que contiene estudios especialmente escritos por los más reconocidos compositores brasileños. Finalmente, un capítulo sobre nociones de reparos de la flauta dará al alumno los conocimientos necesarios para resolver casi todos los problemas que el instrumento pueda presentar y los medios para repararlo. Las informaciones acá contenidas no son nuevas, consisten, no obstante, en el resultado de años de investigación, en la experiencia obtenida como instrumentista de orquesta y en la práctica del magisterio.

Un método, por más completo que sea, jamás podrá sustituir el calor humano de un buen profesor; a pesar de eso, esperamos que nuestro modesto trabajo contribuya para el aprendizaje y el arte de la ejecución de la flauta en nuestro país.

El autor

PREFACE

Cette méthode est née grâce à l'encouragement du grand compositeur brésilien César GUERRA-PEIXE. Son objectif principal est de résoudre la difficulté que beaucoup d'étudiants de flûte ont de fréquenter les Conservatoires, spécialement dans les villes de l'intérieur du pays, et les problèmes d'acquisition et de compréhension des méthodes étrangères. C'est pour cette raison que nous avons cherché, à travers un langage accessible et des illustrations, à stimuler l'élève dans la pratique de cet instrument millénaire.

La progression de cette méthode a comme objectif les classes de base pour les débutants. Nous commençons, alors, par des notions d'entretien et de conservation de l'instrument. Ensuite, l'élève trouvera une série d'exercices respiratoires, si fondamentaux pour l'apprentissage de n'importe quel instrument à vent. Pour les étudiants plus avancés, nous avons consacré quelques chapitres aux études de virtuosité et aux effets spéciaux employés dans la musique contemporaine.

A travers cette méthode, nous voulons combler une grande lacune en ce qui concerne l'étude des syncopes comme elles sont utilisées dans la musique populaire brésilienne. Pour cette raison, nous leur avons consacré un chapitre tout entier contenant des études spécialement écrites par les plus fameux compositeurs brésiliens. Finalement, un chapitre sur les réparations et le tamponnement de la flûte donnera à l'étudiant les connaissances nécessaires pour résoudre presque tous les problèmes que l'instrument pourra présenter. Les informations trouvées dans ces pages ne sont pas nouvelles; elles représentent, pourtant, le résultat d'années de recherche, de l'expérience comme musicien d'orchestre et de la pratique de l'enseignement.

Une méthode, même la plus complète, ne pourra jamais remplacer la chaleur humaine d'un bon professeur; nous espérons, pourtant, que notre travail, si modeste qu'il soit, contribuera à l'apprentissage et à l'art de l'exécution de la flûte dans notre pays.

L'auteur

PREFACE

This method has been written due to the encouragement of the great Brazilian composer César GUERRA-PEIXE. It aims to overcome the problem that many flute students have in following a regular course in a Conservatory - especially the ones living away from the big centers - and the difficulty of acquiring and understanding foreign methods. We are therefore trying, by expressing ourselves in clear terms and using illustrations, to motivate the student in the practice of the most ancient of all instruments.

This method starts the process of learning from the very beginning, showing first the routine of care and maintenance of the flute. Next, we present a series of breathing exercices which apply to the command of any wind instrument equally. For the more advanced students there are chapters with studies in virtuosity and special effects used in contemporary music.

It is our intention in this method to fill a void in the study of syncopation as used in Brazilian popular music. For this purpose we have included a chapter entirely dedicated to this subject containig studies specially written by our most well-known composers. Finally, we bring you a chapter about the principles of repairing and repadding the flute which will enable the student to sort out most problems that the instrument may present. The information in this book is not new but it represents many years of study and a lot of experience on performing in orchestras and teaching.

Even the most complete method can not by all means be a substitute to the presence of a teacher. Nevertheless we hope our efforts will contribute to the learning and the art of performing the flute in our country.

The author

APRECIAÇÕES/APRECIACIONES/APPRECIATIONS/APPRECIATIONS

[Handwritten letter in French, signed Rampal, Rio de Janeiro, 28 juin 1982]

Conheço Celso Woltzenlogel há muito tempo, inicialmente como meu aluno em Paris e em Nice e a seguir por ocasião de minhas visitas ao Brasil. Ele não é somente um flautista completo, mas também um artista de primeira ordem. A seriedade que dedicava aos seus estudos quando ainda era estudante, ele a transportou com sua experiência à sua atividade de professor, o que se comprova neste método. É um trabalho concebido com muito critério, adaptado perfeitamente a todos aqueles que desejam iniciar-se corretamente na prática da flauta. É um grande prazer para mim, recomendar calorosamente este livro.

Jean-Pierre Rampal

Conozco Celso Woltzenlogel hace mucho tiempo, inicialmente como mi alumno en París y Niza, y después cuando de mis giras por Brasil. No es solamente un flautista completo, sino también un artista de primera línea. La seriedad con que dedicaba a los estudios, mientras todavía estudiaba, él la transportó con su experiencia a su actividad de profesor, lo que se puede comprobar en este método. Es un trabajo concebido con mucho criterio, adaptado perfectamente a todos los que quieran empezar correctamente en la práctica de la flauta. Es un gran placer para mi, recomendar vivamente este método.

Jean-Pierre Rampal

I have known Celso Woltzenlogel for a long time, initially as my student in Paris and later through my many visits to Brazil. Not only is he a complete flautist but also a first class artist. The seriousness with which he dedicated his studies as a student transfers to his dedication as a teacher. This method proves it. Judiciously conceived, it is perfectly suited for those who want to begin playing the flute correctly. It is a pleasure for me to highly recommend this book.

Jean-Pierre Rampal

Considero o trabalho do Prof. Celso Woltzenlogel magnífico pela forma como desenvolveu o método, possibilitando não só ao iniciante do estudo da flauta, como aos alunos que já se encontram em estágio adiantado, assimilarem técnicas e conhecimentos necessários ao desenvolvimento e aprimoramento. O Corpo Deliberativo do Departamento de Instrumentos de Sopro da Escola de Música da Universidade Federal do Rio de Janeiro concluiu que o trabalho do Prof. Celso Woltzenlogel virá mostrar mais clareza no apuro técnico dos estudantes da difícil arte de tocar flauta, podendo ser utilizado com proveito no Programa da Escola de Música da UFRJ.

LENIR SIQUEIRA
Rio de Janeiro, setembro de 1982

Trata-se de um trabalho perfeito, honesto e inteligente, o qual vai - entre outras novidades - orientar o aluno na formação da embocadura correta, sem as exaustivas intervenções do professor. Pelos melhoramentos que contém, este método vem preencher uma enorme lacuna deixada pelos outros.

ALTAMIRO CARRILHO
Rio de Janeiro, abril de 1983

Seu trabalho vibrante e expressivo vem ao encontro de uma necessidade cada vez maior: fornecer aos flautistas brasileiros, cada vez mais numerosos, os meios de estudar dentro da realidade brasileira, tanto artística quanto material. Você aborda, praticamente, todos os aspectos do estudo e os problemas do instrumento aqui no Brasil. Permita-me dizer que vejo no seu método os reflexos e a continuação da escola de flauta brasileira, "escola sem escola" de Callado e Hermeto Pascoal, flauta brasileira cheia de expressividade e emoção, flexível, sutil e brejeira, brincalhona e improvisadora, flauta não reprimida que toca tão bem Bach quanto Pixinguinha. Comparável a esse seu método, produto da realidade brasileira, somente o de Taffanel & Gaubert, originalíssimo, também, porque reflete o impressionismo e espírito franceses. É um método da atualidade, liberdade e vida!

ODETTE ERNEST DIAS
Universidade de Brasília, fevereiro de 1983

Utilizo el Método Ilustrado de Flauta desde el año 1987 en la Cátedra de Flauta en la Universidad Católica de Chile, con excelentes resultados.

HERNAN JARA SALAS
Santiago, Chile, marzo 1983

Meu caro Celso,
Acabo de ler o seu novo Método Ilustrado de Flauta, na bela edição da Vitale, e sinto-me feliz e orgulhoso como músico brasileiro de ver um trabalho de tal nível – didático, artístico e editorial – realizado no Brasil. Meus parabéns mais entusiásticos a você que decidiu passar sua valiosa experiência de artista, músico e professor, às gerações atuais e futuras de nosso país e também no campo internacional, onde tenho certeza, seu novo método será sucesso certo.

Meu abraço amigo,
MARLOS NOBRE
Rio, 22 de fevereiro de 1984.

É a obra mais importante já escrita no Brasil. Quero, nesta oportunidade, congratular-me pelo benefício que você trouxe à literatura da flauta. Neste país, onde, geralmente, as pessoas, quando escrevem para um instrumento, desconhecem a técnica e às vezes nem sabem música, fazem compilação de outras obras. Justamente, por isso, seu Método possui grande importância.

MOZART CAMARGO GUARNIERI
São Paulo, março de 1985

There is nothing else like that I have ever seen. It is very thorough with all aspects of playing addressed in tried-and-true fashion, including harmonics, special fingerings, special effects, tremolos, double and triple tonguing, suggested repertoire, flute literature, and even a chapter on repadding and maintenance.

FLUTE TALK MAGAZINE
Illinois, USA, September 1985

Li com o mais vivo interesse o método do Prof. Celso Woltzenlogel. Considero tal obra de fundamental importância para os estudantes de flauta, bem como para regentes, compositores e musicistas em geral. Felicito-me, pois, pela realização de uma obra que vem colimar uma lacuna na literatura nacional do gênero.

CLÁUDIO SANTORO
Brasília, 30 de abril de 1986

Prezado Celso,
Acompanho, de longos anos, a sua intensa e brilhante atividade profissional, que se desdobra em tantos e tão importantes caminhos da música com a mesma intensidade, a mesma dedicação e a mesma eficiência. Instrumentista de excepcionais dotes técnicos e musicais, seja como solista ou como camerista emérito, professor de uma plêiade significativa de brilhantes flautistas da nova geração, batalhador incansável do desenvolvimento das nossas bandas de música e do nível qualitativo da nossa indústria de instrumentos de sopro, vejo com grande alegria sua multiplicidade de talentos configurada e refletida em seu "Método Ilustrado de Flauta".

A par de seu grande interesse didático, pela gama extremamente ampla de informações indispensáveis à sólida formação do jovem flautista, seu trabalho acrescenta, com rara oportunidade e capacidade de síntese, a contribuição da própria cultura musical brasileira para o perfil expressivo da flauta.

Essa dupla dimensão brasileira e universal, encontra-se por inteiro nos musicalíssimos estudos e exercícios, seus e de outros autores brasileiros, que enriquecem o seu excelente trabalho.

EDINO KRIEGER
Rio de Janeiro, 21 de maio de 1986

Your Illustrated Flute Method is an outstanding contribution to the flute pedagogy of our time, and is all the more valuable for presenting varied material by contemporary Brazilian composers.

FELIX SKOWRONEK
Washington University
Seatle, USA, May 1986

Tu método es muy interesante. Sobre todo tiene cosas originales que hacen falta a los músicos, a los profesionales que siempre están con los métodos tradicionales.

RUBÉN ISLAS
Universidad Nacional de México, agosto 1986

Além da maneira inteligente e tão didática como você abordou os diferentes aspectos da técnica da flauta, tornando-a tão interessante, não só para os principiantes como para os mais adiantados, o que mais me chamou a atenção foi a maneira como foram introduzidos os ritmos sincopados em quase todos os estudos melódicos.

ANTONIO CARLOS JOBIM
Rio de Janeiro, maio de 1986

A aprovação de Rampal, o mestre francês, e a de outros insignes artistas brasileiros dispensam novos comentários sobre essa bela obra, digna de figurar na biblioteca dos grandes mestres da flauta. Permita-me dizer que se trata de um bem elaborado compêndio, o qual enriquecerá, sem dúvida, o acervo de obras deixadas; de Quantz até Boehm; de Dorus a Taffanel, sem contar com as obras dos grandes mestres italianos e outros. Tenho recomendado esse método aos nossos alunos e aficcionados, em geral, com muita alegria e entusiasmo.

JOÃO DIAS CARRASQUEIRA
São Paulo, maio de 1986

C'est avec fierté et une grande satisfaction que j'aime à dire à mon ami Celso, bravo pour ce monument qui est ta méthode. Elle est l'exemple du relais nécessaire entre la grande tradition Française du 18ème et 19ème siècle avec notre époque; elle possède tous les éléments nécessaires au développement des futurs flûtistes en devenir, amateurs ou professionnels; elle retient l'attention surtout pour la facilité de son approche pour les étudiants, la justesse de ses propos; et le rationnel de ses textes musicaux. Je pense pouvoir dire qu'elle est une digne fille de la grande tradition Française de la flûte.

ALAIN MARION
Professeur au Conservatoire National Supérieur de Musique de Paris
Paris, le 20 octobre 1987

I am very impressed with the new Flute Method of Celso Wotzenlogel and find it not only well presented but thorough. It serves all, beginners through advanced players and certainly fills a void that has existed for some time now. I recommend the method highly for all serious students of the instrument.

CHARLES DELANEY
Florida University
Tallahassee, USA, June 1987

Hay dos cosas que me parecen claras, 1º el hecho de que todas las lecciones tienen "swing". Claro, es un "swing" muy brasileño, pero al fin es nuestro y esto me parece lo más importante de todo. No son ni polkas, ni gigas, ni gavotas, son choriños, valsas, etc. Formas musicales que nos pertenecen. Y otra cosa que me encanta es el uso de las alteraciones y en consecuencia de la armonía la cual es bastante libre desde un comienzo. En fin, el método es el que estoy usando porque hasta ahora es el único que suena a América!

JULIO TORO
Caracas, Venezuela, mayo 1988

This method book, vastly illustrated, adds another dimension to an already complete presentation. The inclusion of rhythmic studies, using extracts from popular Brazilian music affords the student of all levels an opportunity of becoming acquainted with varied styles. Prof. Woltzenlogel's total dedication is reflected throughout the book, and the fact that this is a third edition adds to the importance of this work.

JAMES PELLERITE
Indiana University
Bloomington, USA, January 1988

The most valuable aspect of this method are the many exercises and studies by Brazilian composers, which introduces the student to Brazilian rhythms. The method is very clearly set out and presented. I suggest that all teachers and players obtain a copy and examine the book, for there is much to commend in the presentation and content of the method.

ROBERT BROWN
Australian Flute Association
Norwood, February 1988

Pour nous européens qui profitons d'un nombre d'écoles de musique énorme et d'une saturation de méthodes diverses, il semble cependant intéressant de connaître cet ouvrage, dont les études sont extrêmement différentes de celles qui nous sont habituellement proposées.

TRAVERSIERES JOURNAL
Lion, France, octobre 1988

I think this must be the most complete book ever written. It has everything from the easy pieces to the very difficult pieces and syncopations which is very important for the students. I recommend that for everybody.

TORKYL BYE
Oslo Philarmonic, Norway, June 1989

Para la enseñanza de la Flauta en Alemania veo su especial significancia en el hecho de que está ofreciendo una introducción muy buena en las dificultades técnicas y musicales de la música latinoamericana.

HARTMUTH STEEMAN
Bonn, Alemania, julio 1989

Pienso que tus innovaciones pedagógicas en el estudio de la flauta, incorporando sabiamente elementos rítmicos (síncopas, etc.) tan propios de la música brasileña, se corresponde y contemporaniza con la visión y el empleo actual de nuestro instrumento, abriendo puertas antaño inimaginables en la concepción técnica de la enseñanza. Método completo en suma, que aborda con mucha claridad todos los problemas técnicos de la flauta, invitando a resolverlos mediante la consecución de didactísimos ejercicios que incentivan la imaginación del alumno.

RAFAEL CASASSEMPERE
Conservatorio de Música
Barcelona, España, julio 1989

In this book what is a nice thing is that it starts quite early with more complicated rhythms, and sharps and flats. There is also much music to play.

MICKAEL HELASVUO
Sibelius Academy
Helsink, Finland, June 1989

Creo que lo más importante que he encontrado en este libro ha sido la posibilidad de poder trabajar primeramente los ritmos más cercanos a nuestra música latinoamericana.

CESAR VIVANCO
Conservatorio Nacional de Música
Lima, Peru, junio 1990

El método me parece muy completo, o sea, que incluye todos los aspectos importantes de la flauta y además con música buena. Es un método muy importante, especialmente si uno también piensa en la música contemporánea, donde un re no es mas ni menos importante que un re bemol o un re sostenido. Al lado de otros métodos que hay acá, este método cubre un agujero que había en la fila.

FELIX RENGGLI
Schaffasen Konservatorium
Basel, Suisse, septiembre 1991

Your method is a real treasure. The studies are elegantly crafted and clearly presented; they are a joy to practice. I enjoy the syncopation studies because they help me to sense the shadings and colorations in the music of your beautiful country. All my students will play them! Bravo.

PAULA ROBISON
New England Conservatory, Boston.
New York, USA, April 1992

Verifico com admiração que você não teve a preocupação de publicar mais um método de flauta, igual a tantos outros, mas um método com conteúdo diferente, o qual irá ajudar a professores e alunos ao apresentar novas técnicas e segredos do instrumento tão úteis aos modernos flautistas e necessários ao vasto repertório contemporâneo de orquestra.

CARLOS CORDEIRO
Conservatório Nacional de Música
Lisboa, Portugal, abril de 1993

Utilizo el Método Ilustrado de Flauta desde el año que tuve la oportunidad de conocerlo. Desde entonces lo he usado en forma permanente, tanto en mis clases privadas como en los cursos de verano que dicto en el interior de Argentina.
Los resultados que he obtenido son óptimos, ya que abarcando todos los aspectos técnicos, brinda a los jóvenes un acercamiento de calidad a la música de Sudamérica.

PATRICIA DA DALT
Orquesta Sinfónica Nacional
Buenos Aires, Argentina, febrero 1993

Pocos métodos tienen una visión tan amplia de la enseñanza de la flauta tranversa, que permite al alumno conocer el lado clásico y contemporáneo de la música y mucho mejor totovía, el mundo latinoamericano.
JOSE MENANDRO BASTIDAS
Universidad de Mariño, Colombia 1993

Querido Celso,

Para mim é uma alegria e uma honra escrever sobre o Método Ilustrado de Flauta.

Desde o momento em que folheei o meu primeiro exemplar (número 64), tive a certeza de estar diante da obra que vinha justamente preencher uma grande lacuna na pedagogia do instrumento: um moderno método para flauta, inteiramente brasileiro.

Logo que começamos a aplicá-lo na Escola de Música de Brasília, houve alguma reação à instigante proposta musical contida nos estudos escritos por Guerra-Peixe. Suas belas melodias causavam estranheza para os ouvidos acostumados à tirania dos Modos Maior e Menor!

Hoje, 25 anos após o lançamento da primeira edição, o "CELSO," como nós o chamamos carinhosamente, ocupa lugar de destaque na grade curricular do Centro de Ensino Profissionalizante/Escola de Música de Brasília, tendo seu conteúdo distribuído em todos os níveis dos Cursos Básico e Técnico de Flauta Transversal.

Maria Elisabeth Ernest Dias
Professora do Centro de Ensino Profissionalizante/Escola de Música de Brasília
Flautista da Orquestra Sinfônica do Teatro Nacional Cláudio Santoro
Brasília, junho de 2007.

BIOGRAFIA

Celso Woltzenlogel é um dos mais importantes flautistas e professor de flauta no Brasil. De 1969 a 1991, atuou como primeiro flautista da Orquestra Sinfônica Nacional. De 1971 a 1996, foi professor de flauta da Escola de Música da Universidade Federal do Rio de Janeiro, onde recebeu seu título de Doutor em Educação em 1993. No Brasil, Celso Woltzenlogel estudou com os flautistas Jayme Rocha de Almeida e Moacyr Liserra. Aperfeiçoou-se em Paris com Alain Marion e Jean-Pierre Rampal. Atuou nas mais importantes salas de concertos do país como solista e integrante de vários conjuntos de câmera, incluindo aqueles que fundou: Quinteto de Sopros Villa-Lobos, Ars Barroca, Sexteto do Rio, Duo Instrumentalis, Jazz Clássico do Rio de Janeiro e Flautistas do Rio. Além de suas atividades no campo da música clássica, participou intensamente na gravação de trilhas sonoras para o cinema e a televisão e nos discos dos maiores nomes da música popular brasileira, como Tom Jobim, Egberto Gismonti, Chico Buarque, Francis Hime e Edu Lobo. Atuou e deu aulas em vários festivais internacionais no Brasil e no exterior, incluindo a "National Flute Association Convention" (USA). Coordenou o Projeto Bandas da Funarte desde sua criação em 1976 até 1990 e, em agosto de 1994, criou a Associação Brasileira de Flautistas, da qual foi o presidente até 2007. De 1997 a 2003, foi coordenador mundial de marketing das flautas SANKYO.

BIOGRAFIA

Celso Woltzenlogel es uno de los más importantes flautistas y profesores de flauta en Brasil. De 1969 a 1991 actuó como primera flauta solista de la Orquesta Sinfónica Nacional y de 1971 a 1996 fue profesor de flauta de la Escuela de Música de la Universidad Federal de Río de Janeiro, donde recibió su título de Doctor en Educación. En Brasil, Celso Woltzenlogel estudió con los flautistas Jayme Rocha de Almeida y Moacyr Liserra. En París, siguió sus estudios de flauta con Alain Marion y Jean-Pierre Rampal. Actuó en las más importantes salas de conciertos de Brasil como solista y miembro de importantes grupos de camera como el "Quinteto de Sopros Villa-Lobos", "Ars Barroca", "Sexteto do Rio", "Duo Instrumentalis", "Jazz Clássico do Rio de Janeiro" y "Flautistas do Rio" (fue fundador de todos eses conjuntos). Además de sus actividades en el campo de la música clásica participó intensamente en la grabación de bandas sonoras para el cine y la televisión y en los discos de los más importantes nombres de la música popular brasileña, como Tom Jobim, Egberto Gismonti, Chico Buarque, Francis Hime, Edu Lobo, entre otros. Actuó y dictó clases en varios festivales internacionales en Brasil y en el exterior, incluyendo la "National Flute Association Convention" (USA). Fue el coordinador del "Projeto Bandas de Música" del Ministerio de Cultura desde su creación en 1976 hasta 1990. En 1994 creó la Asociación Brasileña de Flautistas de la cual fue presidente hasta 2007. De 1997 hasta el año 2003 fue coordinador mundial de marketing de las flautas SANKYO.

BIOGRAPHIE

Celso Woltzenlogel est un des plus importants flûtistes et professeur de flûte au Brésil. De 1969 à 1991 il a joué comme flûte solo dans l' Orchestre Symphonique National et de 1971 à 1996 il a été professeur de flûte à l' Ecole de Musique de l'Université Fédérale de Rio de Janeiro où il a obtenu son diplôme de Docteur en Education. Au Brésil, Celso Woltzenlogel a étudié avec les flûtistes Jayme Rocha de Almeida et Moacyr Liserra. A Paris, il a suivi ces études de flûte avec Alain Marion et Jean-Pierre Rampal. Il s'est présenté dans les plus importantes salles de concerts du Brésil comme soliste et comme membre de plusieurs ensembles de musique de chambre tels que: "Quinteto de Sopros Villa-Lobos", "Ars Barroca", "Sexteto do Rio ", "Duo Instrumentalis", "Jazz Clássico do Rio de Janeiro" et "Flautistas do Rio" (il a été le fondateur de tous ces ensembles). A part ces activités dans le champ de la musique classique, il a participé activement dans des enregistrements pour le cinéma et pour la télévision et dans des disques des plus fameux interprètes de la musique populaire brésilienne comme Tom Jobim, Egberto Gismonti, Chico Buarque, Francis Hime, Edu Lobo. Il a joué et il a donné des master class dans des festivals de flûtistes les plus importants au Brésil et dans l' extérieur comme, "National Flute Association Convention" (USA). Il a été le coordinateur du "Projeto Bandas de Música" du Ministère de la Culture depuis sa création en 1976 jusqu'à 1990. En 1994 il a crée l'Association Brésilienne de Flûtistes et il est resté comme président jusqu' à 2007. De 1997 à 2003 il a travaillé comme coordinateur mondial de marketing des flûtes SANKYO.

BIOGRAPHY

Celso Woltzenlogel is one of the foremost flutists and flute pedagogues in Brazil. From 1969 to 1991 he served as principal flute of the Orquestra Sinfônica Nacional and from 1971 to 1996 was Professor of Flute at the Escola de Música (School of Music) at the Universidade Federal do Rio de Janeiro, where he received his Doctorate in Music Education in 1993. In Brazil, Woltzenlogel studied with flutists Jayme Rocha de Almeida and Moacyr Liserra. He continued his studies in Paris with Alain Marion and Jean-Pierre Rampal. He frequently performs as soloist as well as in chamber groups including those he founded: the "Quinteto de Sopros Villa-Lobos", "Ars Barroca", "Sexteto do Rio", "Duo Instrumentalis", "Jazz Clássico do Rio de Janeiro" and "Flautistas do Rio". He has also played on numerous recordings including soundtracks for movies and television, and participated on albums of the most important names in Brazilian popular music such as Tom Jobim, Egberto Gismonti, Chico Buarque, Francis Hime, Edu Lobo. He has performed and taught masterclasses in various music festivals worldwide including the National Flute Association (U.S.). Woltzenlogel was the coordinator of the Bands Project for the Brazilian Ministry of Culture from its creation in 1976 until 1990 and in August 1994, he created the Associação Brasileira de Flautistas (The Brazilian Flutist Association) and acted as president until 2007. From 1997 until 2003 he was the world coordinator of marketing for Sankyo Flutes.

Capítulo I

EXERCÍCIOS DIÁRIOS DE MECANISMO
Escalas menores com intervalos diversos

Os exercícios diários de mecanismo utilizados neste segundo volume são mais difíceis. São destinados aos alunos avançados e, a exemplo dos exercícios do primeiro volume, deverão ser trabalhados num andamento moderado, aumentando-os de acordo com os progressos realizados.

Escolhemos as escalas menores do modo harmônico por serem as mais utilizadas e que deverão ser igualmente praticadas com o auxílio de um metrônomo em uma velocidade cômoda. Iniciamos com a escala de Lá menor, considerada escala modelo. Nesta fase, os alunos já estarão mais adiantados e poderão aventurar-se outras dinâmicas, como piano, pianíssimo e fortíssimo.

Considerando-se a tendência natural de se decrescer à medida que a escala ascende, porque fechamos mais os lábios, recomendamos fazer um pequeno crescendo nesse movimento. Na escala descendente, devemos fazer o contrário, isto é, um pequeno decrescendo, para que as notas graves não resultem muito fortes. Esses procedimentos são necessários para que se obtenha uma homogeneidade em toda a escala.

É fundamental preocupar-se com a afinação, principalmente nas escalas com intervalos diversos. Nesse caso, deve se tocar lentamente para se ouvir bem a justeza de cada intervalo e só aumentar o andamento quando sentir que os intervalos estejam afinados.

As notas Dó e Dó sustenido super agudas que aparecem assinaladas com uma chave ou pontilhadas deverão ser praticadas lentamente por serem de difícil emissão. Por essa razão, no primeiro volume, recomendamos aos principiantes suprimir tais notas, tornando a acrescentá-las segundo os progressos realizados.

Finalmente, aconselhamos praticar todos os exercícios em cada uma das articulações sugeridas, observando-se a seqüência em que aparecem.

Capítulo I

EJERCICIOS DIARIOS DE MECANISMO
Escalas menores con intervalos diversos

Los ejercicios diarios de mecanismo utilizados en este segundo volumen son más difíciles. Están destinados a los estudiantes más adelantados y, a ejemplo de los ejercicios del primer volumen, deberán ser trabajados en velocidad moderada aumentándolos de acuerdo con los progresos alcanzados.

Elegimos las escalas menores del modo harmónico por ser las más utilizadas, y que deberán ser igualmente practicadas con el auxilio de un metrónomo en una velocidad cómoda. Empezamos con la escala de La Menor, que usualmente es considerada como escala modelo.

En esta fase, los alumnos estarán más adelantados y ya podrán aventurarse en dinámicas como "piano", "pianissimo" y "fortissimo".

Es importante señalar la necesidad de crecer gradualmente la dinámica en las escalas ascendientes, ya que apretamos más los labios a medida que las notas resultan más agudas. En las escalas descendientes debemos hacer lo contrario, o sea, controlar la dinámica para que los graves no resulten muy fuertes. Estos procedimientos son necesarios para obtenerse una homogeneidad en toda la escala.

Es fundamental preocuparse con la afinación sobre todo en las escalas con intervalos diversos. En este caso se debe tocar lentamente para oír la afinación de cada intervalo y solamente aumentar la velocidad al sentir que los intervalos están afinados. Las notas Do e Do sostenido súper agudos, que están señaladas por una llave, deberán ser practicadas lentamente por ser de difícil emisión. Por ese motivo, en el primer volumen, recomendamos a los principiantes suprimir los compases en que esas notas aparecen, volviendo a agregarlas según los progresos realizados.

Finalmente, recomendamos practicar todos los ejercicios en cada una de las articulaciones siguientes observando la secuencia en que aparecen.

Chapitre
I

EXERCICES JOURNALIERS DE MECANISME
Gammes mineures avec des intervalles divers

Les exercices journaliers de mécanisme utilisés dans ce deuxième volume sont plus difficiles. Ils sont destinés aux élèves plus avancés et comme dans les exercices du premier volume devront être travaillés dans un mouvement modéré et les augmenter selon les progrès réalisés.

On a choisi les gammes mineures harmoniques parce qu' elles sont plus utilisées et devront aussi être pratiquées avec l' aide d' un métronome dans une vitesse modérée.

On a commencé avec la gamme de La Mineur, considérée comme une gamme modèle.

Dans ce stage les élèves seront plus avancés et pourront essayer d' autres s dynamiques comme par exemple "piano", "pianissimo" et "fortissimo".

C´est important de signaler la nécessité de faire un «crescendo» dans le mouvement ascendant des gammes, une fois qu' on ferme les lèvres à mesure qu' on monte pour les notes aiguës. Dans les gammes descendantes on doit faire le contraire, c'est-à-dire diminuer l´intensité du son de façon que les graves ne résultent pas trop forts.

Il faut aussi faire très attention à l' intonation surtout dans les gammes avec des intervalles divers. Dans ce cas on doit jouer lentement pour bien écouter la justesse de chaque intervalle. Seulement augmenter la vitesse après sentir que les intervalles sont bien justes.

Les notes Do et Do diésis suraigus qui sont signalées par une clé ou pointillées devront être jouées d´abord lentement. Pour cette raison, dans le premier volume on a recommandé aux élèves débutants de supprimer ces notes en les ajoutant plus tard selon les progrès réalisés.

Finalement, nous conseillons de pratiquer tous les exercices dans chaqu' une des articulations sugérées en observant leur séquence.

Chapter I

DAILY TECHNIQUE EXERCISES
Minor scales with different intervals

The daily technique exercises in this second volume are more difficult. They are intended for advanced students and like the exercises in the first volume, should be played at a moderate tempo, increasing the tempo once the student's facility has improved.

We chose minor scales in the harmonic form as they are the most utilized, and they should also be practiced with the aid of a metronome set at a comfortable tempo. We begin with A minor.

In this phase, students will already be more advanced and can venture into other dynamics such as piano, pianissimo and fortissimo.

Considering the natural tendency to decrescendo as the scale ascends due to the lips closing, we recommend playing a small crescendo while ascending. We should do the opposite when descending the scale, with a slight decrescendo so that the lower notes are not too loud. These procedures are necessary to obtain a homogenous sonority in all the scale.

It is fundamentally important to pay attention to intonation, especially in the scales with varying intervals. In these instances, the exercises should be played carefully, listening closely to the precision of every interval. When accuracy is achieved the tempo can increase.

The notes C and C# in the flute's fourth octave are indicated with a key or a dot, and should be practiced slowly due to their difficulty. For this reason, in Volume I we recommend that beginners omit these notes, adding them only when their progress on the instrument permits.

Finally, we advise the student to practice all of the exercises with each of the suggested articulations, adhering to the sequence in which they are presented.

ESCALAS MENORES — *ESCALAS MENORES* — *GAMMES MINEURES* — *MINOR SCALES*

LÁ MENOR — *LA MENOR* — *LA MINEUR* — *A MINOR*

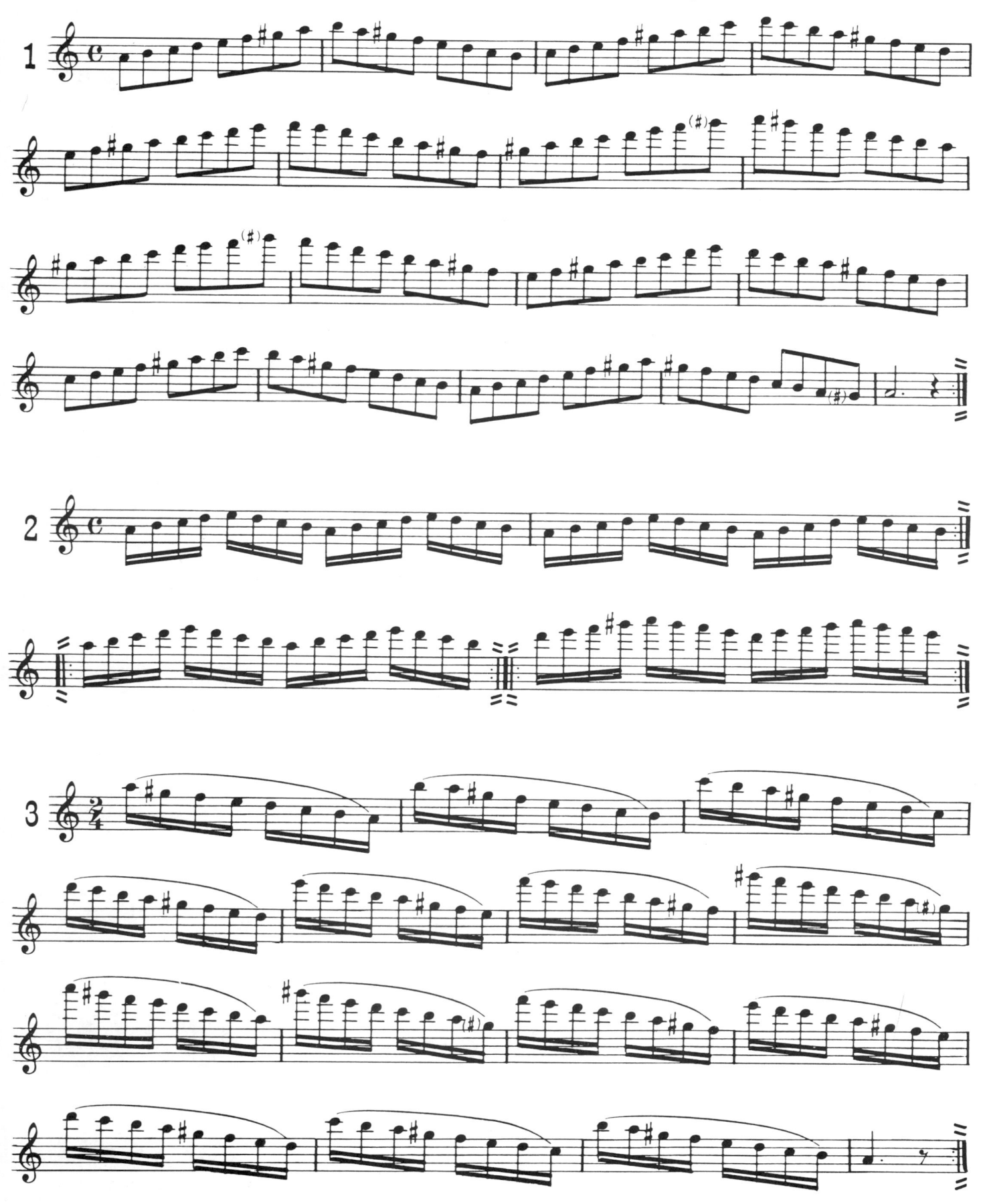

MI MENOR — *MI MENOR* — *MI MINEUR* — *E MINOR*

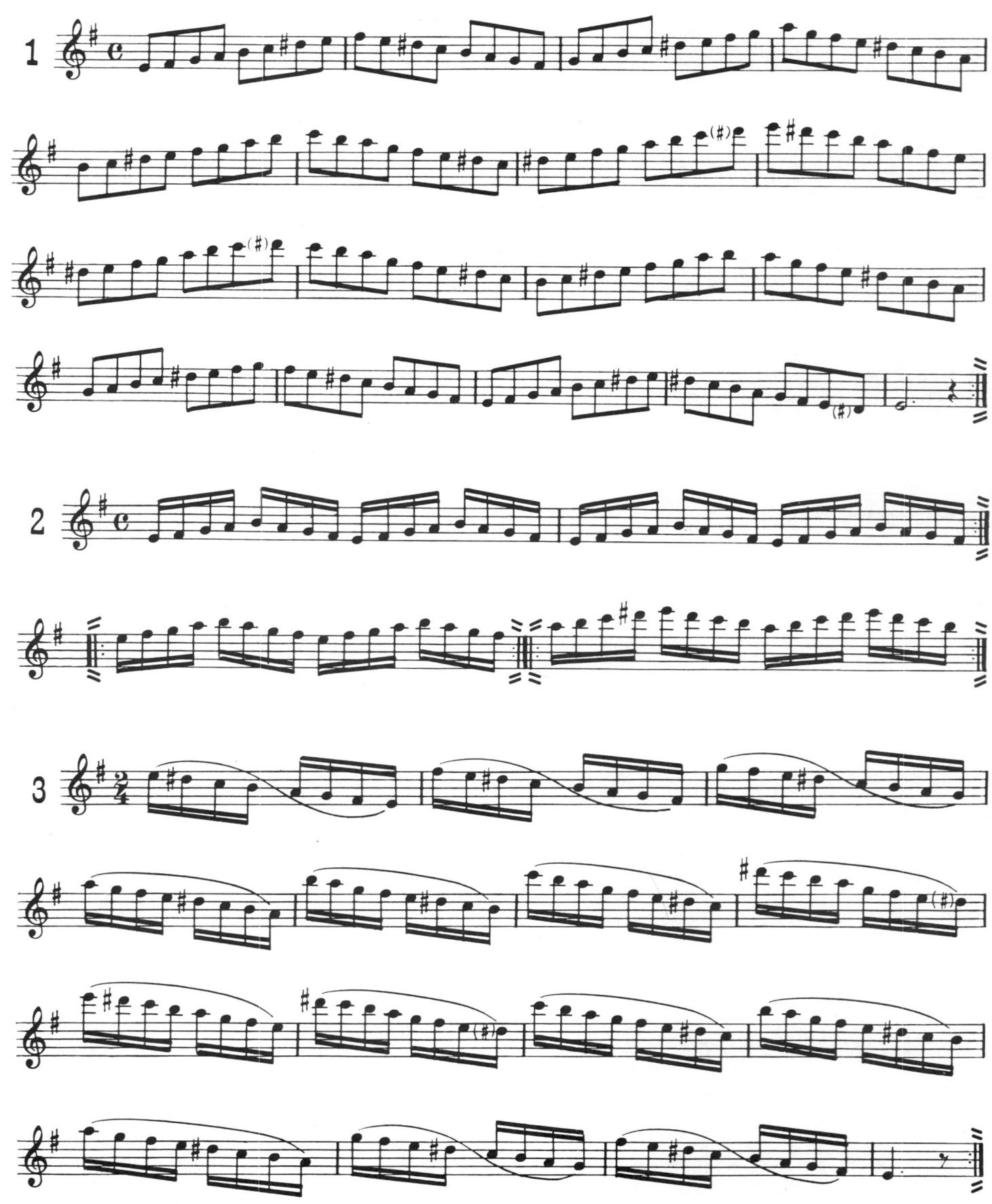

SI MENOR — *SI MENOR* — *SI MINEUR* — *B MINOR*

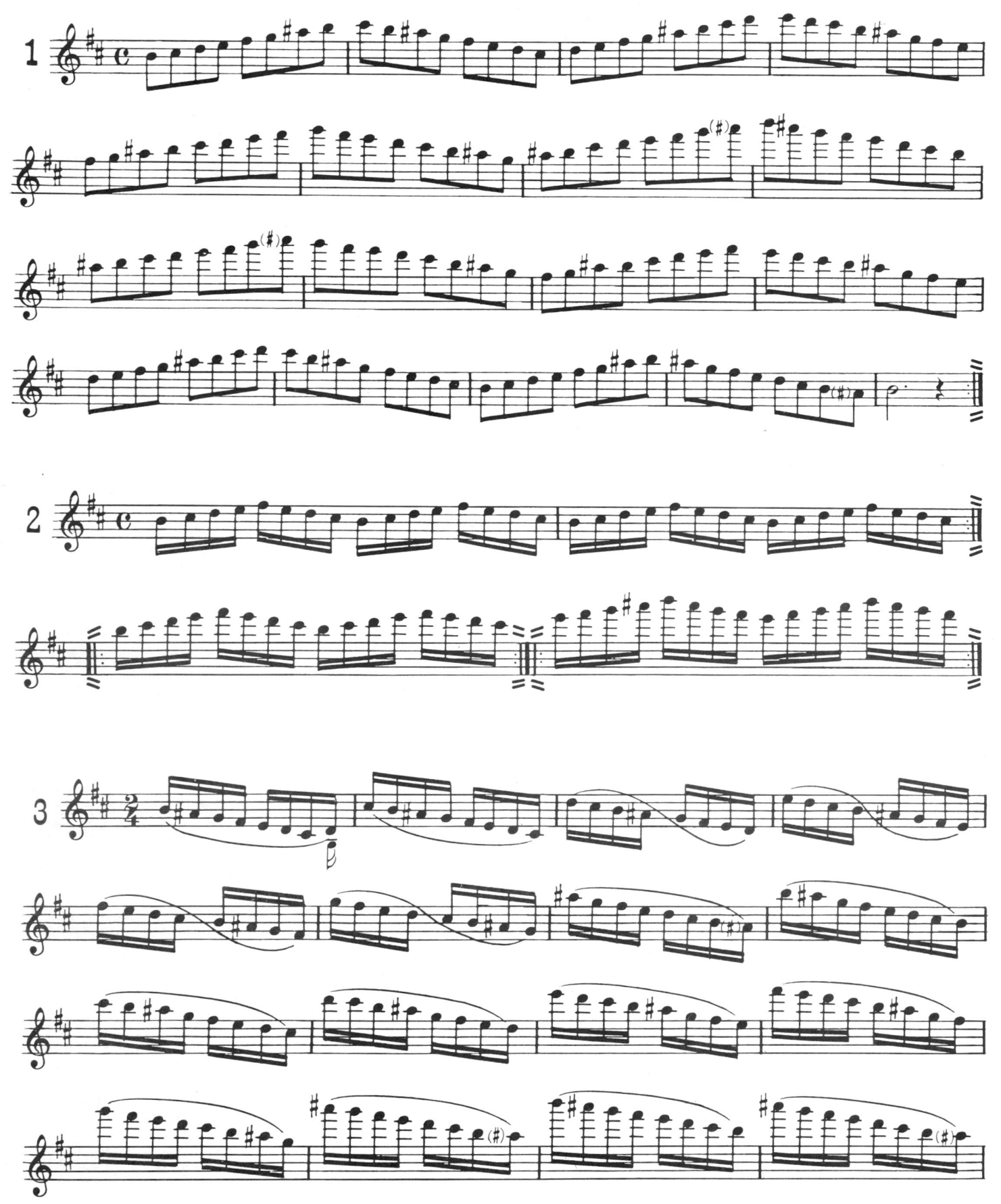

FÁ♯ MENOR — FA♯ MENOR — FA♯ MINEUR — F♯ MINOR

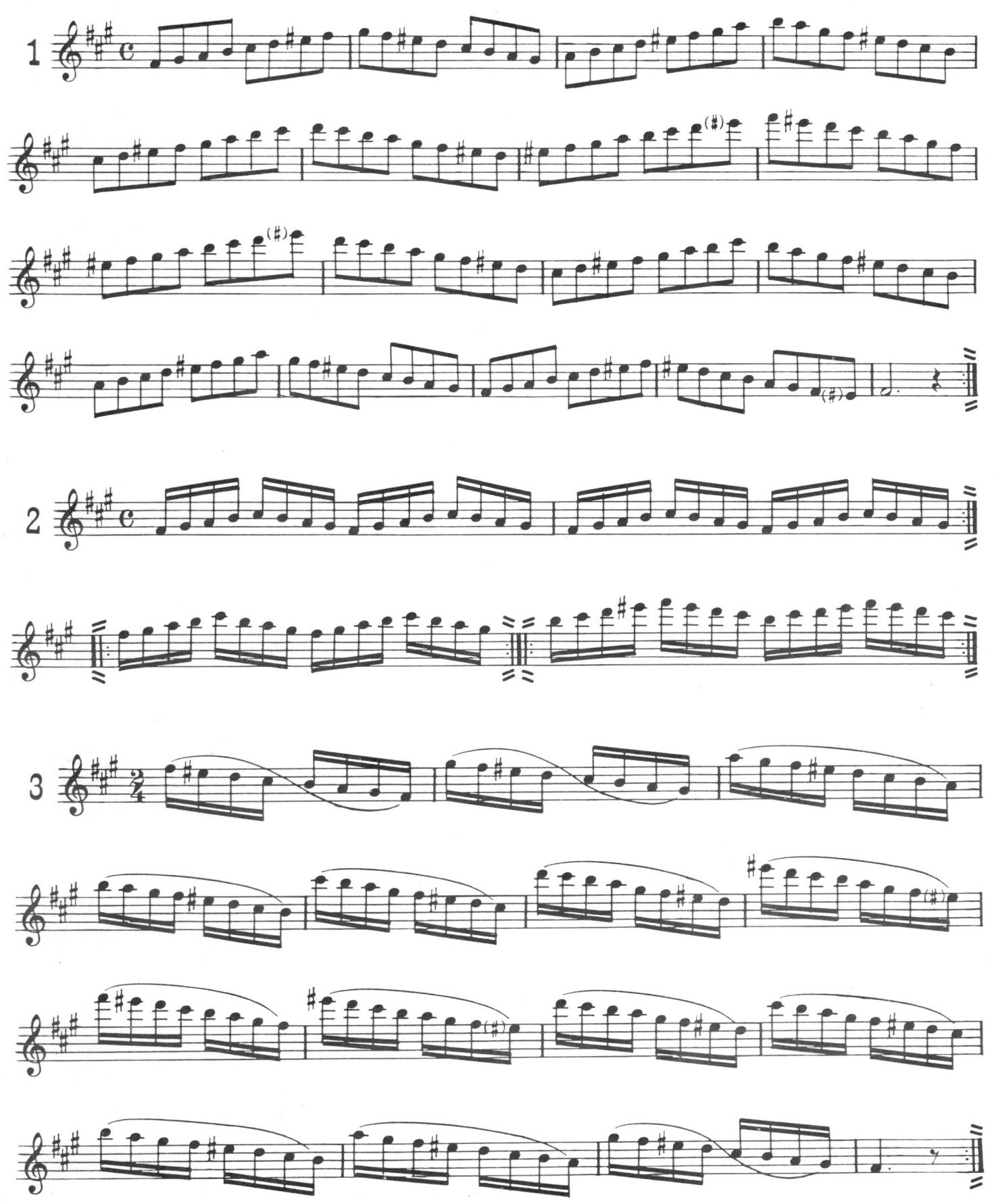

DÓ♯ MENOR — DO♯ MENOR — DO♯ MINEUR — C♯ MINOR

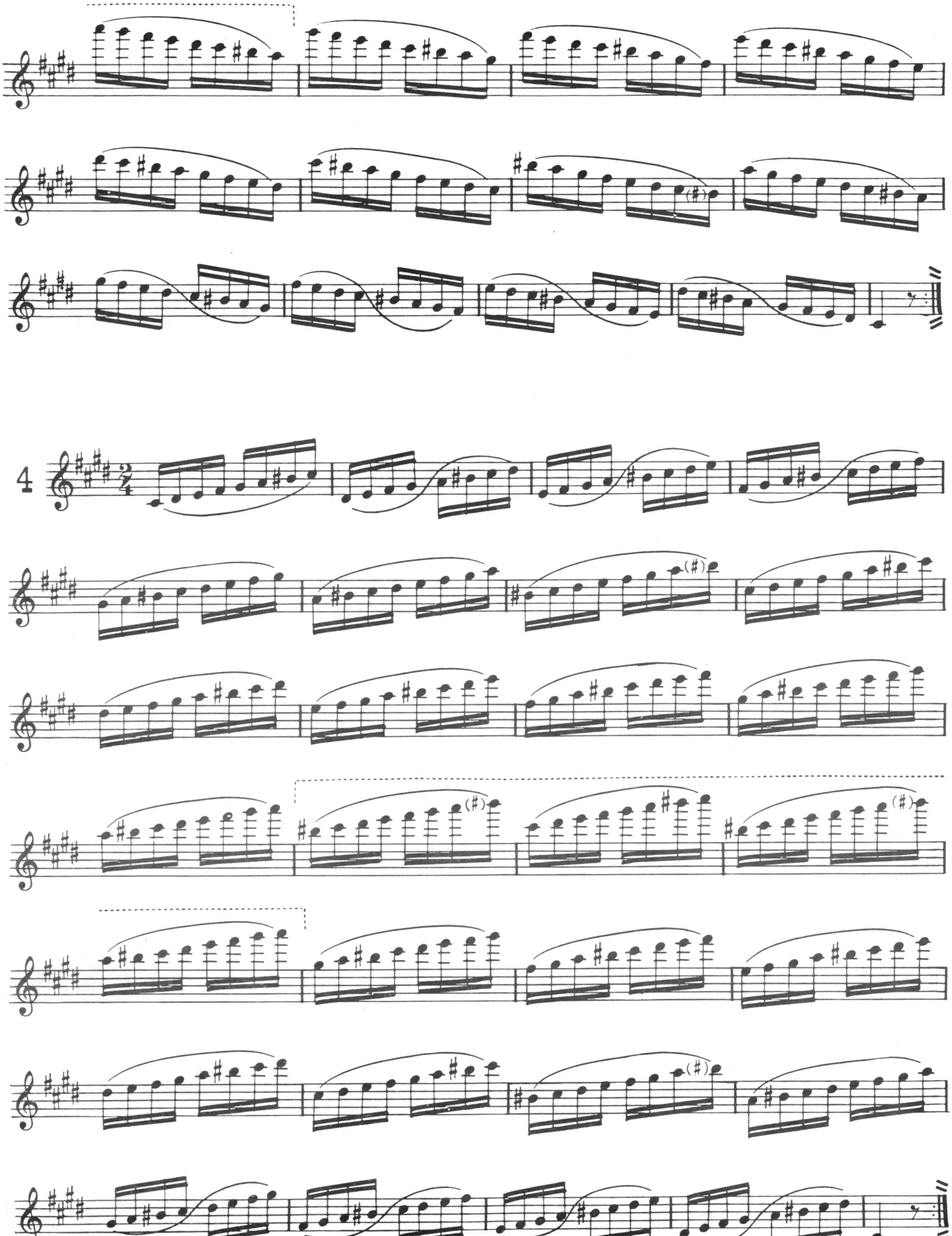
4

TERÇAS — TERCERAS — TIERCES — THIRDS

5

QUARTAS — CUARTAS — QUARTES — FOURTHS

6

QUINTAS — QUINTAS — QUINTES — FIFTHS

7

SEXTAS — *SEXTAS — SIXTES — SIXTHS*

8

SÉTIMAS — *SÉPTIMAS — SEPTIÈMES — SEVENTHS*

9

OITAVAS — *OCTAVAS — OCTAVES — OCTAVES*

10

OITAVAS — *OCTAVAS — OCTAVES — OCTAVES*

11

SOL♯ MENOR — *SOL♯ MENOR* — *SOL♯ MINEUR* — *G♯ MINOR*

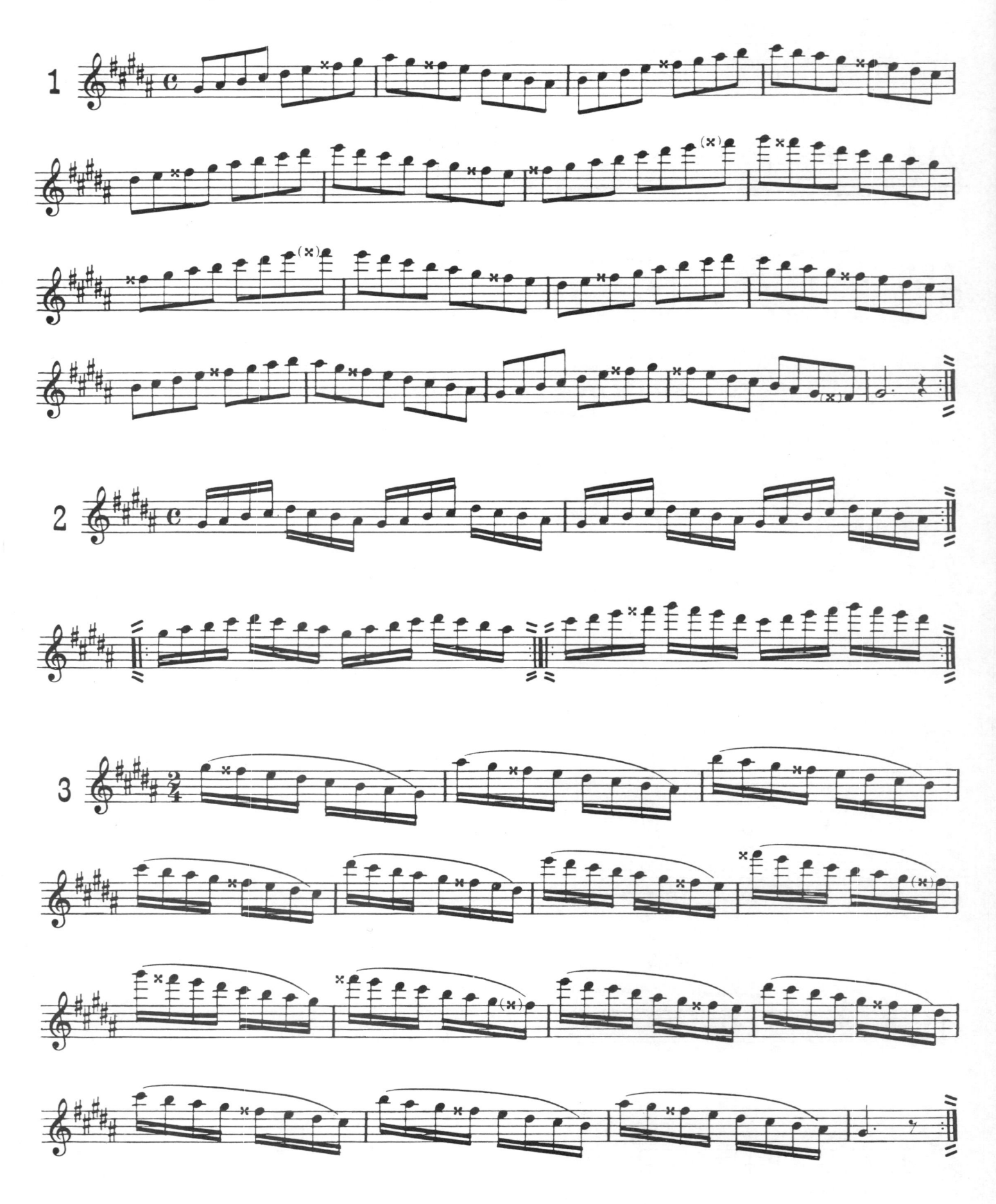

TERÇAS — *TERCERAS* — *TIERCES* - *THIRDS*

QUARTAS — *CUARTAS* — *QUARTES* — *FOURTHS*

QUINTAS — *QUINTAS* — *QUINTES* — *FIFTHS*

SEXTAS — *SEXTAS — SIXTES — SIXTHS*

8

SÉTIMAS — *SÉPTIMAS — SEPTIÈMES — SEVENTHS*

9

OITAVAS — *OCTAVAS — OCTAVES — OCTAVES*

10

OITAVAS — *OCTAVAS — OCTAVES — OCTAVES*

11

RÉ MENOR — *RE MENOR* — *RÉ MINEUR* — *D MINOR*

TERÇAS — *TERCERAS* — *TIERCES* — *THIRDS*

QUARTAS — *CUARTAS* — *QUARTES* — *FOURTHS*

QUINTAS — *QUINTAS* — *QUINTES* — *FIFTHS*

SEXTAS — *SEXTAS — SIXTES — SIXTHS*

8

SÉTIMAS — *SÉPTIMAS — SEPTIÈMES — SEVENTHS*

9

OITAVAS — *OCTAVAS — OCTAVES — OCTAVES*

10

OITAVAS — *OCTAVAS — OCTAVES — OCTAVES*

11

SOL MENOR — *SOL MENOR* — *SOL MINEUR* — *G MINOR*

4

TERÇAS — TERCERAS — TIERCES — THIRDS

5

QUARTAS — CUARTAS — QUARTES — FOURTHS

6

QUINTAS — QUINTAS — QUINTES — FIFTHS

7

SEXTAS — *SEXTAS — SIXTES — SIXTHS*

8

SÉTIMAS — *SÉPTIMAS — SEPTIÈMES — SEVENTHS*

9

OITAVAS — *OCTAVAS — OCTAVES — OCTAVES*

10

OITAVAS — *OCTAVAS — OCTAVES — OCTAVES*

11

DÓ MENOR — *DO MENOR* — *DO MINEUR* — *C MINOR*

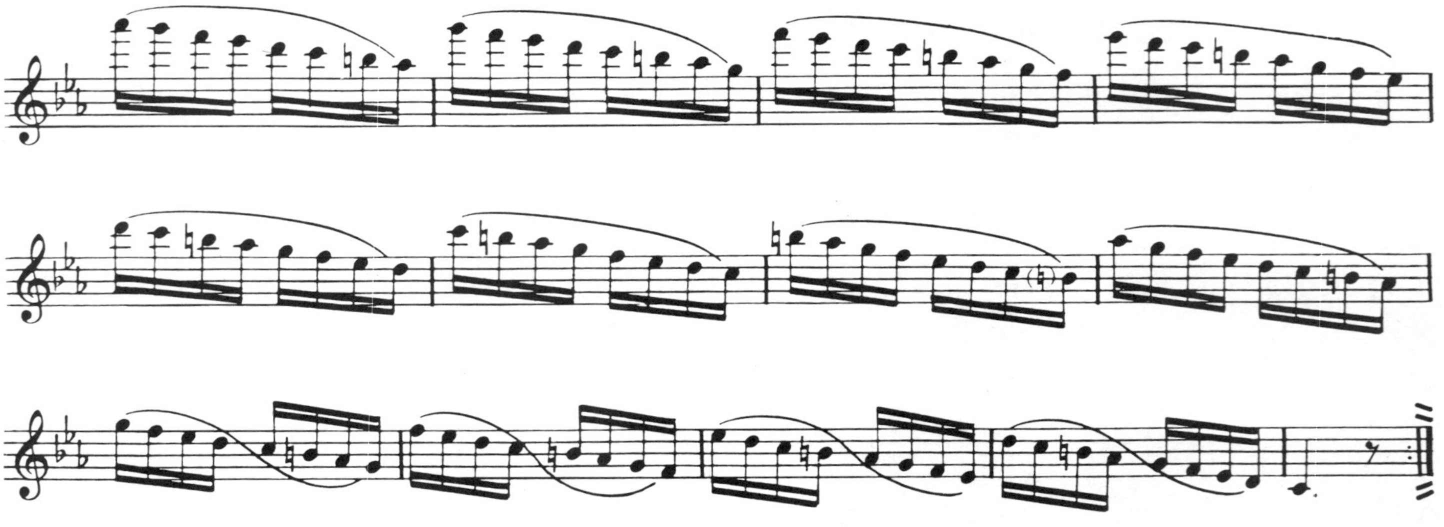

4

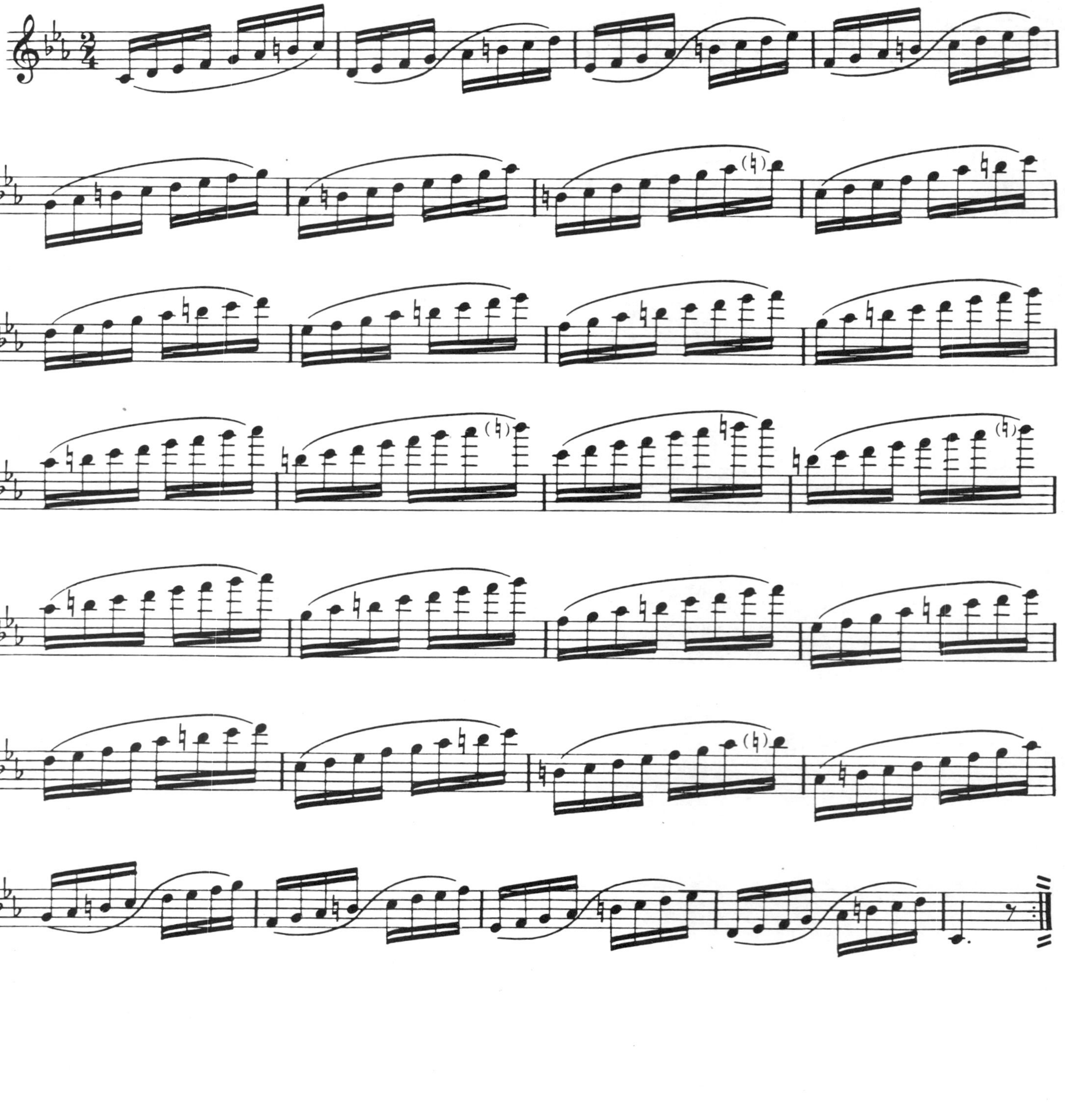

TERÇAS — TERCERAS — TIERCES — THIRDS

5

QUARTAS — CUARTAS — QUARTES — FOURTHS

6

QUINTAS — QUINTAS — QUINTES — FIFTHS

7

SEXTAS — *SEXTAS* — *SIXTES* — SIXTHS

8

SÉTIMAS — *SÉPTIMAS* — *SEPTIÈMES* — SEVENTHS

9

OITAVAS — *OCTAVAS* — *OCTAVES* — OCTAVES

10

OITAVAS — *OCTAVAS* — *OCTAVES* — OCTAVES

11

FÁ MENOR — *FA MENOR* — *FA MINEUR* — *F MINOR*

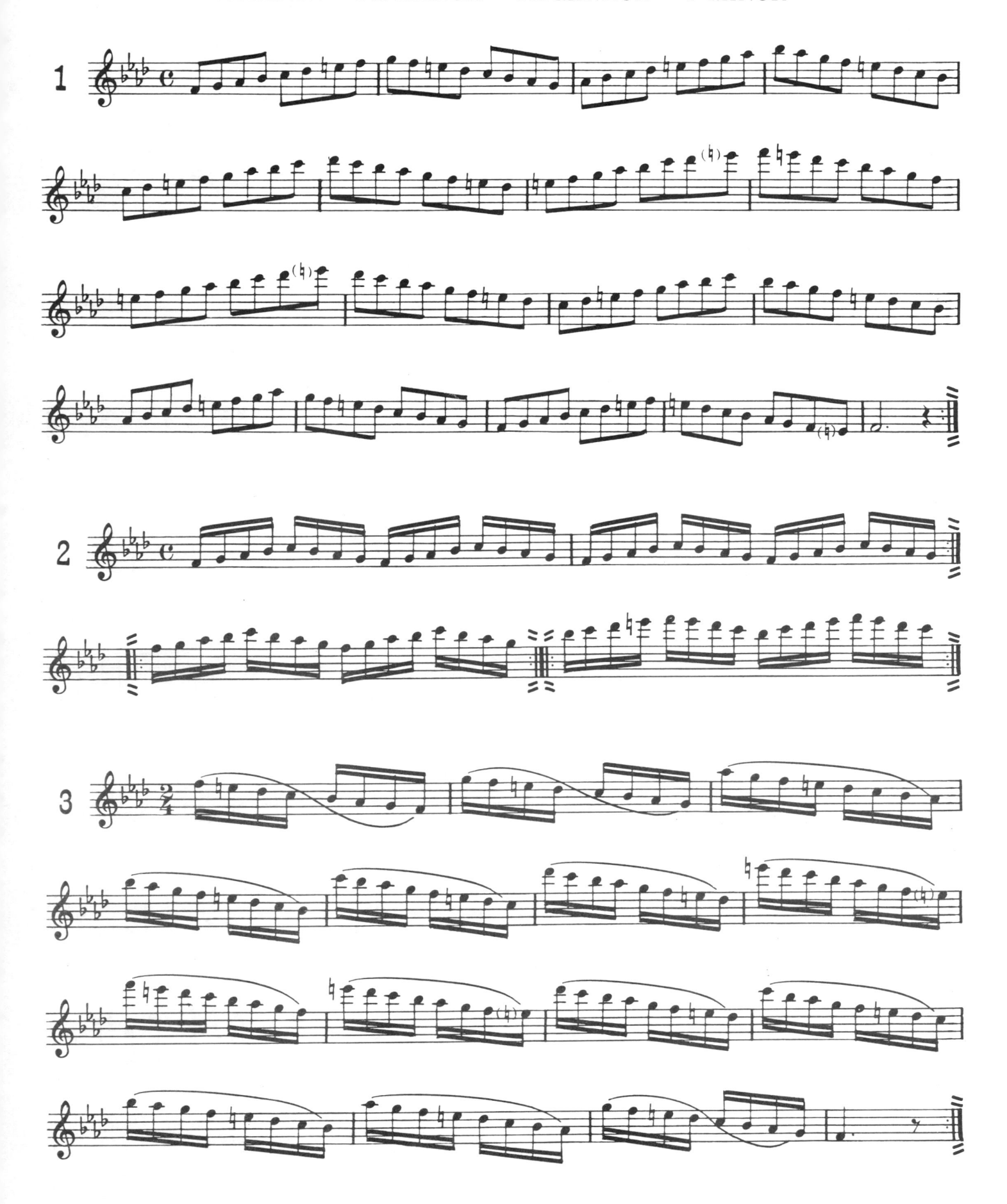

TERÇAS — *TERCERAS* — *TIERCES* - THIRDS

QUARTAS — *CUARTAS* — *QUARTES* — FOURTHS

QUINTAS — *QUINTAS* — *QUINTES* — FIFTHS

SEXTAS — *SEXTAS — SIXTES — SIXTHS*

8

SÉTIMAS — *SÉPTIMAS — SEPTIÈMES — SEVENTHS*

9

OITAVAS — *OCTAVAS — OCTAVES — OCTAVES*

10

OITAVAS — *OCTAVAS — OCTAVES — OCTAVES*

11

SI♭ MENOR — SI♭ MENOR — SI♭ MINEUR — B♭ MINOR

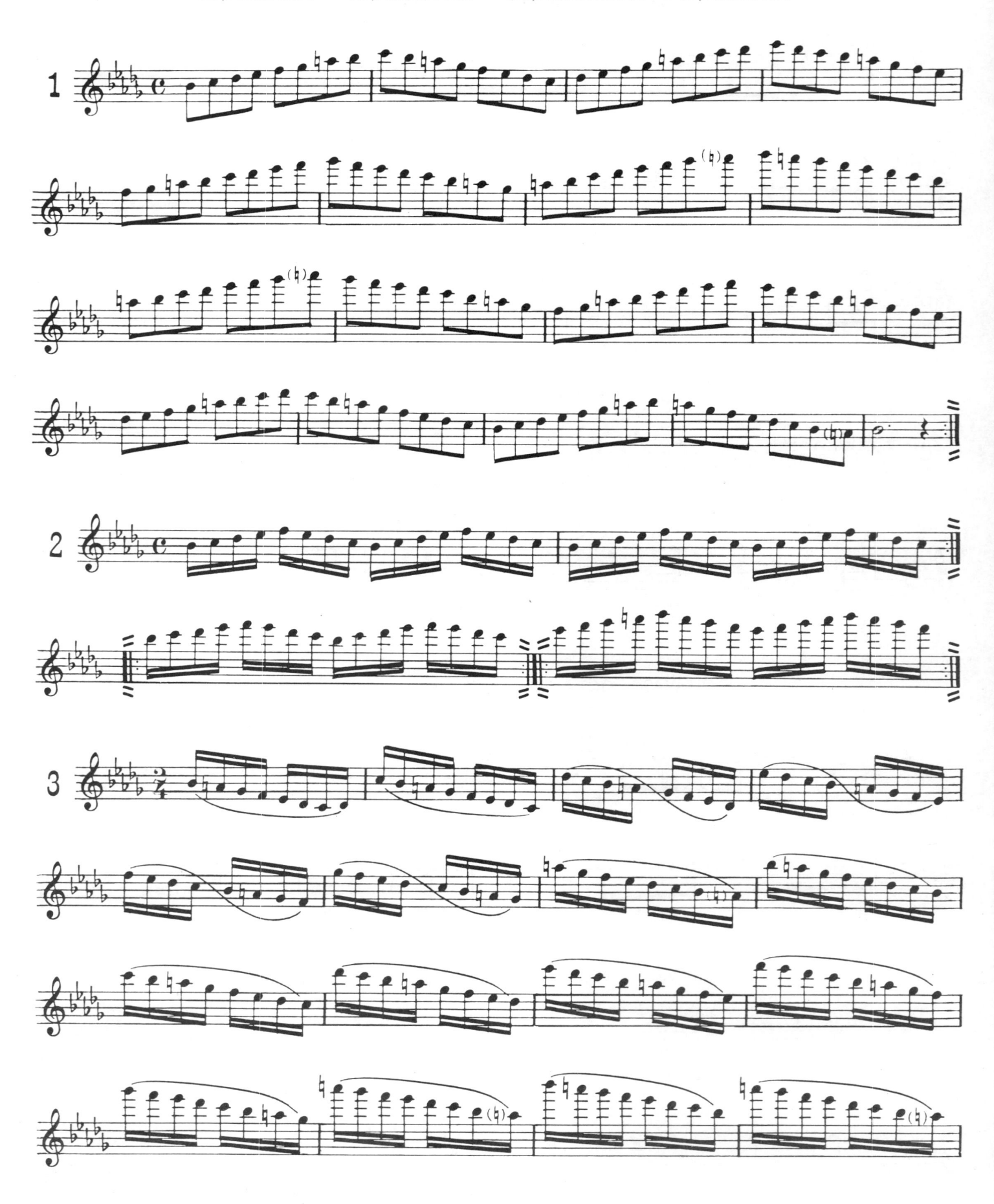

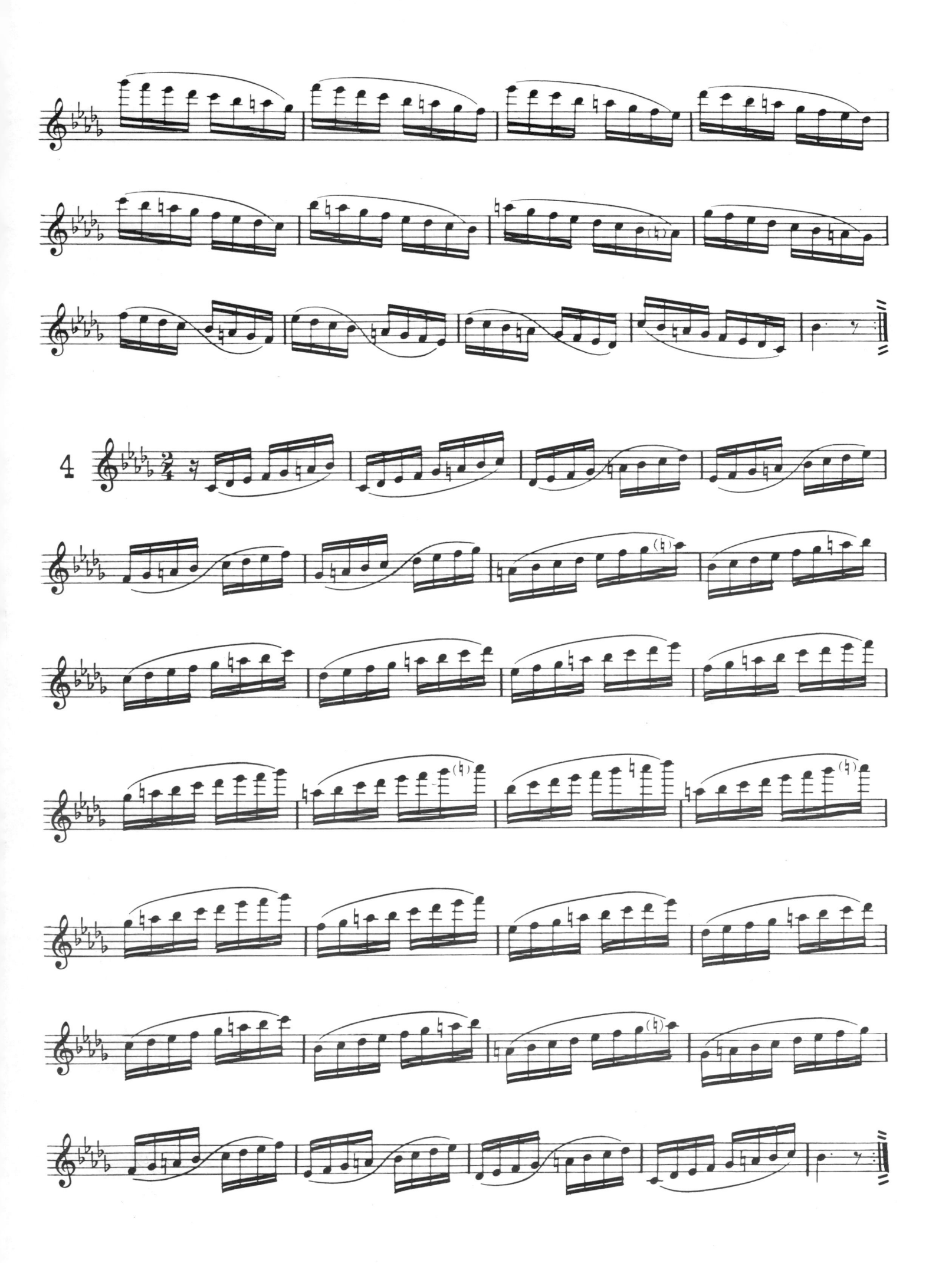
4

TERÇAS — *TERCERAS* — *TIERCES* — *THIRDS*

5

QUARTAS — *CUARTAS* — *QUARTES* — *FOURTHS*

6

QUINTAS — *QUINTAS* — *QUINTES* — *FIFTHS*

7

SEXTAS — *SEXTAS* — *SIXTES* — SIXTHS

8

SÉTIMAS — *SÉPTIMAS* — *SEPTIÈMES* — SEVENTHS

9

OITAVAS — *OCTAVAS* — *OCTAVES* — OCTAVES

10

OITAVAS — *OCTAVAS* — *OCTAVES* — OCTAVES

11

MIb MENOR — MIb MENOR — MIb MINEUR — Eb MINOR

TERÇAS — *TERCERAS — TIERCES — THIRDS*

QUARTAS — *CUARTAS — QUARTES — FOURTHS*

QUINTAS - *QUINTAS* — *QUINTES* — FIFTHS

7

SEXTAS — *SEXTAS* — *SIXTES* — SIXTHS

8

SÉTIMAS — *SÉPTIMAS* — *SEPTIÈMES* — SEVENTHS

9

OITAVAS — *OCTAVAS* — *OCTAVES* — OCTAVES

10

OITAVAS — *OCTAVAS* — *OCTAVES* — OCTAVES

11

Capítulo II   Capítulo II   Chapitre II   Chapter II

ESCALAS CROMÁTICAS COM INTERVALOS DIVERSOS
ESCALAS CROMÁTICAS CON INTERVALOS DIVERSOS
GAMMES CHROMATIQUES AVEC DES INTERVALLES DIVERS
CHROMATIC SCALES WITH DIFFERENT INTERVALS

SEGUNDAS MAIORES — *SEGUNDAS MAYORES* — *SECONDES MAJEURES* — *MAJOR SECONDS*

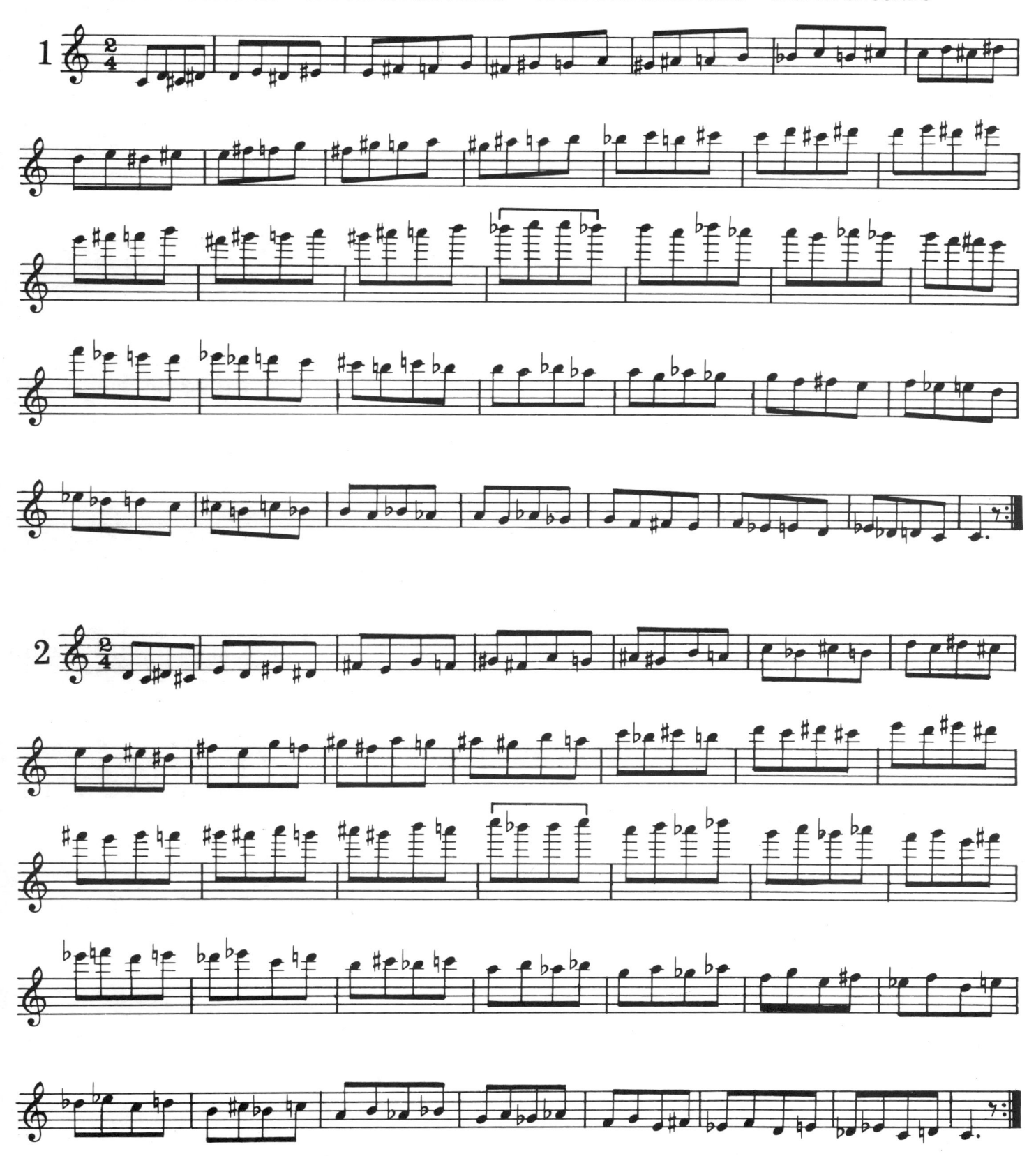

TERÇAS MAIORES — *TERCERAS MAYORES* — *TIERCES MAJEURES* — *MAJOR THIRDS*

TERÇAS MENORES — *TERCERAS MENORES — TIERCES MINEURES — MINOR THIRDS*

QUARTAS JUSTAS — *CUARTAS JUSTAS* — *QUARTES JUSTES* — *PERFECT FOURTHS*

QUARTAS AUMENTADAS — *CUARTAS AUMENTADAS* — *QUARTES AUGMENTÉES* — *AUGMENTED FOURTHS*

QUINTAS JUSTAS — *QUINTAS JUSTAS* — *QUINTES JUSTES* — *PERFECT FIFTHS*

SEXTAS MAIORES — *SEXTAS MAYORES* — *SIXTES MAJEURES* — *MAJOR SIXTHS*

SEXTAS MENORES — *SEXTAS MENORES* — *SIXTES MINEURES* — MINOR SIXTHS

SÉTIMAS MAIORES — *SÉPTIMAS MAYORES — SEPTIÈMES MAJEURES — MAJOR SEVENTHS*

SÉTIMAS MENORES — *SÉPTIMAS MENORES* — *SEPTIÈMES MINEURES* — *MINOR SEVENTHS*

OITAVAS — OCTAVAS — OCTAVES — OCTAVES

OITAVAS — *OCTAVAS* — *OCTAVES* — *OCTAVES*

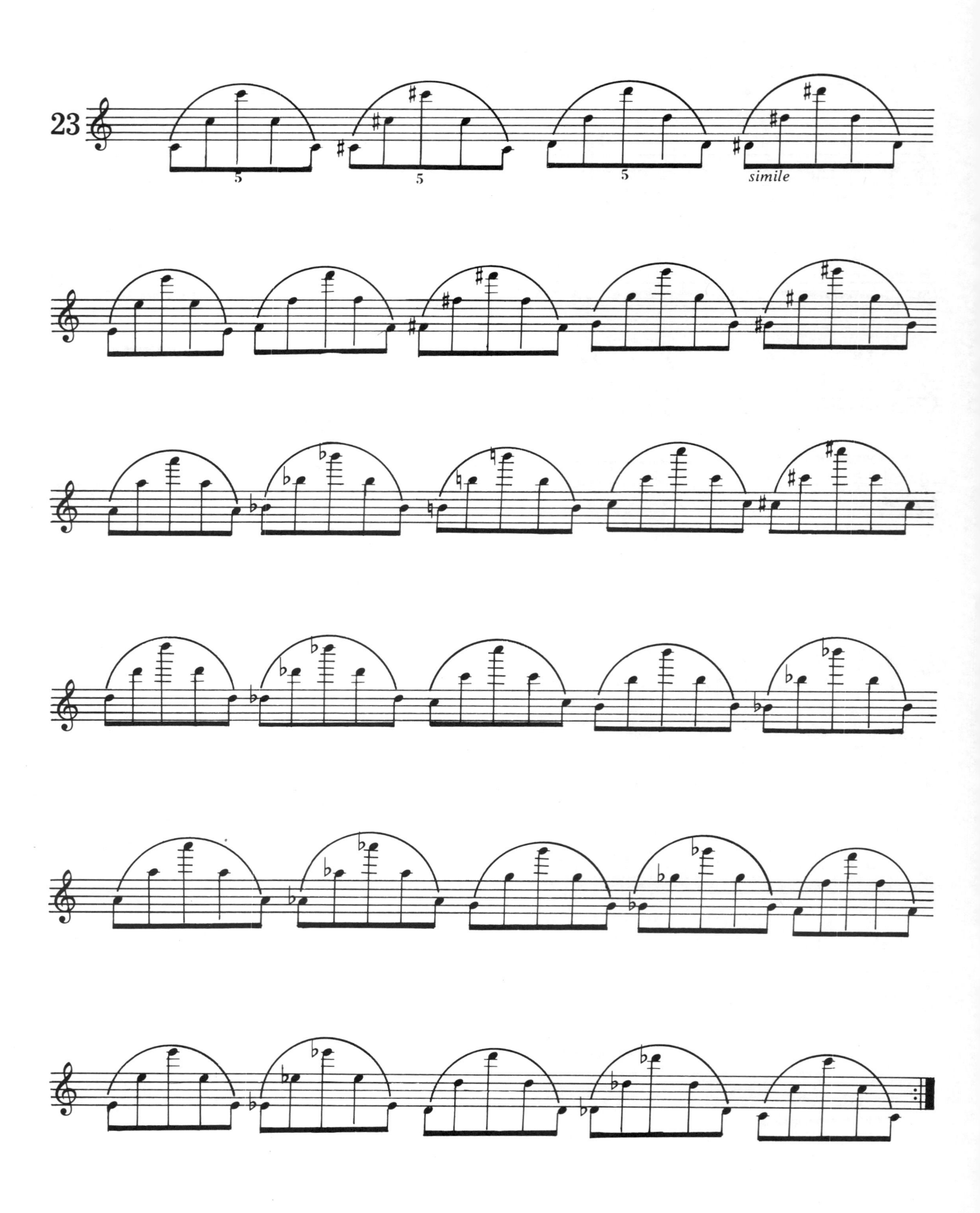

OITAVAS DUPLAS — *OCTAVAS DOBLES* — *DOUBLE OCTAVES* — *DOUBLE OCTAVES*

ESCALAS CROMÁTICAS — *ESCALAS CROMÁTICAS*
GAMMES CHROMATIQUES — *CHROMATIC SCALES*

76

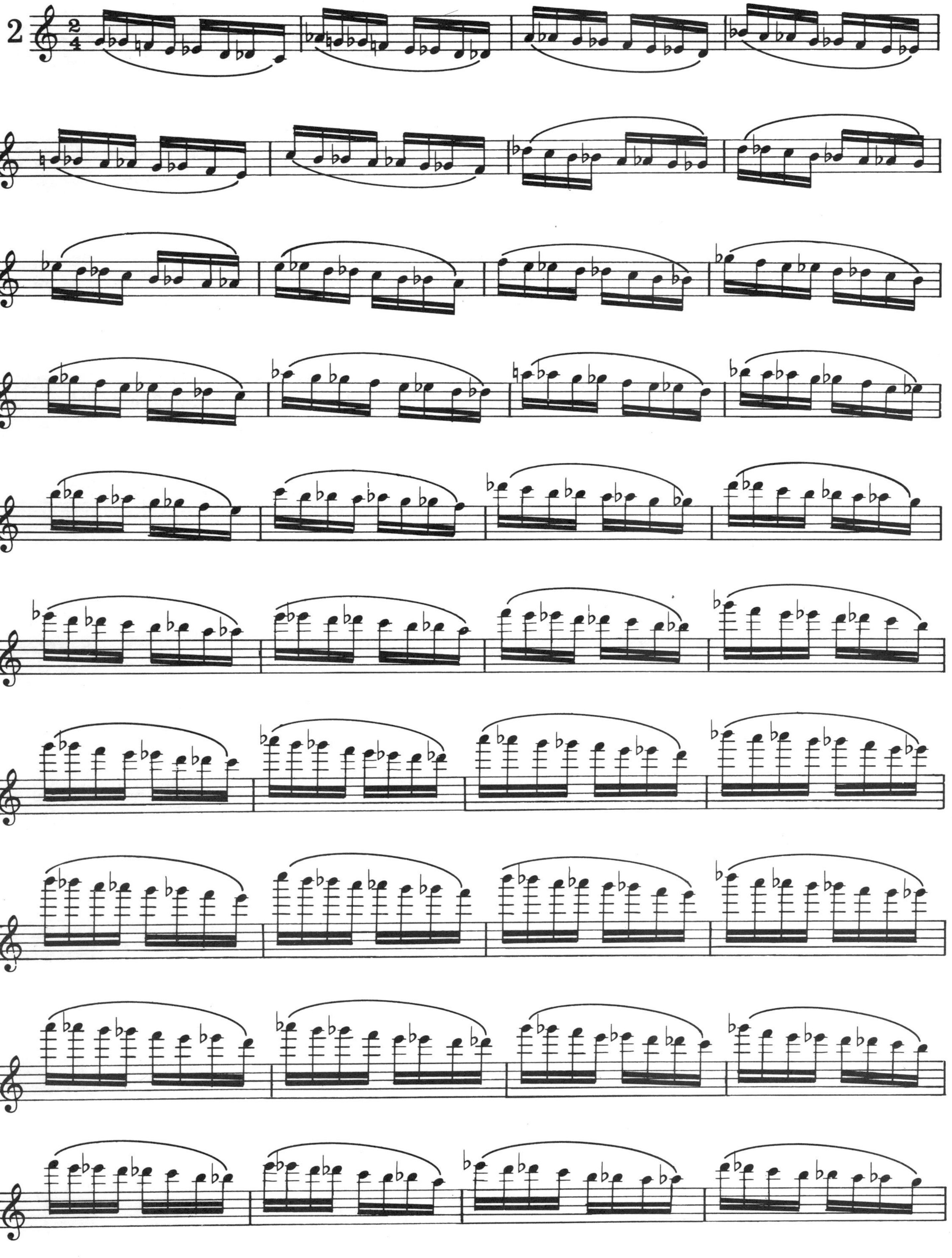
2

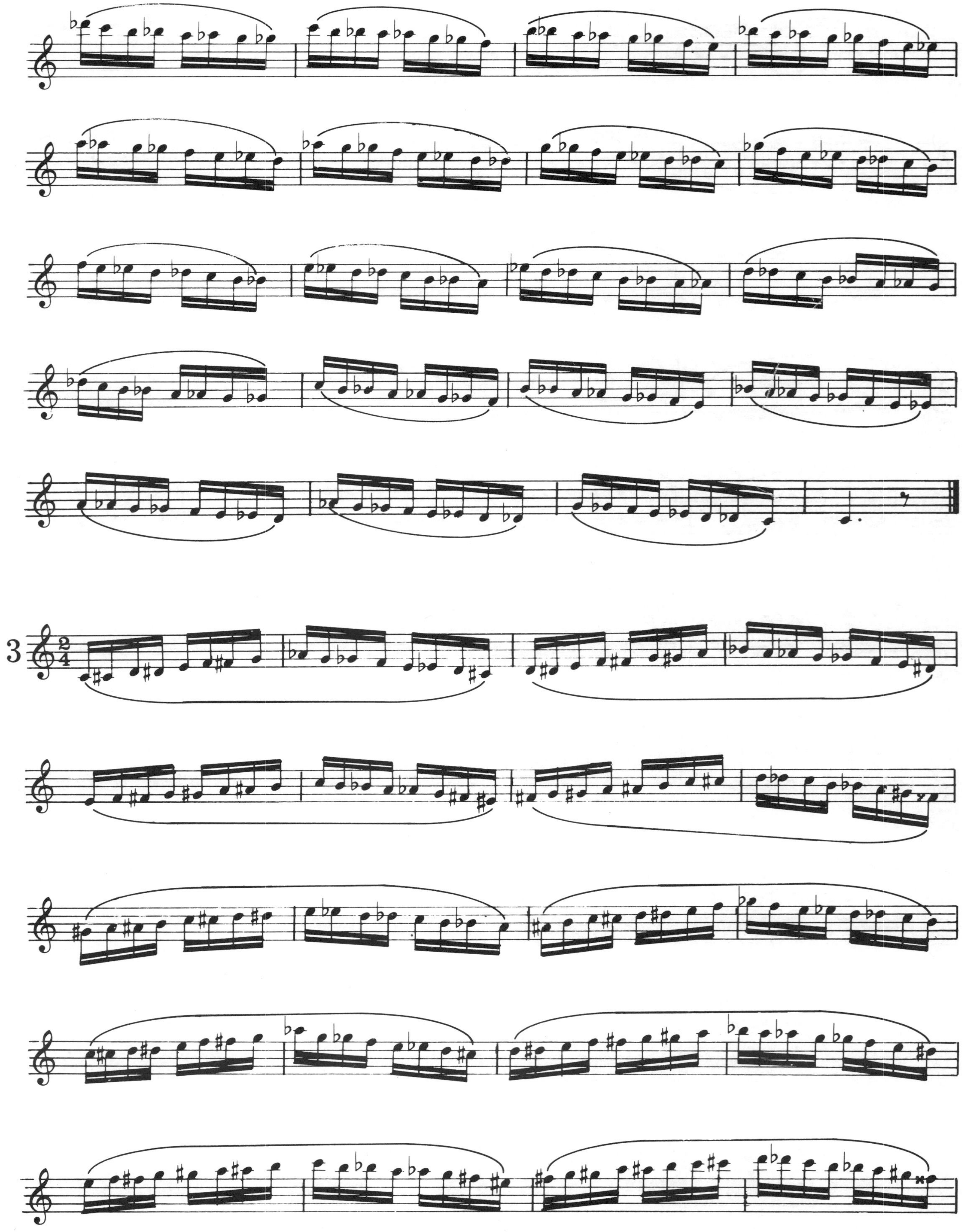

79

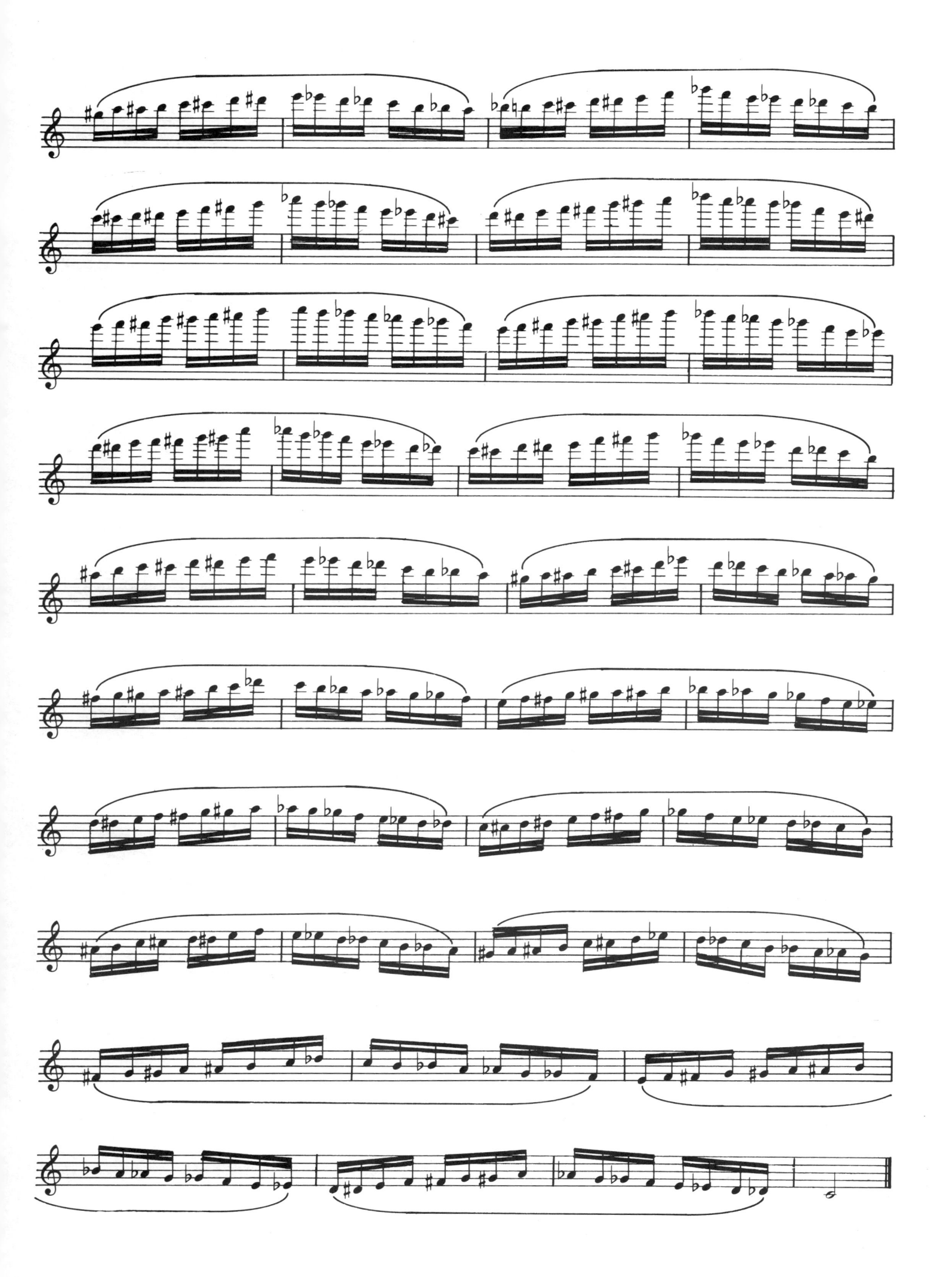

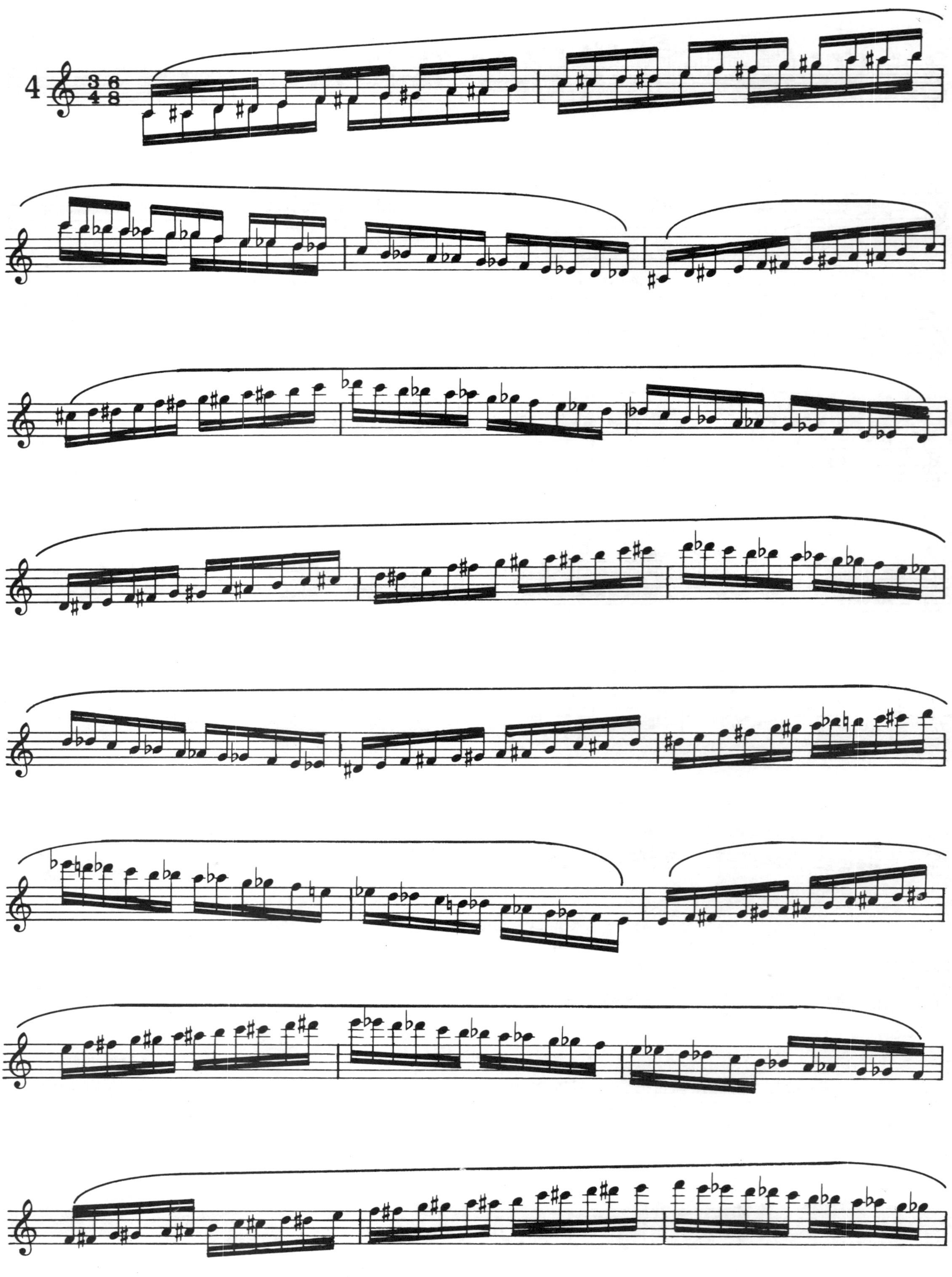
4
3 6
4 8

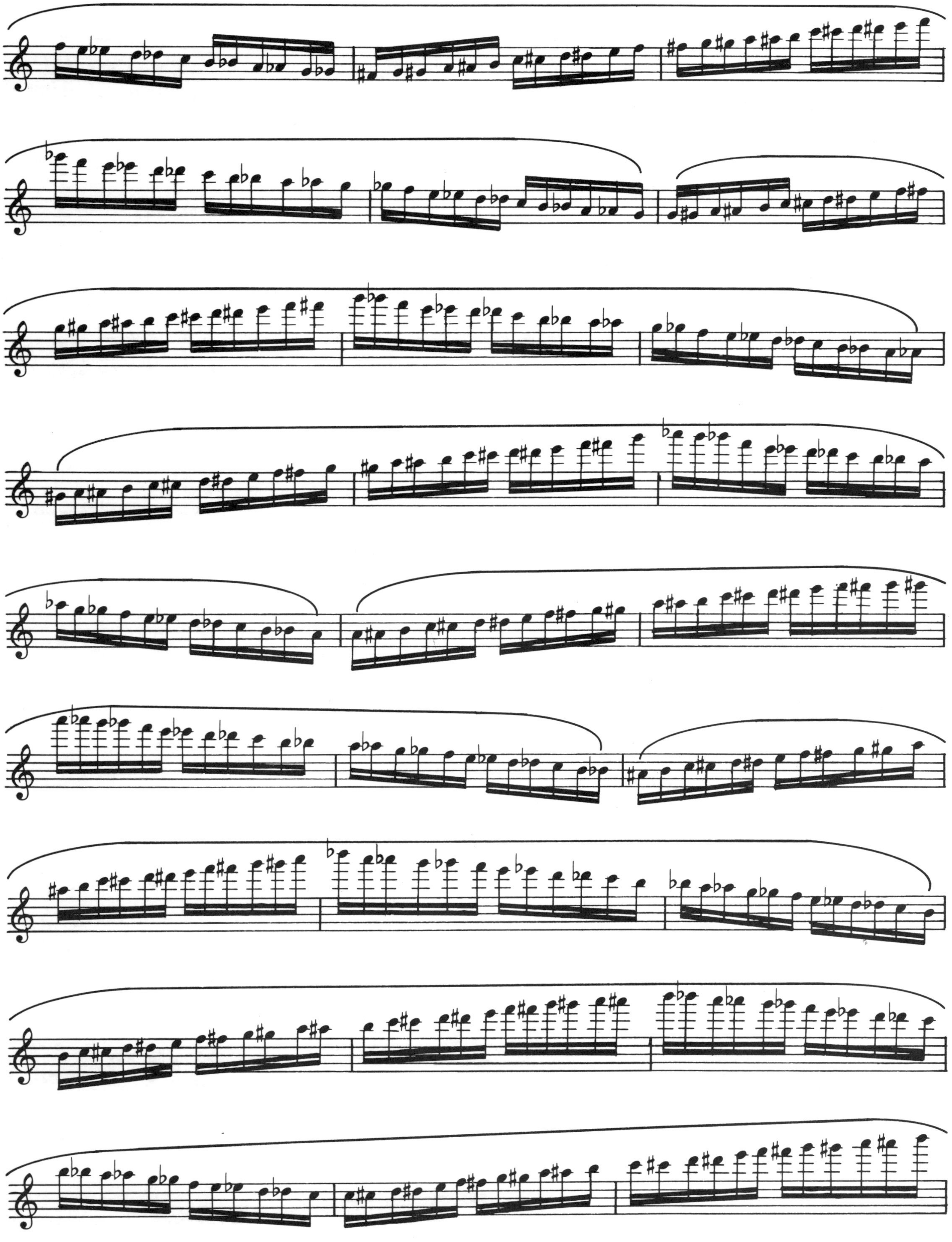

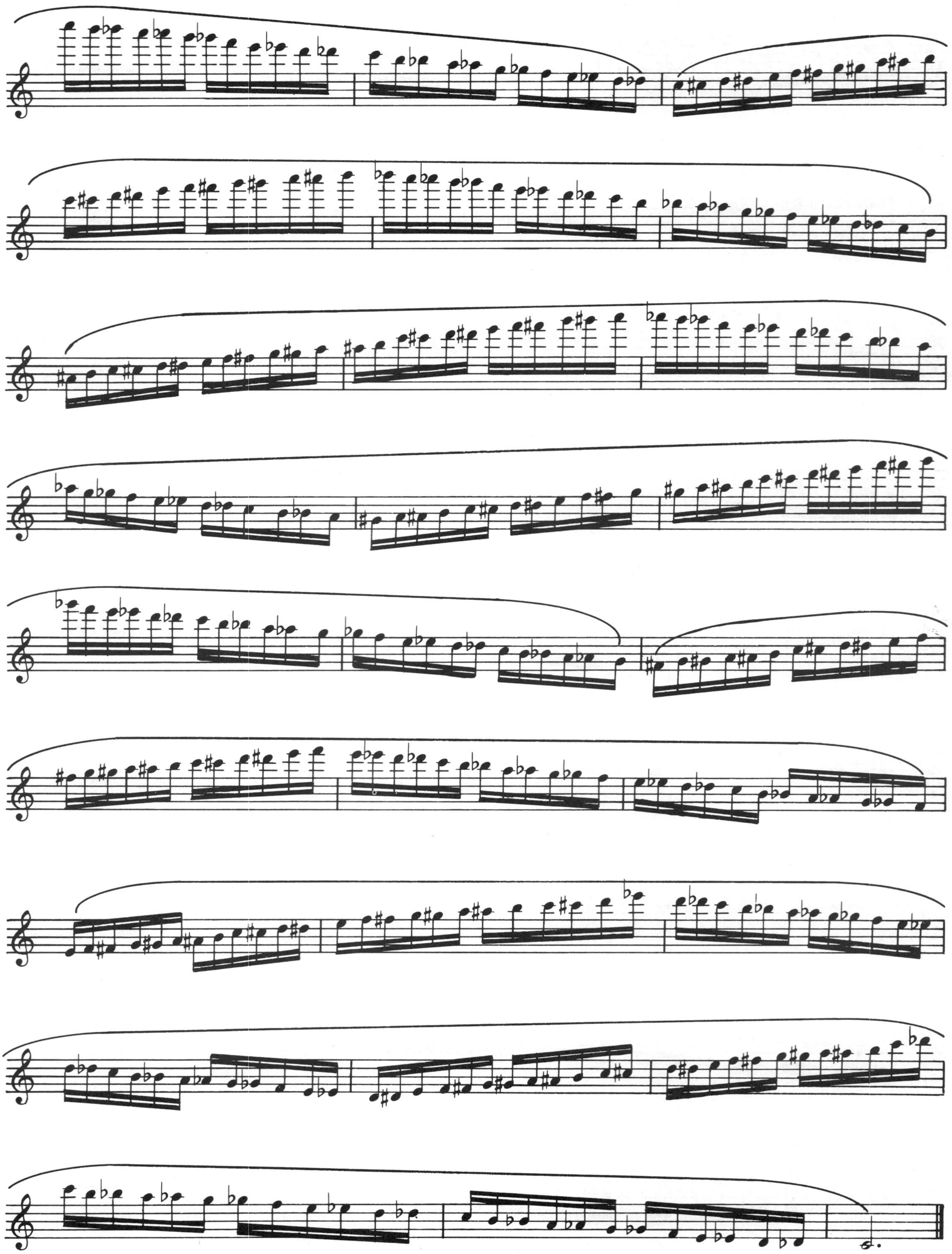

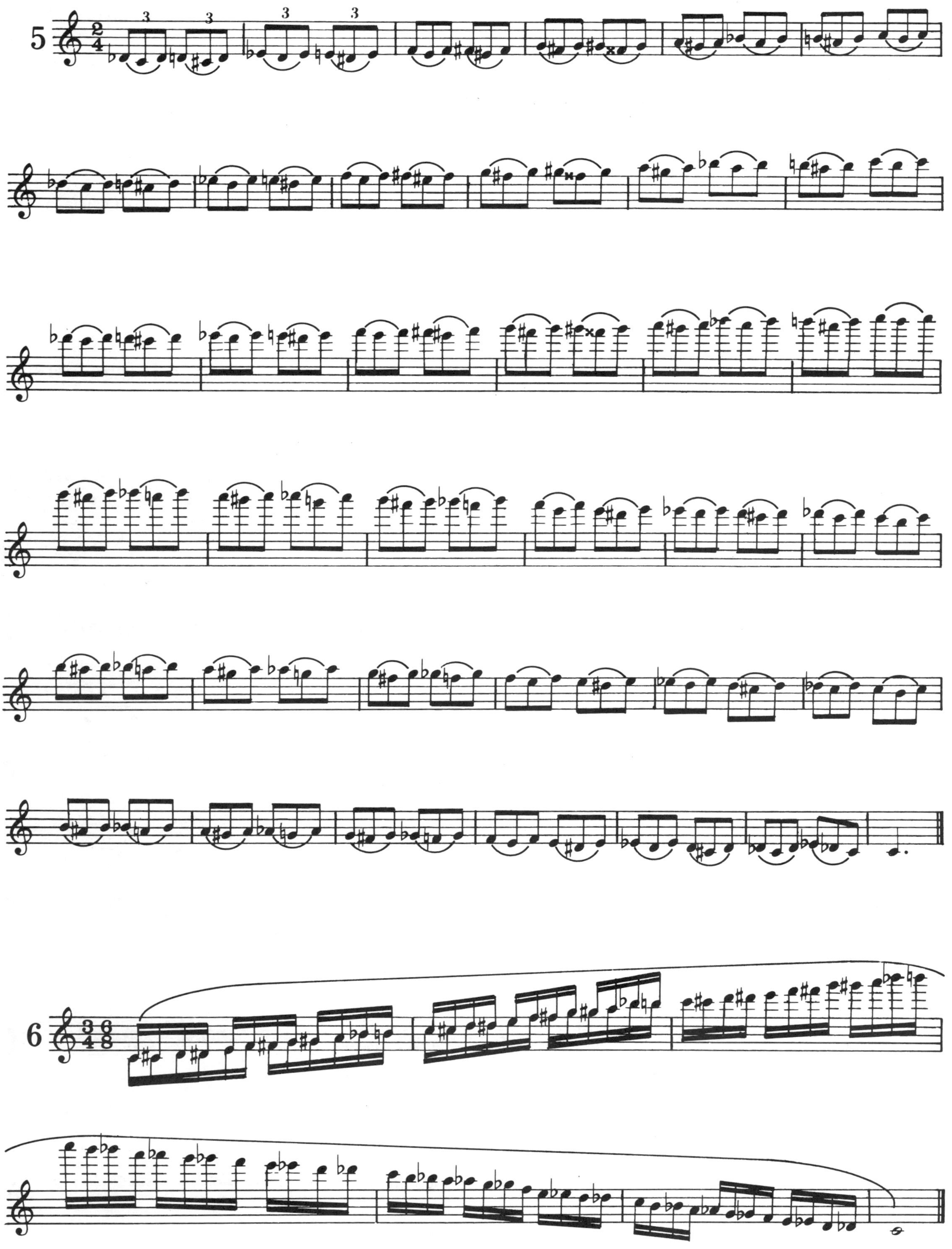
5
6

Capítulo III   Capítulo III   Chapitre III   Chapter III

PASSAGENS DIFÍCEIS EM LEGATO — EXERCÍCIOS PARA O DEDO MÍNIMO DA MÃO DIREITA

PASAJES DIFÍCILES EN LEGATO — EJERCICIOS PARA EL DEDO MEÑIQUE DE LA MANO DERECHA

SUR QUELQUES TRAITS DIFFICILES EN LEGATO — EXERCICES POUR LE PETIT DOIGT DE LA MAIN DROITE

DIFFICULT LEGATO PASSAGES — EXERCICES FOR THE LITTLE FINGER OF THE RIGHT HAND

Neste capítulo procuramos reunir algumas das passagens mais difíceis em legato. Inicialmente ligá-las de quatro em quatro e posteriormente todo o compasso.

En este capítulo tratamos de reunir algunos de los pasajes más difíciles en legato. Primeramente ligarlas de cuatro em cuatro y posteriormente todo el compás.

Dans ce chapitre nous avons essayé de choisir quelques traits parmi des plus difficiles en legato. Premièrement les lier de quatre en quatre et après dans toute la mesure.

In this chapter we have tried to bring together some of the most difficult legato passages. First slur them in groups of four, then slur the whole passage.

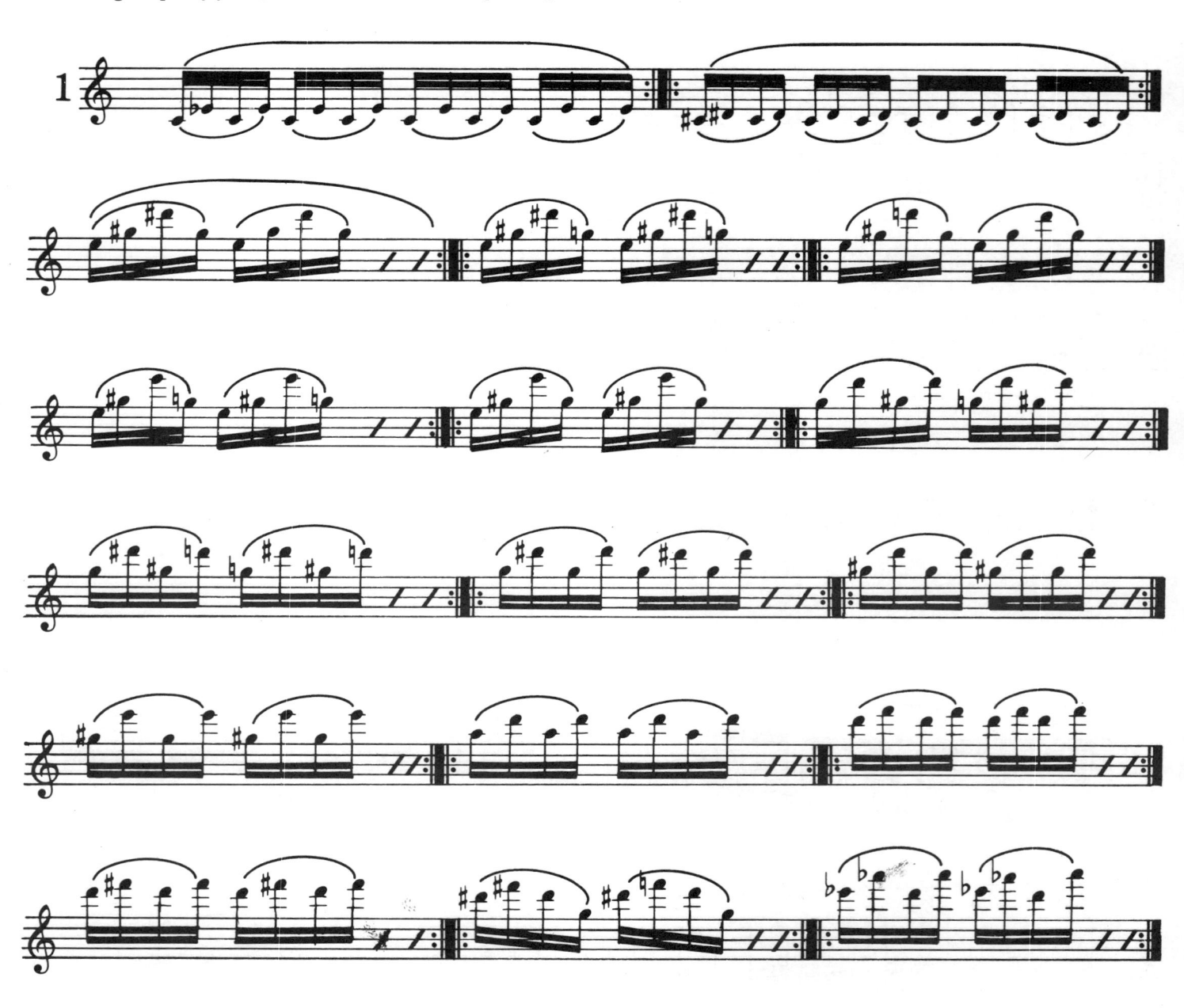

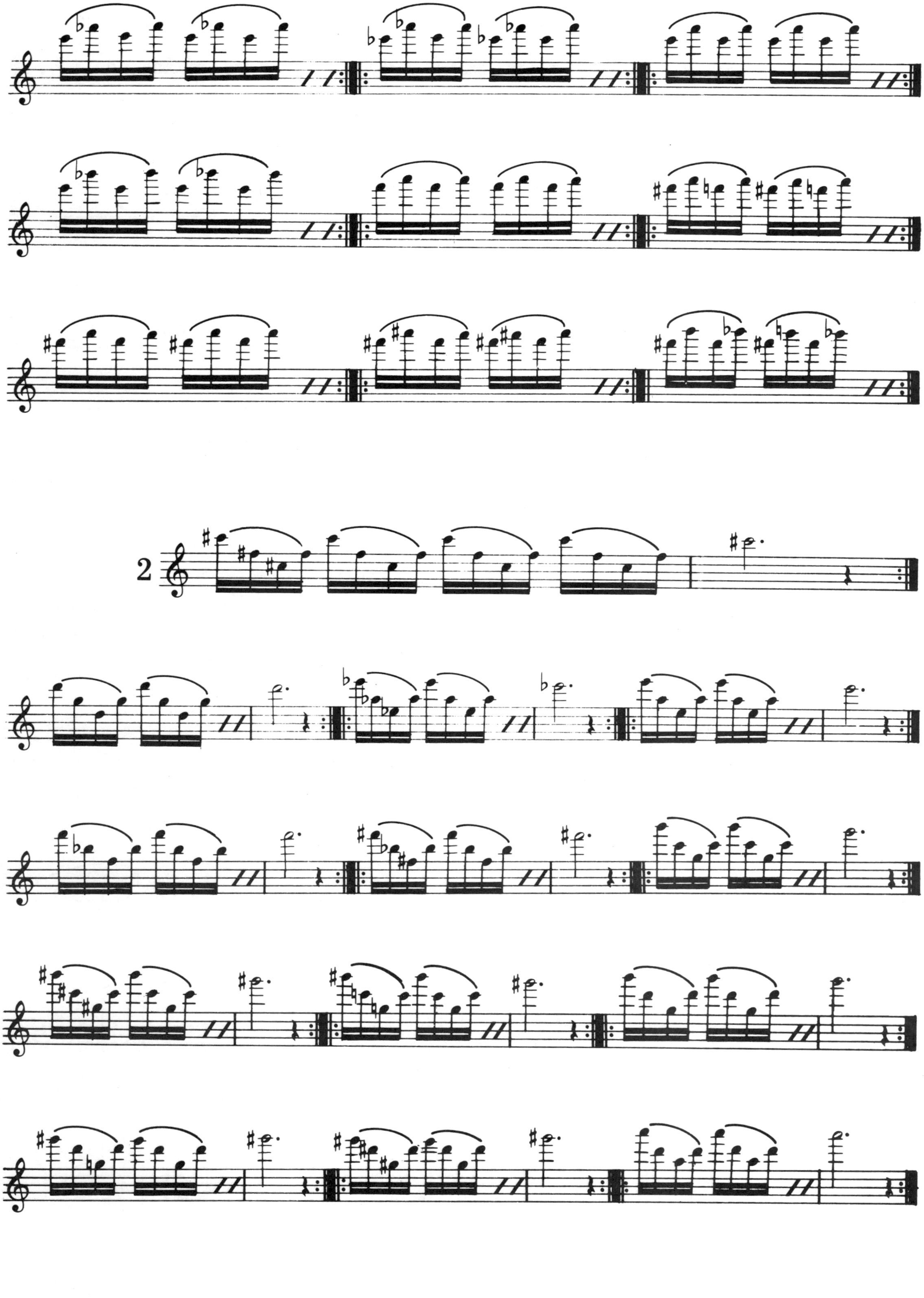
2

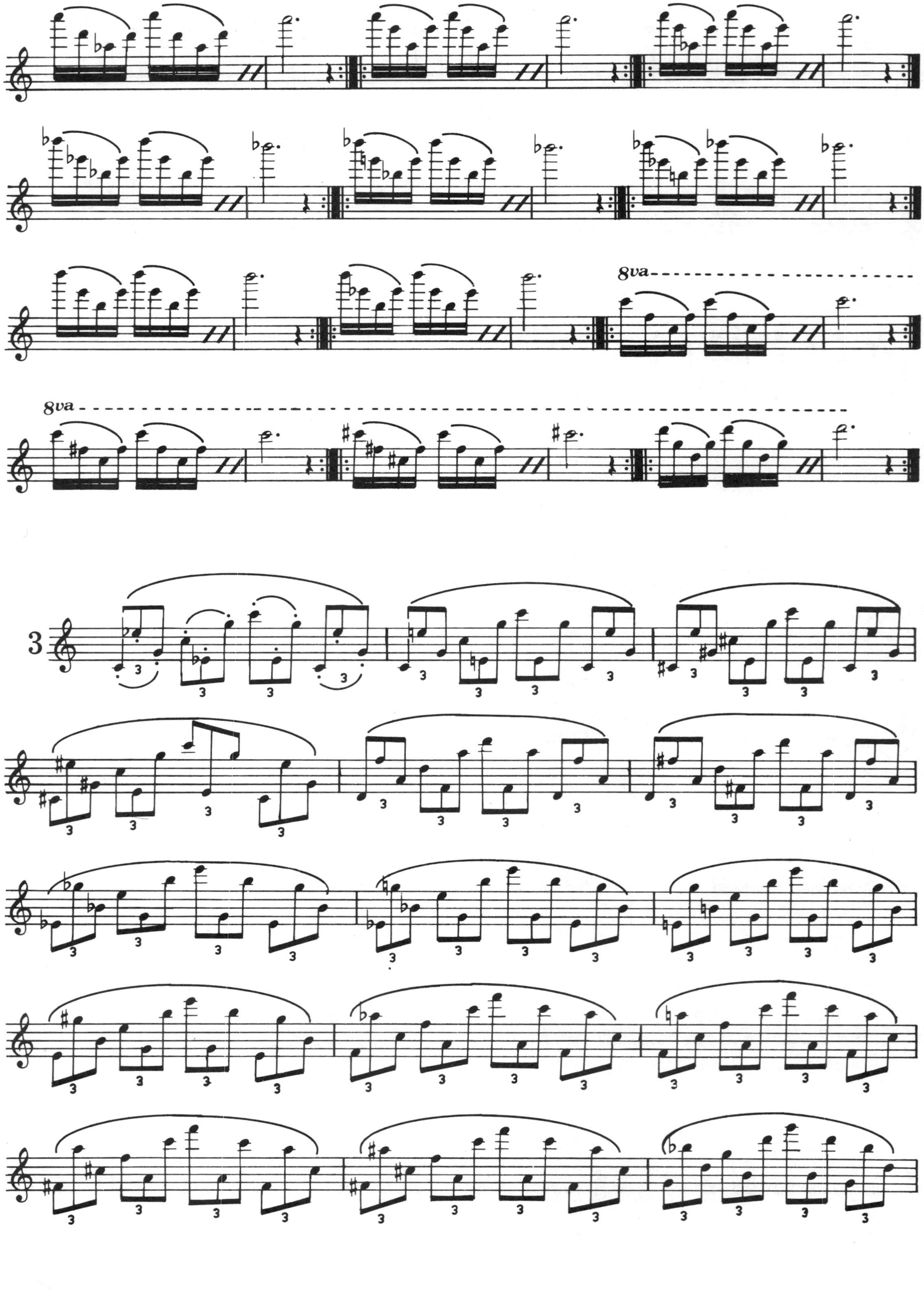
8va
8va
3

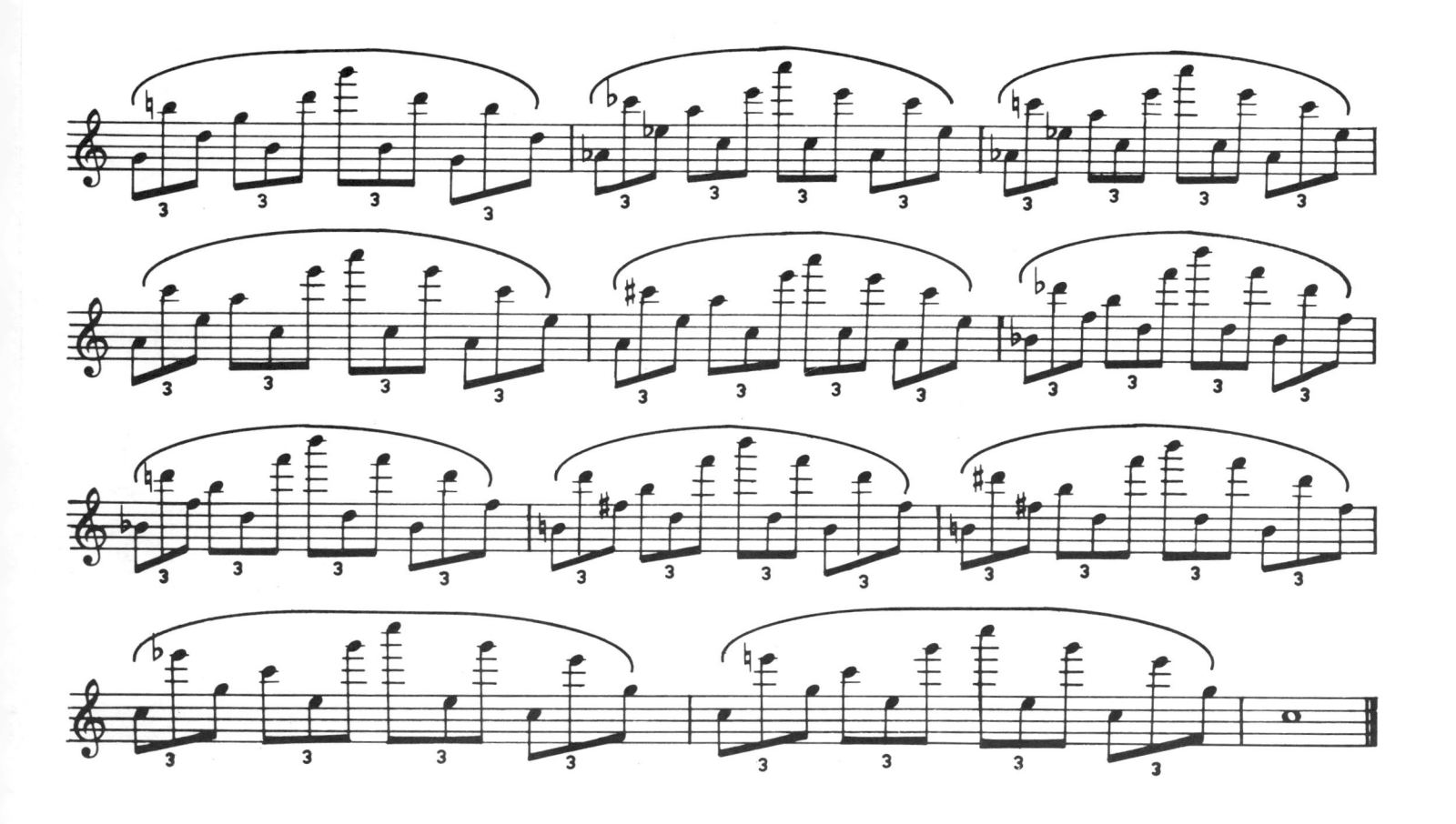

Exercícios para o dedo mínimo da mão direita
Ejercicios para el dedo meñique de la mano derecha
Exercices pour le petit doigt de la main droite
Exercices for the little finger of the right hand

Dada a dificuldade de deslizar o dedo mínimo da mão direita sobre o conjunto de chaves formado pelo Dó, Dó♯ e Ré♯ aconselhamos a passar a ponta do dedo sobre a fronte.

Dada la dificultad de deslizar el dedo meñique de la mano derecha sobre el conjunto de llaves formado por el Do, Do♯ y Re♯, aconsejamos pasar la punta del dedo por la frente.

Etant donné la difficulté de glisser le petit doigt de la main droite sur l'ensemble des clefs formé par le Do, Do♯ et Ré♯, nous conseillons de passer l'extremité du doigt sur le front.

Due to the difficult of gliding the little finger of the right hand over the C, C sharp and D sharp, we recommend that you rub the tip of the finger on ther forehead.

Capítulo IV - Duos, trios e quartetos
Capítulo IV - Dúos, tríos y cuartetos
Chapitre IV - Duos, trios et quatuors
Chapter IV - Duos, trios and quartets

TOADA DOS PIFEIROS

JOÃO BAPTISTA SIQUEIRA
1906-1992

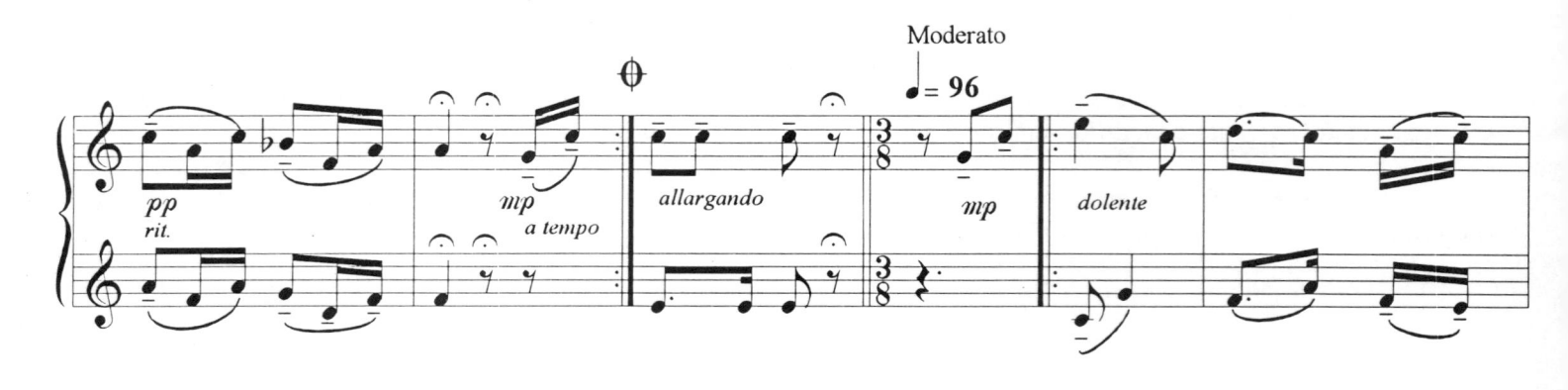

Solo
p
Solo
p
1.
2.
1º Tempo
mp
dolce
CODA
f
poco rit.
a tempo
calmo
Solo
p
mf
Solo
rall.

CARINHOSO

Lento

PIXINGUINHA
Arr. de MURILO BARQUETTE

© Copyright 1934/1968 by MANGIONE FILHOS & CIA. Rio de Janeiro - Brasil.
Todos os direitos autorais reservados - All rights reserved.

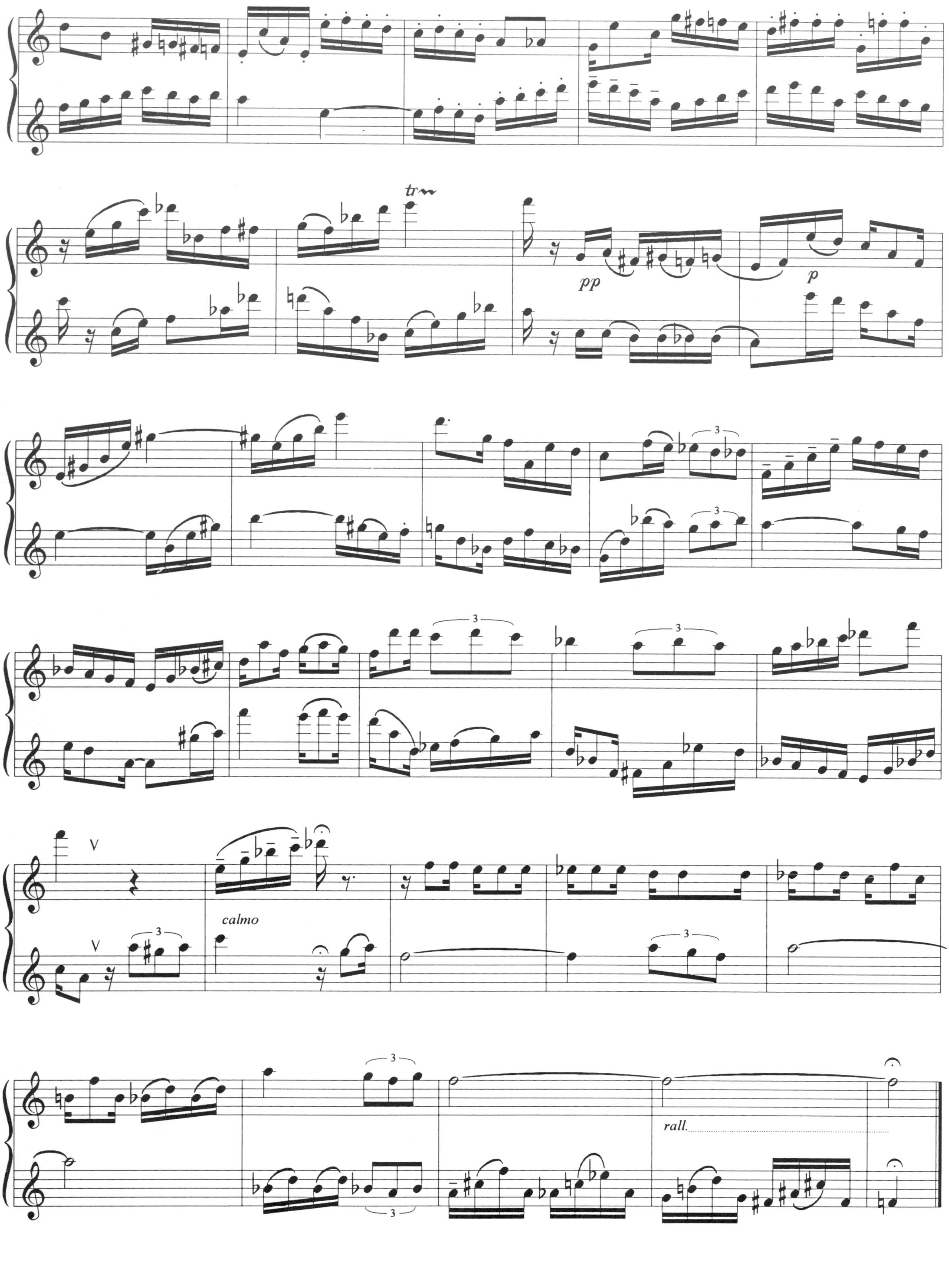
tr
pp
p
calmo
rall.

ESTUDO PARA DUAS FLAUTAS

ALBERTO ARANTES

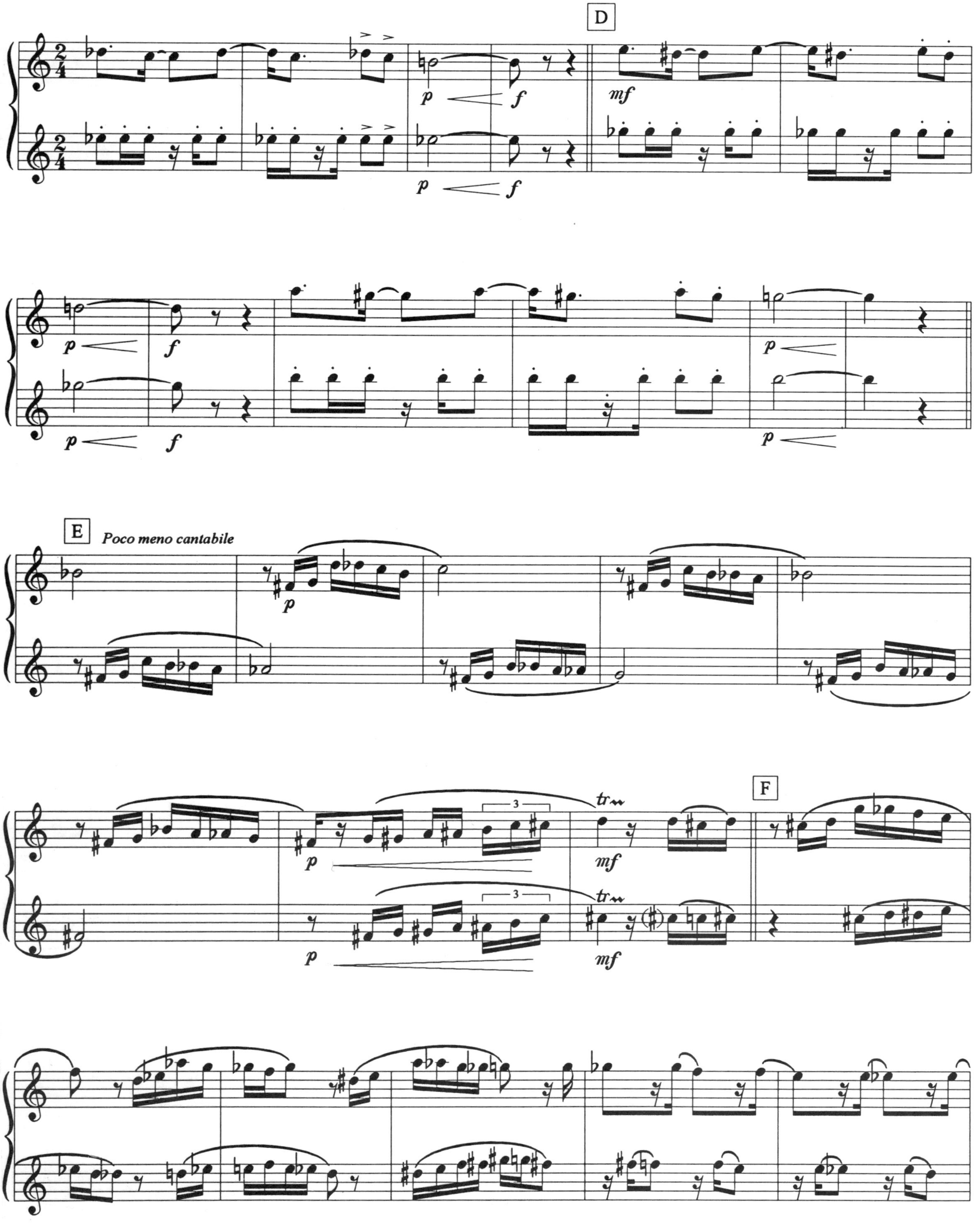
D
E
Poco meno cantabile
F

Frullato
G
Frullato
mp
Normal
rall.
Normal
Moderato
gliss.
gliss.
H
f
f
I
p
cresc.
p
cresc.

95

BRASILEIRINHO

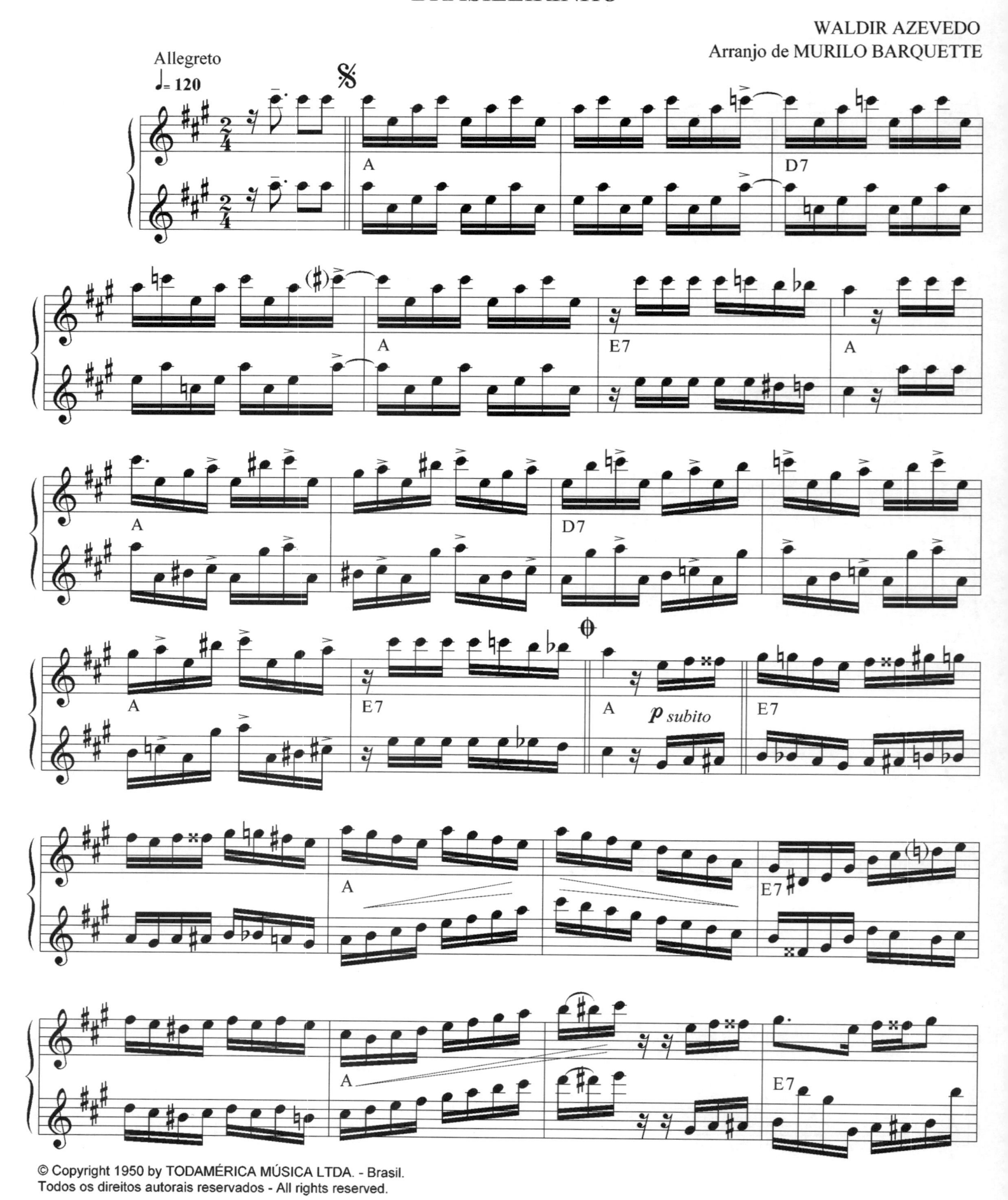

WALDIR AZEVEDO
Arranjo de MURILO BARQUETTE

Allegreto ♩= 120

A
E7
A
Am
Am(maj7)
Am7
Dm
E7
Am
Am
Am(maj7)
Am7
B7
E7
Am
A7
Dm
Am
B7
E7
Am
E7
Dal
e
A

DUO PARA FLAUTAS

CAMARGO GUARNIERI
(31/03/1989)

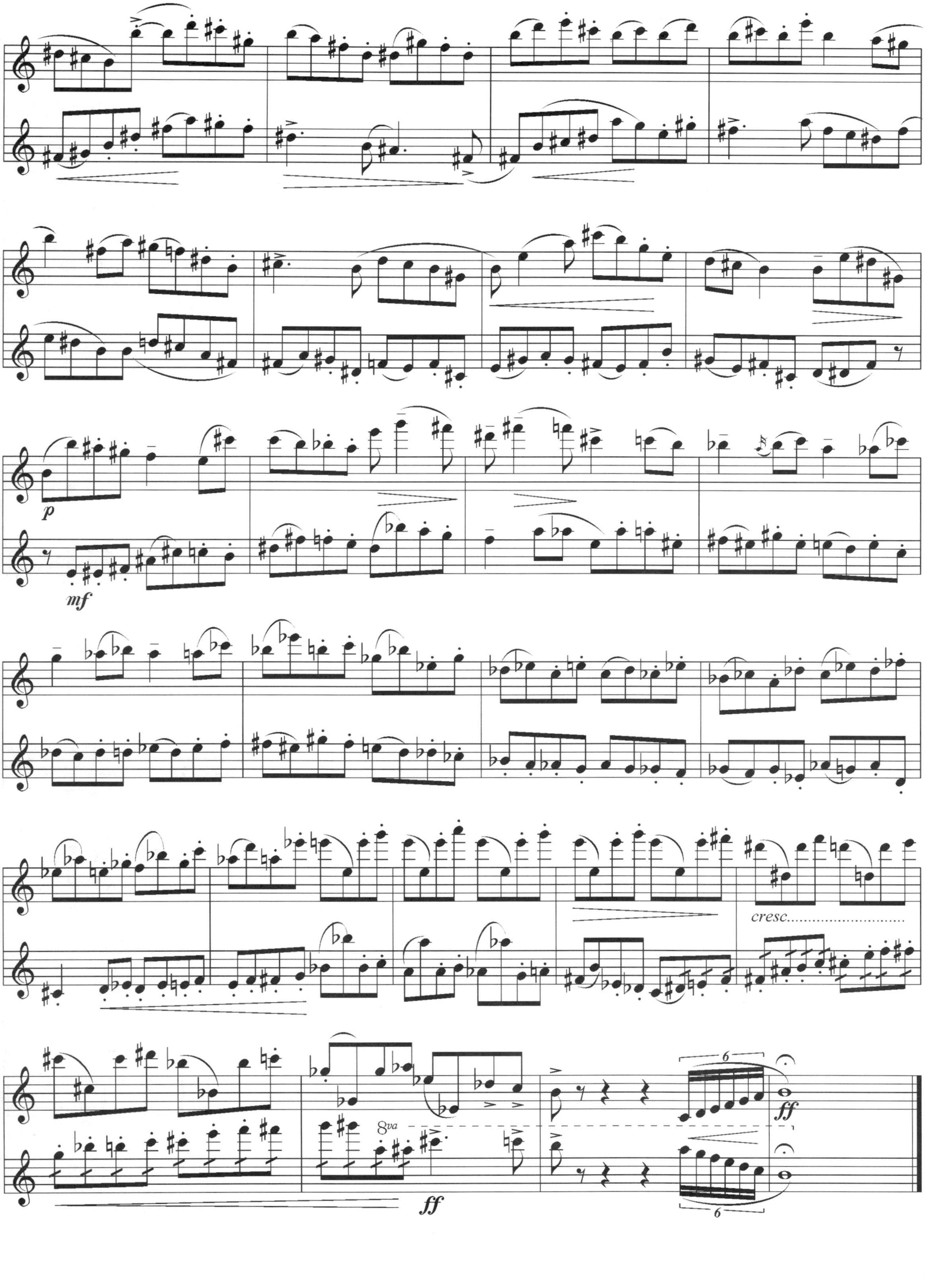
p
mf
cresc.
8va
ff
6

EM DUAS FLAUTAS

I — PRELÚDIO

GUERRA-PEIXE

Allegretto Moderato
± ♩=112

II — VALSINHA

III — AFRO SOFISTICADO

IV — CANTIGA

V — FREVO

N.B. — O frevo é uma forma pernambucana de marcha, cujo andamento pode variar de uma para outra composição, jamais um galope! Os executantes não devem se orientar pelas gravações discográficas feitas no sul do país, uma vez que, na maioria das vezes, os músicos carecem de informação a respeito. — GUERRA-PEIXE.

pp
leggero
cresc.
poco a
poco
p
mp
mf
cresc.
f
p
1.
2.
f
ff
f
al
senza
repitizione
poi
(non rit.)
lunga
lunga

Em Três Flautas

I — CHORINHO

GUERRA-PEIXE

107

II — CANTIGA

III — GONGUÉ

IV — DANÇA ALEGRE

111

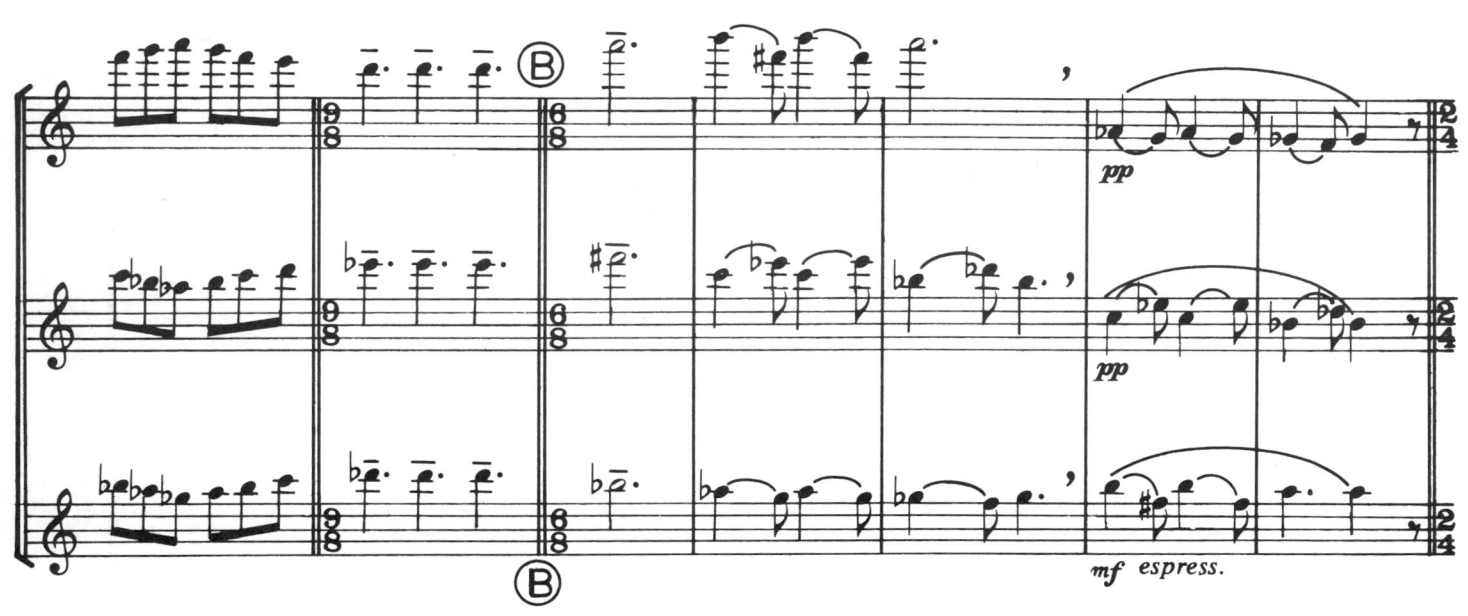

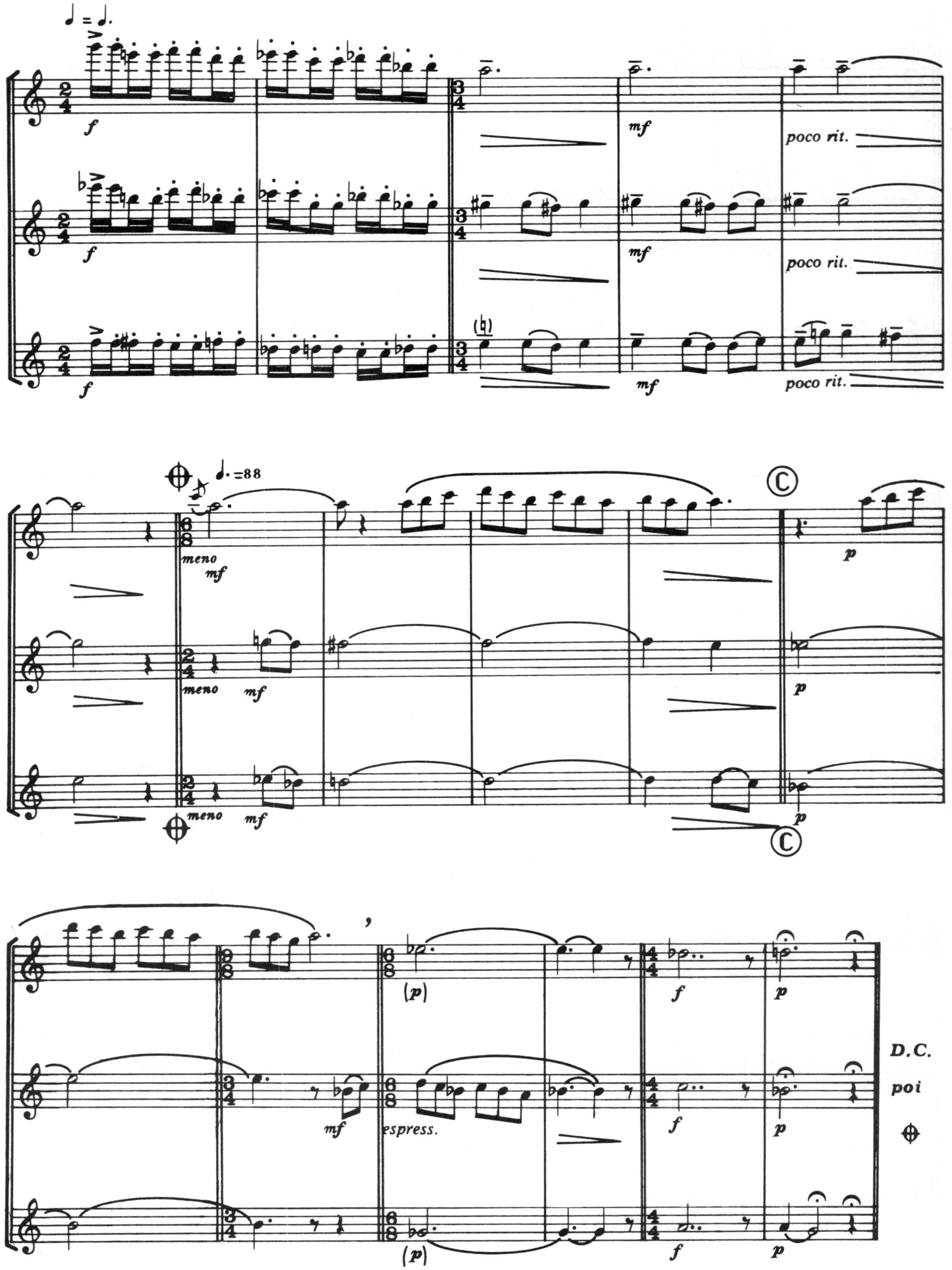
poco rit.
meno mf
♩. = 88
C
espress.
D.C. poi

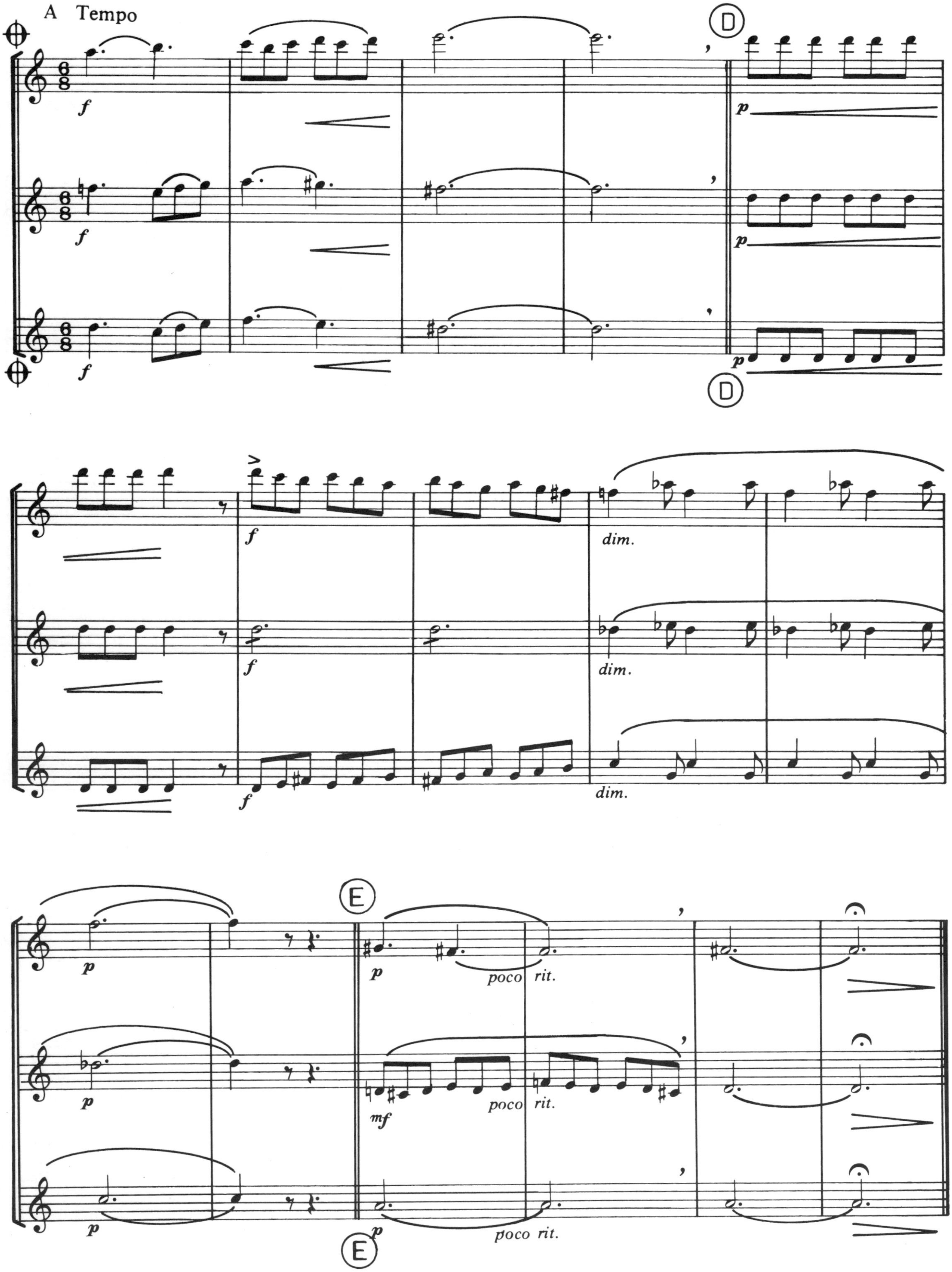
A Tempo
D
E
dim.
poco rit.

Em Quatro Flautas

I — CAPRICHO

GUERRA-PEIXE

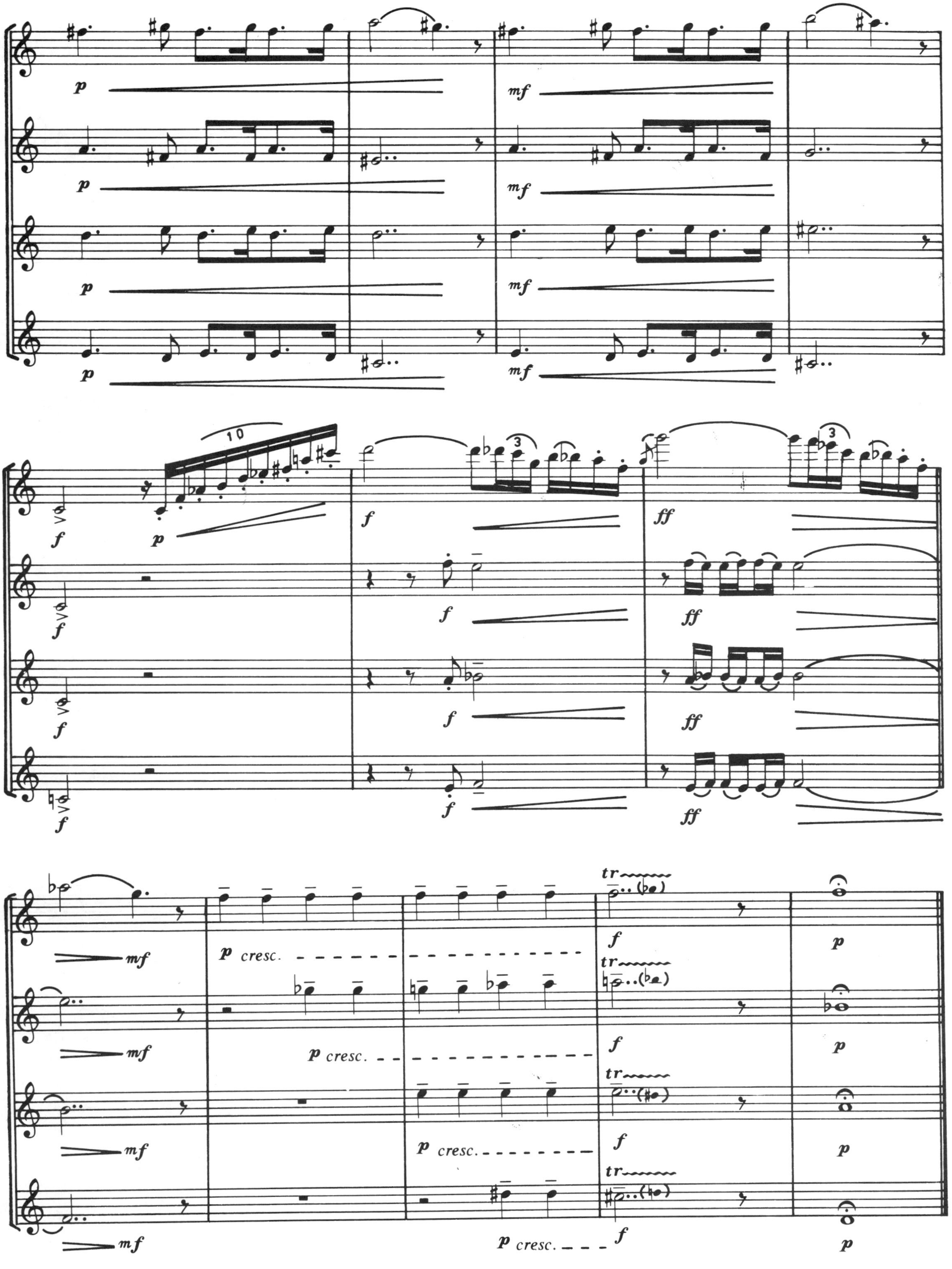
p cresc.
p cresc.
p cresc.
p cresc.

II — DANÇA

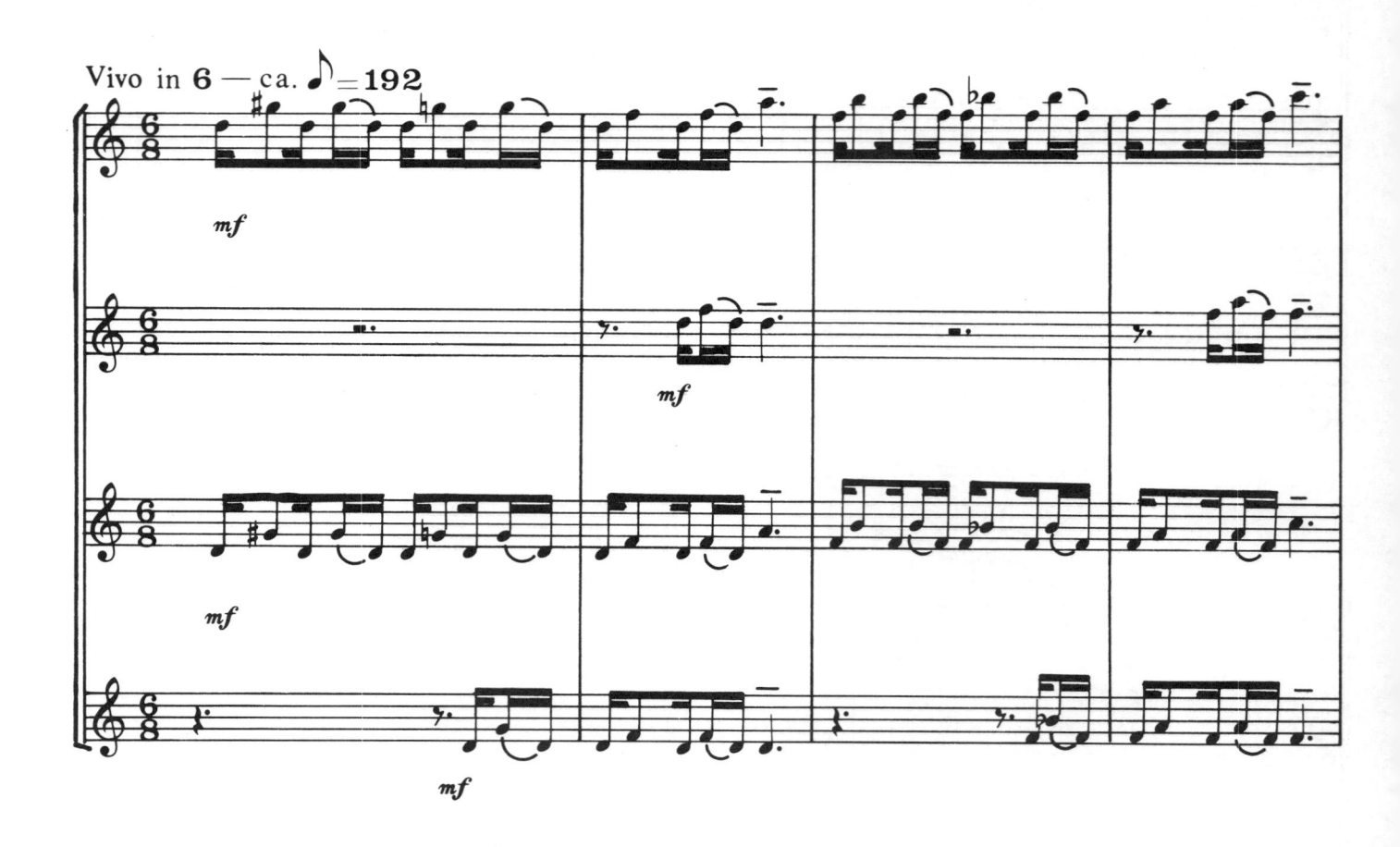

N.B. A nota principal é sempre o Mi agudo.
La nota principal es siempre el Mi agudo.

La note principale est toujours le Mi aigu.
The main note is always the high E.

III — É UM A.B.A.

Largo (Alla sarabanda) c a. ♩=56

B Allegro ca. ♩=112

p
espress.
simile
p leggiero e scherzoso
simile
simile
espress.

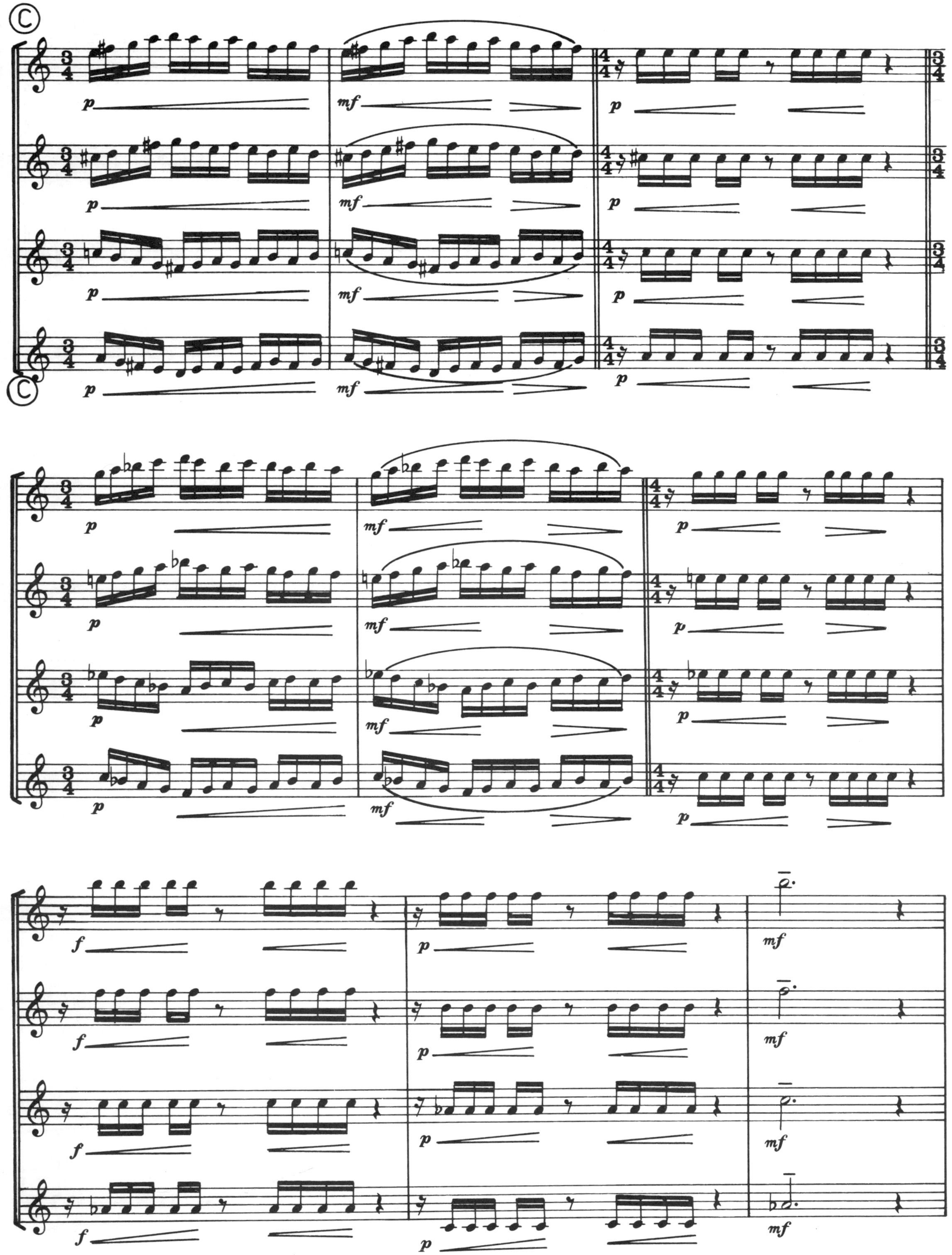

C
p
mf
p
mf
f

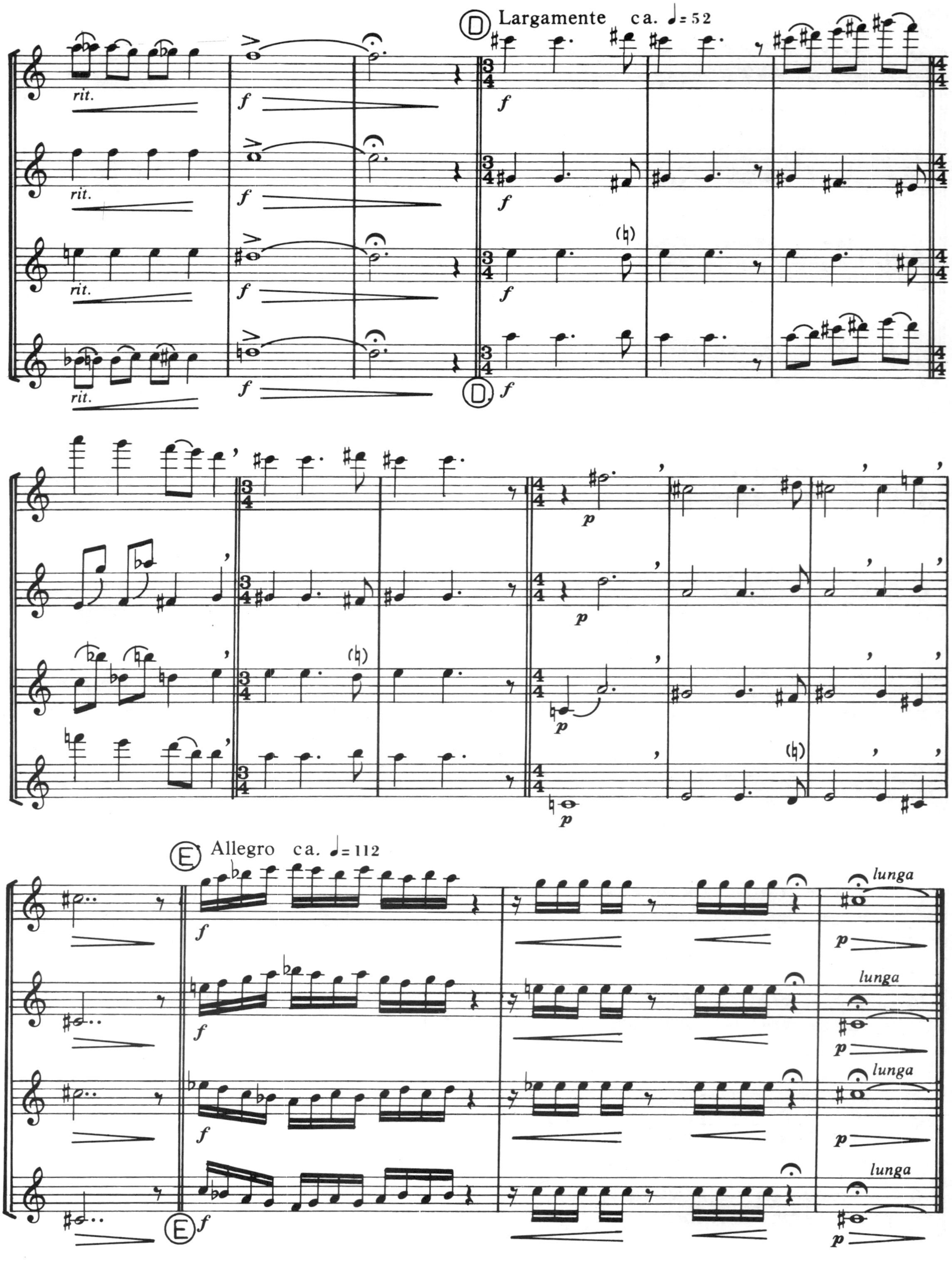
rit.
D
Largamente ca. ♩= 52
E
Allegro ca. 𝅗𝅥= 112
lunga

Capítulo V

ESTUDOS SOBRE A SÍNCOPA

| Capítulo V | Chapitre V | Chapter V |

ESTUDIOS SOBRE LA SÍNCOPA **DE LA SYNCOPE** **SYNCOPATION STUDIES**

Estes estudos têm como finalidade habituar o aluno a praticar a síncopa,
da maneira como ela é empregada na música brasileira

Estos estudios tienen como finalidad habituar al alumno a practicar la síncopa,
de la manera como es empleada en la música popular brasileña.

Ces études ont comme but d'habituer l'élève à pratiquer la syncope
de la façon dont elle est employée dans la musique brésilienne.

These studies are to familiarize the student with the use of syncopation
as found in Brazilian popular music.

ESTUDOS SOBRE A SÍNCOPA

SERGIO SARACENI

ESTUDO EM TRÊS MOVIMENTOS

I

MARCIO PEREIRA

Allegro MM ♩=138

2

mf

rit. a tempo

rit. f a tempo

rit. a tempo

rallentando

mf a tempo *rall. e dim.*

II

III

4 Allegro ♩=120

TED MORENO

5

LUIZ ROBERTO

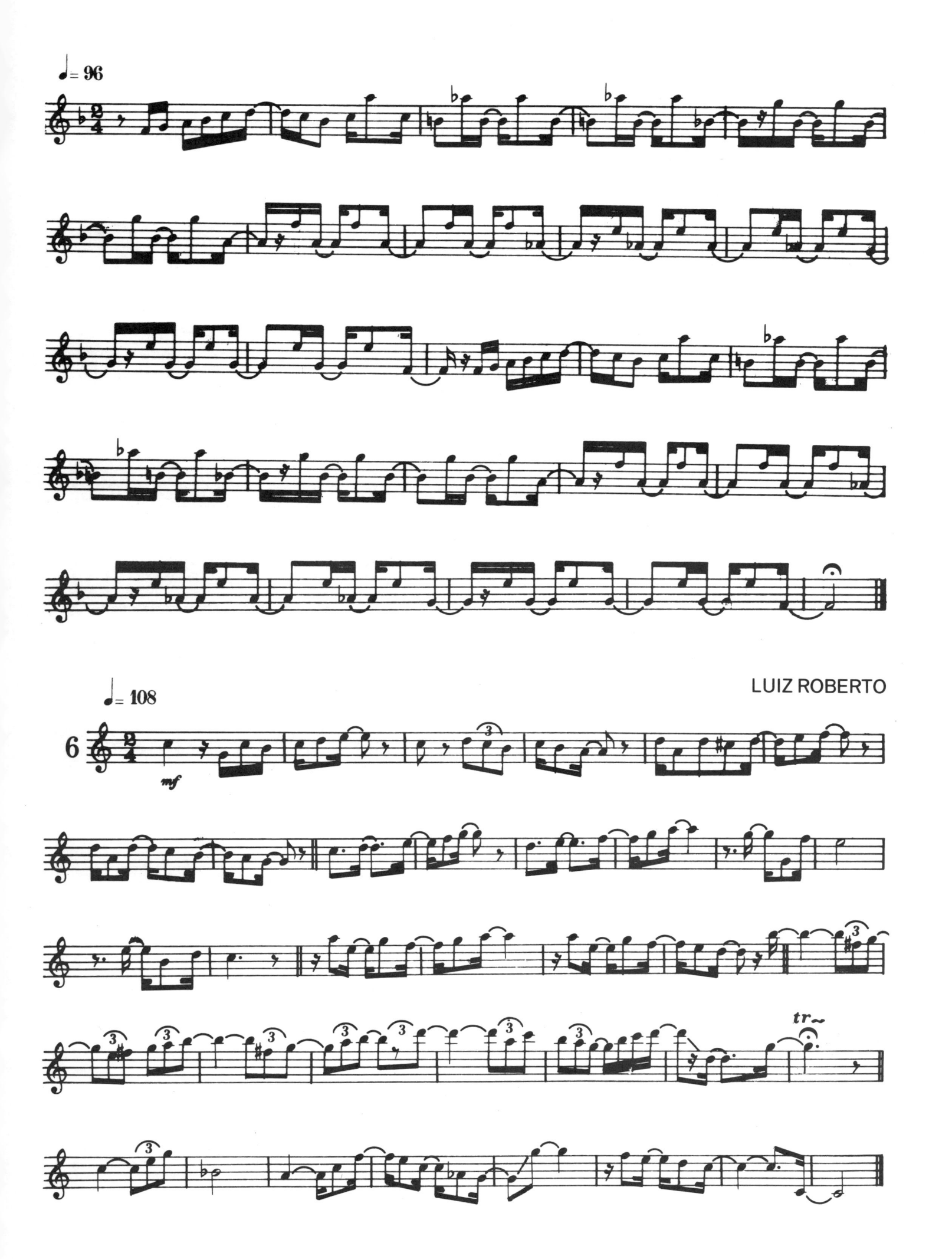

6

ALBERTO ARANTES

EDSON FREDERICO

ESTUDO N.º 1

GERALDO VESPAR

Presto

ESTUDO N.º 2

GERALDO VESPAR

repetir 8ª acima

JOSÉ EDUARDO MORAIS

IVAN PAULO

ESTUDO N.º 1

NELSINHO

ESTUDO N.º 2

NELSINHO

Valsa

14

mf

fim

Do 𝄋 ao fim

ESTUDO N.º 1

WALTEL BRANCO

ESTUDO N.º 1

CIPÓ

17 Vivo

ESTUDO N.º 2

CIPÓ

SEVERINO ARAÚJO

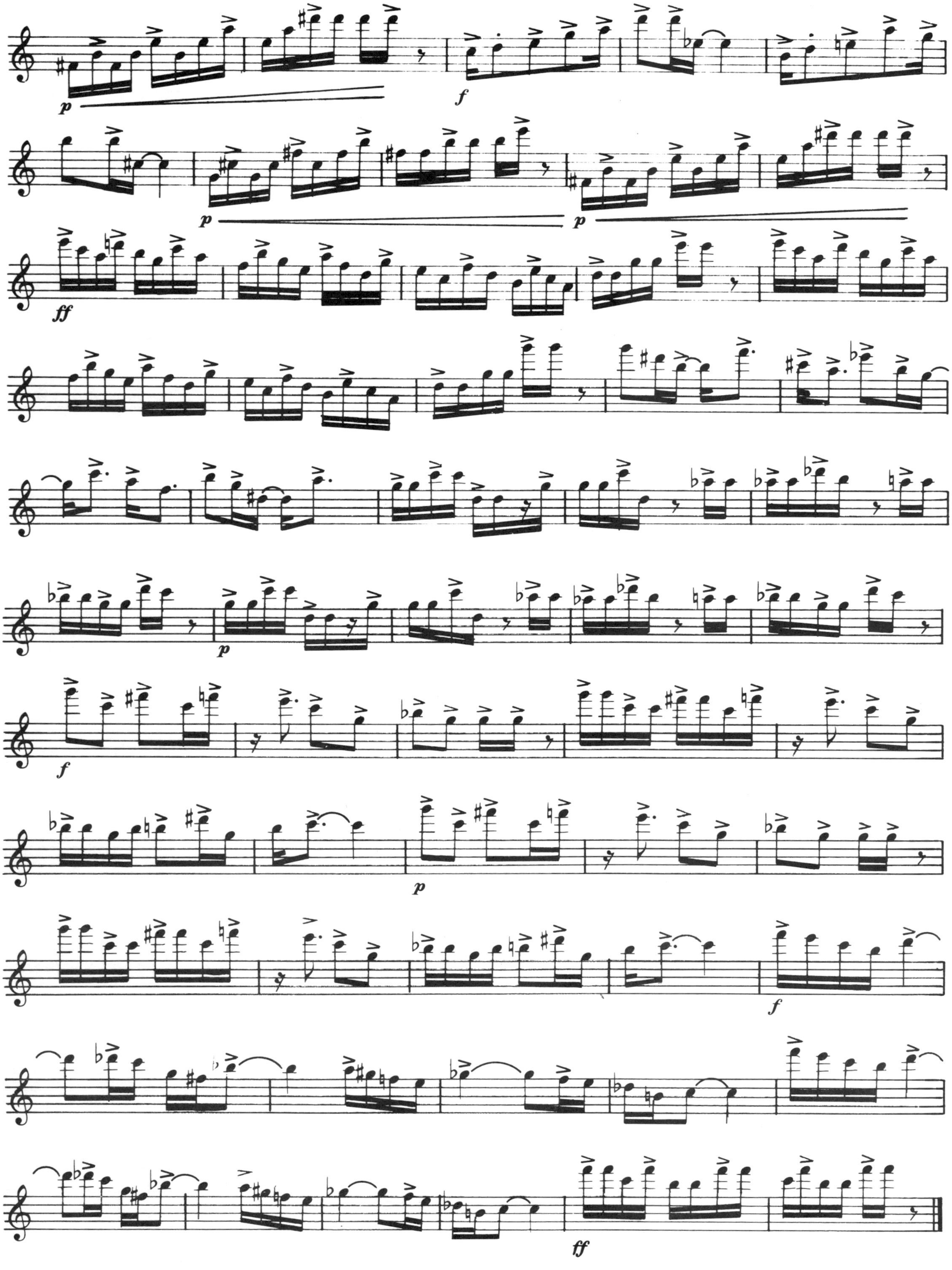

FRANCIS HIME

20

Estudo para duo de flautas, concebido para desenvolver o ritmo e a harmonia.
Estudio para dúo de flautas, concebido para desenvolver el ritmo y la armonía.
Étude pour deux flûtes conçue pour développer le rythme et l'harmonie.
Study for flute duet to develop a sense of rhythm and harmony.

HERMETO PASCOAL

2ª Parte

cresc. até o fim.

Capítulo VI
SONS HARMÔNICOS

Capítulo VI	Chapitre VI	Chapter VI
SONIDOS HARMÓNICOS	SONS HARMONIQUES	HARMONICS

Na acústica da flauta, a vibração da coluna de ar produz, além do som fundamental que é a nota mais grave, outros sons mais agudos chamados harmônicos.

A região mais rica em harmônicos é a compreendida entre o Si grave (Si 2) e o Dó♯ médio (Dó♯4), observando-se maior número de harmônicos quanto mais grave for a nota fundamental.

Para a emissão dos harmônicos utilizamos o dedilhado normal das notas fundamentais, pressionando um pouco mais os lábios e modificando a direção do jato de ar. Segundo essas variações, uma mesma nota fundamental poderá produzir um ou mais harmônicos.

A técnica dos sons harmônicos é indispensável na execução de um grande número de trêmulos impraticáveis nas posições reais.

A execução de certas notas agudas em pianíssimo, geralmente baixas; a produção dos sons múltiplos, o timbre característico que permite colorir ainda mais a frase musical são algumas das vantagens dos harmônicos.

Chamamos a atenção para o fato dos harmônicos serem baixos, necessitando-se assim, um ouvido treinado para corrigi-los.

En la acústica de la flauta, la vibración de la columna de aire produce, además del sonido fundamental que es la nota más grave, otros sonidos más agudos llamados armónicos.

La región más rica en armónicos es la comprendida entre el Si grave (Si 2) y el Do♯ medio (Do♯ 4). Cuanto más grave sea la nota fundamental, mayor número de armónicos serán observados.

Para la emisión de los armónicos utilizamos el dedeo normal de las notas fundamentales, presionando un poco más los labios y modificando la dirección del filete de aire. De acuerdo con estas variaciones, una misma nota fundamental podrá producir uno o más armónicos.

La técnica de los sonidos armónicos es indispensable para la ejecución de un gran número de "trémolos" impraticables en las posiciones reales.

La ejecución de ciertas notas agudas en "pianissimo", generalmente bajas, la producción de los sonidos múltiplos, el timbre característico que permite colorear aún más la frase musical, son algunas de las ventajas de los armónicos.

Llamamos la atención para el hecho de que los armónicos son bajos, siendo necesario, por eso, tener el oído bien acostumbrado para corrigirlos.

Dans l'accoustique de la flûte, la vibration de la colonne d'air produit, en plus du son fondamental, qui est la note la plus grave, d'autres sons plus aigus appelés harmoniques.

La région la plus riche en harmoniques c'est celle qui va du Si grave (Si 2) au Do♯ médium (Do♯ 4).

On observera un plus grand nombre d'harmoniques, la note fondamentale étant plus grave.

Pour l'émission des harmoniques, on se sert du doigté normal des notes fondamentales, en serrant un peu plus les lèvres et en modifiant la direction du jet d'air. Selon ces variations, une seule note fondamentale pourra produire un ou plusieurs harmoniques.

La technique des sons harmoniques est indispensable à l'exécution d'un grand nombre de trémolos inexécutables avec les doigtés normaux.

L'exécution de quelques notes en pianissimo, généralement basses, les sons multiples, le timbre caractéristique qui permet de colorer encore plus la phrase musicale, voilà quelques avantages des harmoniques.

Comme ceux-ci sont bas, il faut avoir l'oreille musicale pour les corriger.

Acoustically, the vibration of the air-column of the flute, produces, besides the "fundamental" which is the lowest note, a series of higher sounds called harmonics.

The region richest in harmonics lies between the low B (B2) and the middle C sharp (C♯4), noting that the lower the fundamental, the greater is the number of harmonics.

To obtain these harmonics we use the normal fingering for the fundamental while squeezing the lips more and changing the direction of the air stream. In accordance with these variations, the same fundamental will produce one or more harmonics.

The tecnique of harmonics is essential to perform many tremolos that are unobtainable with the usual fingerings.

The production of certain high notes pianissimo, usually flat; multiple sounds and a special tonal effect for certain phrases, are some of the advantages harmonics have to offer.

One must note however, that harmonics are flat and require a well trained ear to correct them.

Os sons harmônicos são grafados da seguinte maneira: a nota mais grave, em forma de um pequeno losango, indica o dedilhado a ser utilizado; a nota mais aguda, em cima da qual se coloca um círculo minúsculo, indica o harmônico a ser ouvido.

Los sonidos armónicos son transcriptos de la siguiente forma: la nota más grave, en forma de un pequeño rombo, indica el dedeo a ser utilizado; la nota más aguda, encima de la cual se coloca un círculo minúsculo, indica el armónico a ser oído.

Les sons harmoniques sont notés de la manière suivante: la note la plus grave (fondamentale) ayant la forme " ◊ " indique le doigté à utiliser; la note la plus aiguë, avec un petit cercle au-dessus, indique l'harmonique à entendre.

Harmonics are written in the following way: the lowest note, diamond-shaped, indicates the fingering to be used: the highest note, above which is placed a small circle, indicates the harmonic to be heard.

SÉRIE HARMÔNICA
(DO SI GRAVE AO DÓ ♯ MÉDIO)
1.º harmônico — oitava
2.º harmônico — 12.ª (oitava e quinta)
3.º harmônico — 15.ª (duas oitavas)
4.º harmônico — 17.ª (duas oitavas e uma terça)
5.º harmônico — 19.ª (duas oitavas e uma quinta)
6.º harmônico — 21.ª (duas oitavas e uma sétima)

SERIE ARMÓNICA
(DEL SI GRAVE AL DO ♯ MEDIO)
1.º armónico — octava
2.º armónico — 12.ª (octava y quinta)
3.º armónico — 15.ª (dos octavas)
4.º armónico — 17.ª (dos octavas y una tercera)
5.º armónico — 19.ª (dos octavas y una quinta)
6.º armónico — 21.ª (dos octavas y una séptima)

SÉRIE HARMONIQUE
(DU SI GRAVE AU DO ♯ MÉDIUM)
1er harmonique — octave
2ème harmonique — 12ème (octave et quinte)
3ème harmonique — 15ème (deux octaves)
4ème harmonique — 17ème (deux octaves et une tierce)
5ème harmonique — 19ème (deux octaves et une quinte)
6ème harmonique — 21ème (deux octaves et une septième)

HARMONIC SERIES
FROM LOW B TO THE MIDDLE C SHARP
1st Harmonic — octave
2nd Harmonic — 12th (octave + fifth)
3rd Harmonic — 15th (two octaves)
4th Harmonic — 17th (two octaves and a third)
5th Harmonic — 19th (two octaves and a fifth)
6th Harmonic — 21st (two octaves and a seventh)

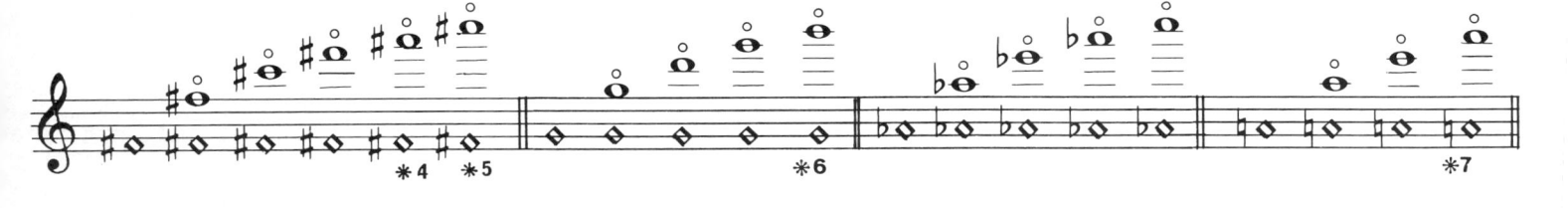

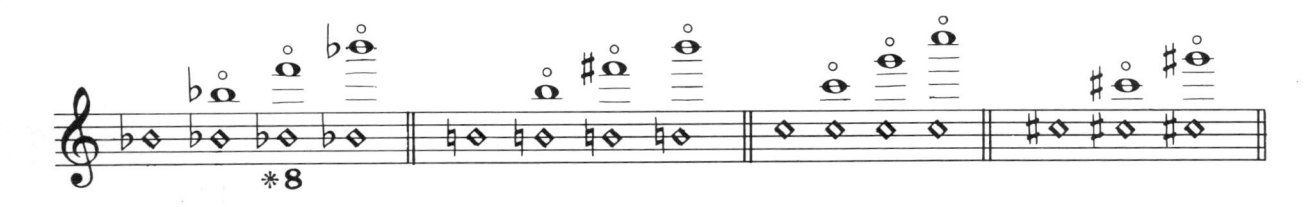

*1 = Soa melhor nas flautas modelo francês MD = 2 (aberto)
*2 = ME = 1, 2, 3 e 4
    MD = 2, 3 e
*3 = ME = 1, 2, 3, 4 e 5
    MD = 2
*4 = ME = 1, 2, 3 e 4
    MD = 4 e 5 (Dó ♮)
*5 = ME = 1, 2, 3 e 4
    MD = 4 e 5 (Dó ♯)
*6 = ME = 1, 2, 3 e 4
*7 = Usar a chave de Sol ♯
*8 = 2.ª opção: ME = 1 (si ♭) e 2

*1 Soa melhor nas flautas modelo francês.
Suena mejor en las flautas modelo francés.
Il sonne mieux dans les flûtes "modèle français"
Works better on a French-model flute.

*7 Usar a chave de Sol ♯
Usar la llave de Sol ♯
Employer la cléf de Sol ♯
Use G sharp key

*8 2ª opção
2ª opción
2ème option
2nd option

Com bases nesses exemplos teremos o seguinte dedilhado opcional para a terceira oitava, o qual poderá ser utilizado para facilitar as passagens rápidas nessa região, muitas das quais impraticáveis com o dedilhado real:

En base a estos ejemplos, tendremos el siguiente dedeo opcional para la tercera octava, el cual podrá ser utilizado para facilitar los pasajes rápidos en esa región, muchos de los cuales son impracticables con dedeo real:

A partir de ces exemples, nous avons le doigté facultatif pour la troisième octave, lequel pourra être employé pour faciliter les traits rapides dans cette région, dont la plupart sont impraticables avec le doigté normal:

Using these examples we have the following optional fingering for the third octave which can be used to facilitate fast passages in this register, often unplayable were one to use the normal fingering:

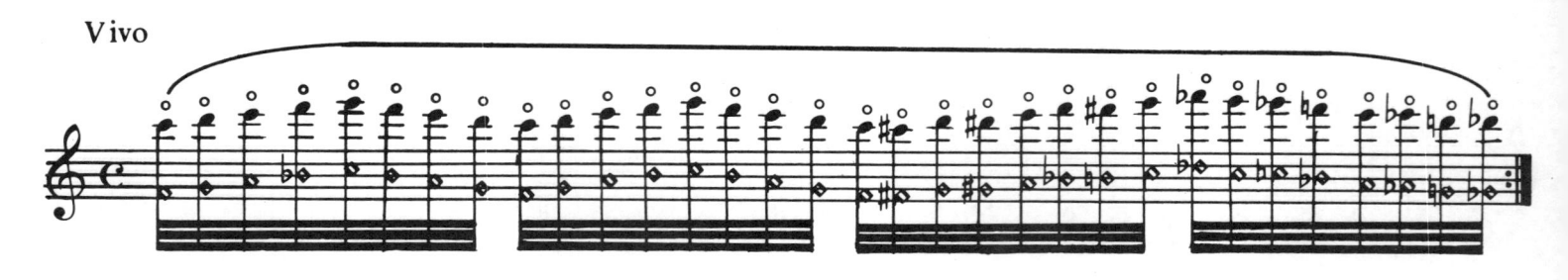

Vivo

O timbre peculiar dos sons harmônicos inspirou muitos compositores que escreveram para a flauta:

El timbre peculiar de los sonidos armónicos inspiró a muchos compositores que escribieron para la flauta:

Le timbre caractéristique des sons harmoniques a inspiré beaucoup de compositeurs qui ont écrit pour la flûte:

The peculiar tonecolour of harmonics has inspired many composers who wrote for the flute:

ORIENTAL

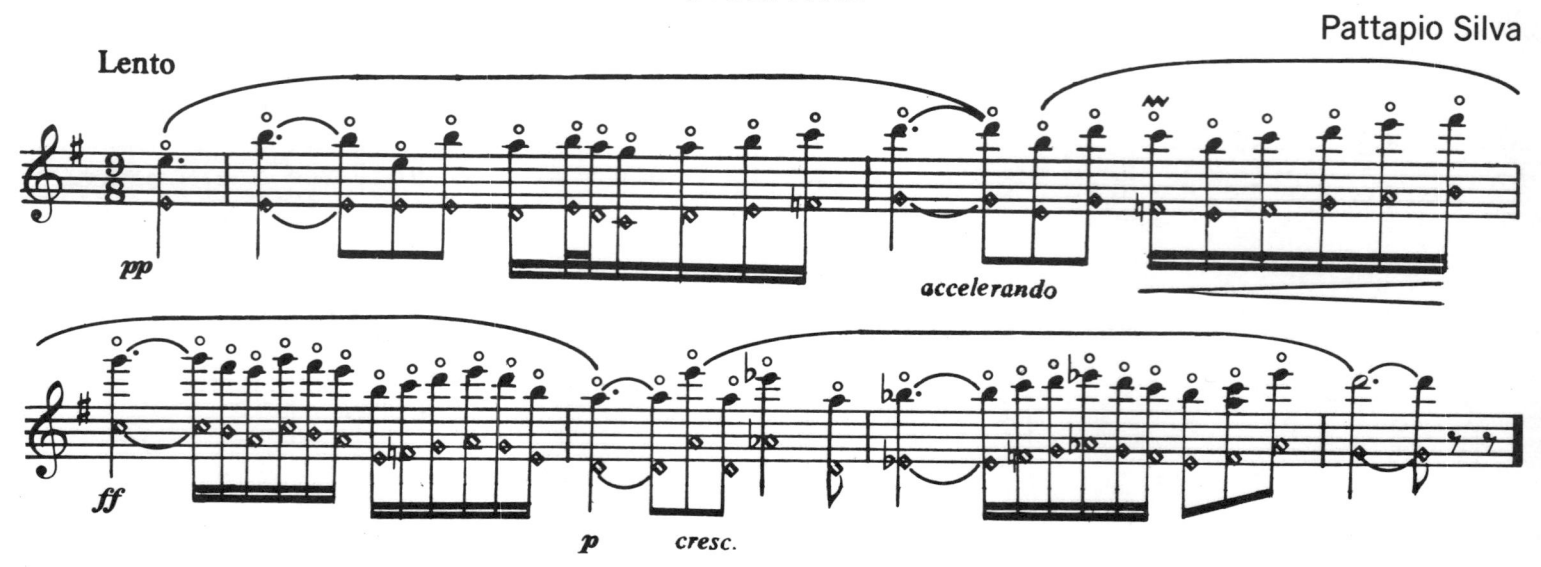

Pattapio Silva

Lento

pp

accelerando

ff

p   cresc.

Capítulo VII
EXERCÍCIOS PARA EMISSÃO DAS NOTAS PIANÍSSIMO

A - Com os Sons Naturais

Exercício I

Emitir uma nota, de preferência o si♮ da 1ª oitava e sustentá-la longamente.

Exercício II

Sem interromper o som, atacar suavemente a mesma nota com a ponta da língua, pronunciando "de".

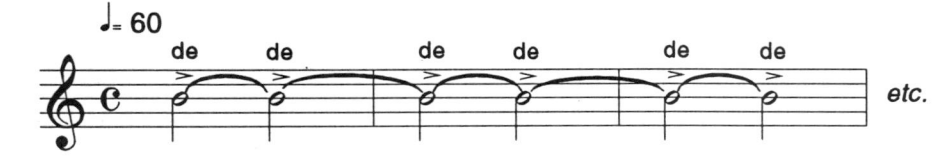

Exercício III

Intercalar uma pequena pausa entre cada ataque, tendo o cuidado de não desfazer a embocadura e observar o decrescendo.

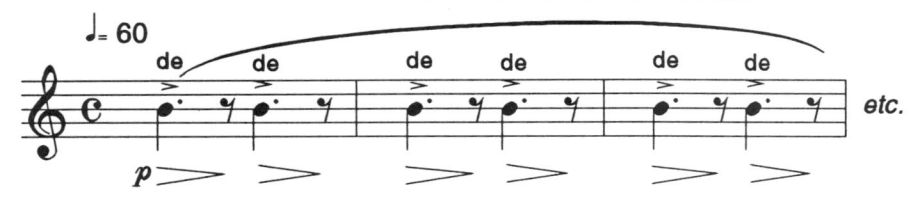

Exercício IV

Aumentar progressivamente o valor das pausas, sem desfazer a embocadura.

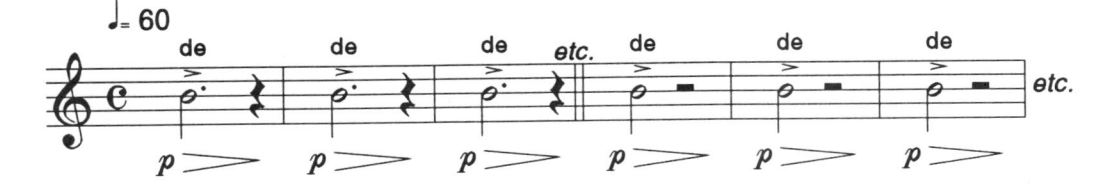

Exercício V

Praticar esse ataque em toda a extensão da flauta, repetindo as etapas anteriores.

Capítulo VII
EJERCICIOS PARA LA EMISIÓN DE LAS NOTAS PIANISSIMO

A - Con los Sonidos Naturales

Ejercicio I

Emitir una nota, de preferencia el si♮ de la primera octava y sostenerla largamente.

Ejercicio II

Sin interrumpir el sonido, atacar con suavidad la misma nota con la punta de la lengua, pronunciando "de".

Ejercicio III

Intercalar una breve pausa entre cada ataque, tomando cuidado para no deshacer la embocadura y observar el decrescendo.

Ejercicio IV

Aumentar progresivamente el valor de las pausas, sin deshacer la embocadura.

Ejercicio V

Practicar esos ataques en toda la extensión de la flauta, repitiendo las etapas anteriores.

Exercício VI
Respirar a cada compasso, refazendo a embocadura.

Ejercicio VI
Respirar entre cada compás rehaciendo la embocadura.

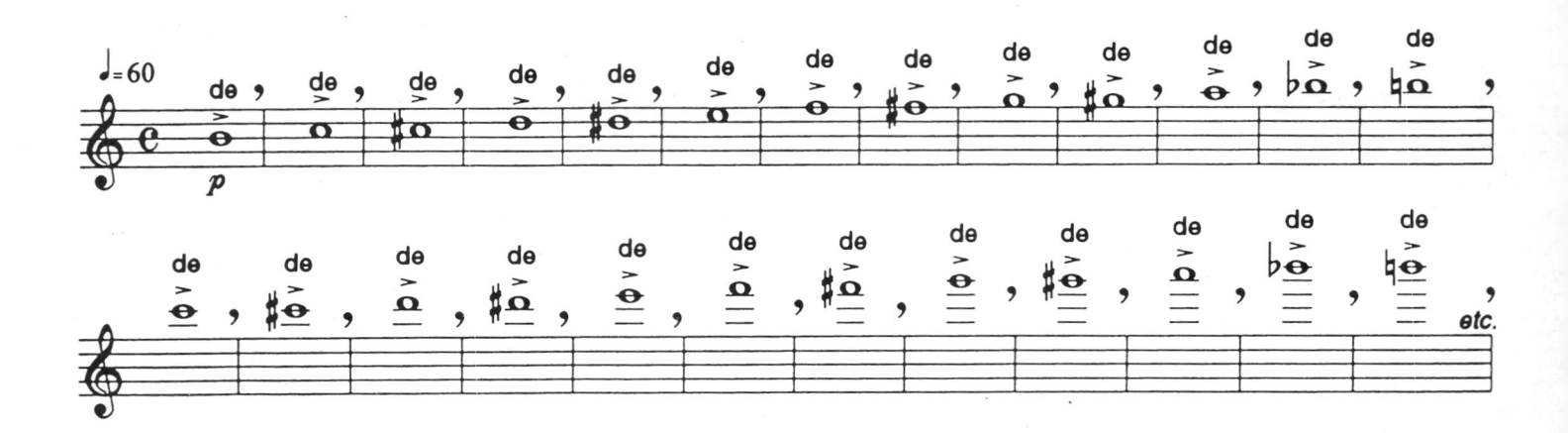

B - Com os Sons Harmônicos

Um dos melhores exercícios para preparar a embocadura para a emissão das notas dos registros médio e agudo é baseado no emprego dos sons harmônicos.

Primeiramente, emitir a nota fundamental e, em seguida, com o mesmo dedilhado, produzir o harmônico (a quinta da fundamental), ligando-o à quinta real. Este procedimento prepara os lábios para o passo seguinte, que é repetir o som real conseguido anteriormente, desta vez com um ligeiro ataque.

B - Con los Sonidos Armónicos

Uno de los mejores ejercicios para preparar la embocadura para la emisión de las notas de los registros medio y agudo está basado en el empleo de los sonidos armónicos.

Primeramente, emitir la nota fundamental y, enseguida, con el mismo dedeo, producir el armónico (la quinta de la fundamental), ligándolo a la quinta real. Este procedimiento prepara los labios para el paso siguiente, que es repetir el sonido real anteriormente conseguido, mas, esta vez, con un leve ataque.

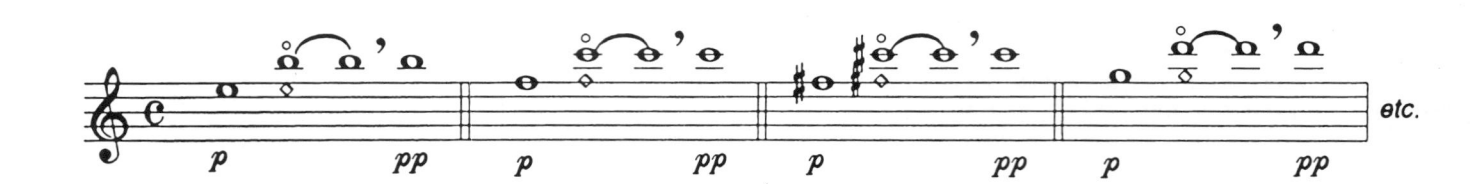

Chapitre VII
EXERCICES POUR L'ÉMISSION DES NOTES PIANISSIMO

A - Avec les Sons Naturels

Exercice I
Émettre une note, de préférence le si ♮ de la première octave et la soutenir longuement.

Exercice II
Sans interrompre le son, attaquer doucement la même note avec le bout de la langue en prononçant "de".

Exercice III
Intercaler une petite pause entre chaque attaque en faisant attention de ne pas défaire l'embouchure et observer le decrescendo.

Exercice IV
Augmenter progressivement la valeur des pauses, sans défaire l'embouchure.

Exercice V
Pratiquer ces attaques dans toute l'extension de la flûte en répétant les étapes précédentes.

Chapter VII
PREPARATORY EXERCISES FOR PRODUCING PIANISSIMO NOTES

A - With the Natural Sounds

Exercise I
Play one note, preferably the first octave B♮ and sustain it for a long time.

Exercise II
Without interrupting the sound, attack smoothly the same note with the tongue's tip, pronouncing "de".

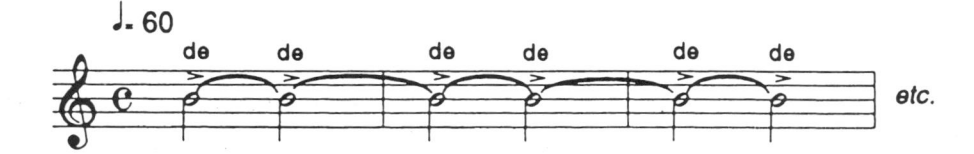

Exercise III
Between each attack, insert a short rest, being carefull not to lose the embouchure and observing the ensuing decrescendo.

Exercise IV
Progressively augment the value of the rests without loosing the embouchure.

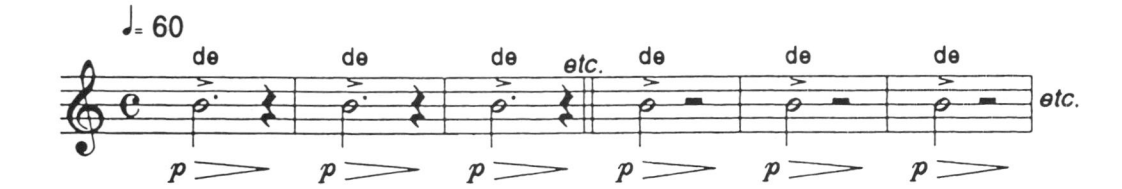

Exercise V
Practice this attack covering the whole extension of the instrument, repeating the former steps.

Exercice VI

Respirer à chaque mesure en refaisant l'embouchure.

Exercise VI

Breath at every measure, this time reshaping your embouchure.

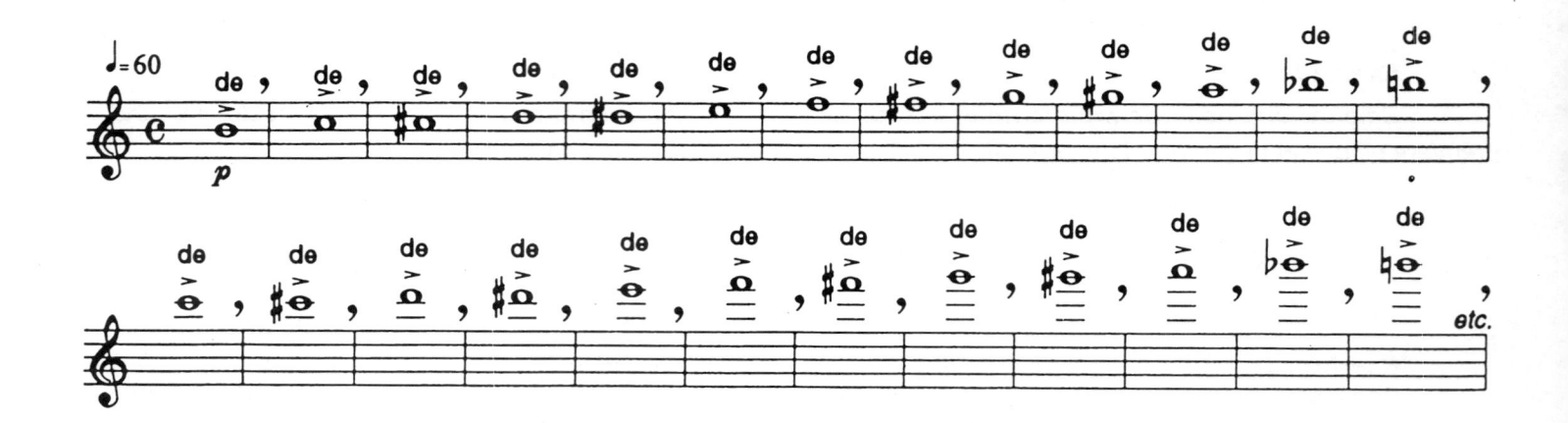

B - Avec le Sons Harmoniques

Un des meilleurs exercices pour préparer l'embouchure pour l'émission des notes des registres médium et aiguë repose sur l'emploi des sons harmoniques.

D'abord, il faut exécuter la note fondamentale et ensuite, avec le même doigté, produire le son harmonique (la cinquième de la fondamentale) en legato à la cinquième réelle. Ce procédé prépare les lèvres pour le pas suivant qui consiste à répéter le son réel antérieurement produit, mais cette fois, avec une légère attaque.

B - With the Harmonics

One of the best preparations for the lips for playing the middle and upper registers is based on the use of harmonics.

First play the fundamental and then, with the same fingering, the harmonic (the fifth from the fundamental), tying it to the real fifth. This procedure prepares the lips for the next step which is to reproduce the real fifth that has just been played, but this time with a light attack.

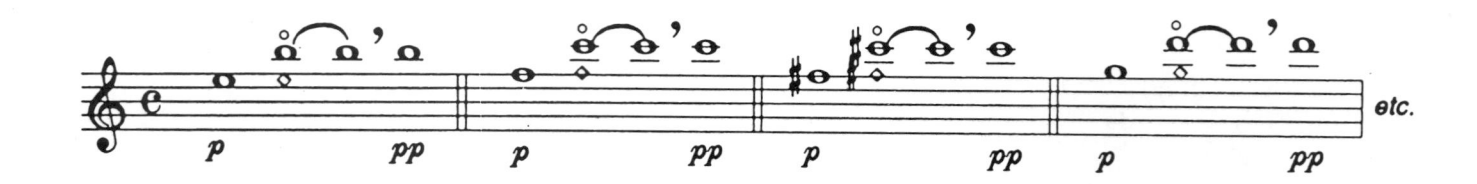

Capítulo VIII
TRÊMULOS COM INTERVALOS DIVERSOS — DEDILHADOS

Os dedilhados apresentados neste capítulo correspondem aos trêmulos mais usuais praticáveis nas flautas abertas ou fechadas.

Considerando-se, porém, a predominância das flautas tradicionais (chaves fechadas), evitamos os dedilhados exclusivamente utilizados no modelo francês.

Chamamos a atenção para o fato de que, em vários casos, há necessidade de alternar simultaneamente os dedos da mão esquerda com os da direita ou vice-versa. Estes aparecem assinalados com o sinal "+".

Capítulo VIII
TRÉMOLOS CON INTERVALOS DIVERSOS — DEDEOS

Los dedeos presentados en este capítulo corresponden a los "trémolos" más usuales practicables en las flautas abiertas o cerradas.

Considerando el predominio de las flautas tradicionales (llaves cerradas), evitamos así, los dedeos utilizados exclusivamente en el modelo francés.

Llamamos la atención para el hecho de que en varios casos hay necesidad de alternar simultaneamente los dedos de la mano izquierda, con los de la derecha o vice versa. Éstos aparecen señalados con el signo "+".

Chapitre VIII
TRÉMOLOS AVEC DES INTERVALLES DIVERS — DOIGTÉS

Les doigtés présentés dans ce chapitre correspondent aux trémolos plus usuels dans les flûtes ouvertes ou fermées.

Nous avons évité les doigtés utilisés dans le modèle français car les flûtes traditionnelles (clefs fermées) sont plus employées.

Nous voulons faire remarquer que dans plusieurs cas il faut alterner simultanément les doigts de la main gauche avec ceux de la droite et vice-versa. Ceux-ci sont signalés "+".

Chapter VIII
TREMOLOS WITH DIFFERENT INTERVALS — FINGERINGS

The fingerings shown in this chapter are for the most usual and practicable tremolos for both open and closed-key flutes.

As the traditional (closed-key) flute is more common, we have avoided fingerings which only apply to French-model flute.

Sometimes the fingers of the left and right hands must alternate simultaneously (and vice versa) which we have indicated "+".

TRÊMULOS COM INTERVALOS DE TERÇAS
TRÉMOLOS CON INTERVALOS DE TERCERAS
TRÉMOLOS AVEC DES INTERVALLES DE TIERCES
TREMOLOS IN THIRDS

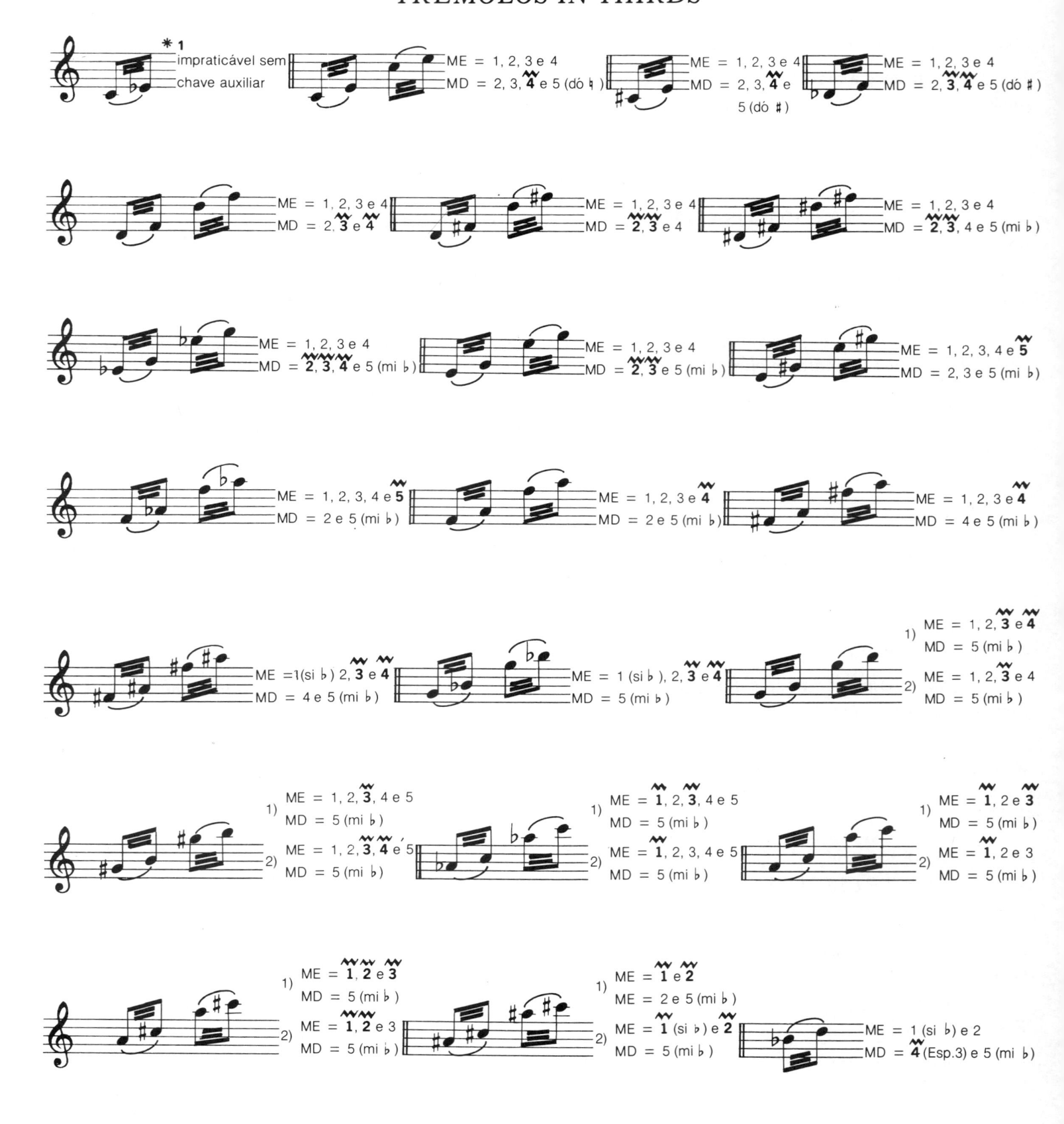

*1 Impraticável sem chave auxiliar
   Impracticable sin llave auxiliar
   Impossible de jouer sans la clef auxiliaire
   Impractical without use of auxiliary key

*2 O Fá inicial deve ser emitido na posição normal
   El Fa inicial debe ser emitido en la posición normal
   Le Fa initial doit être produit dans la position normale
   The first F must be played with the normal fingering

*3 Emitir primeiro o Sol (harmônico de Dó)
   Emitir primeramente el Sol (armónico de Do)
   Produire d'abord le Sol (harmonique du Do)
   Produce the G (Harmonic of C) first

*4 Emitir primeiramente o Lá b na posição normal
   Emitir primeramente el La b en la posición normal
   Produire d'abord le La b dans la position normale
   Produce the A b with the normal fingering

TRÊMULOS COM INTERVALOS DE QUARTAS
TRÉMOLOS CON INTERVALOS DE CUARTAS
TRÉMOLOS AVEC DES INTERVALLES DE QUARTES
TREMOLOS IN FOURTHS

+ 5 Alternar os dedos da mão esquerda com os da direita
Alternar los dedos de la mano izquierda con los de la mano derecha
Alterner les doigts de la main gauche avec ceux de la droite
Alternate the fingers of the left hand with those of the right

TRÊMULOS COM INTERVALOS DE QUINTAS
TRÉMOLOS CON INTERVALOS DE QUINTAS
TRÉMOLOS AVEC DES INTERVALLES DE QUINTES
TREMOLOS IN FIFTHS

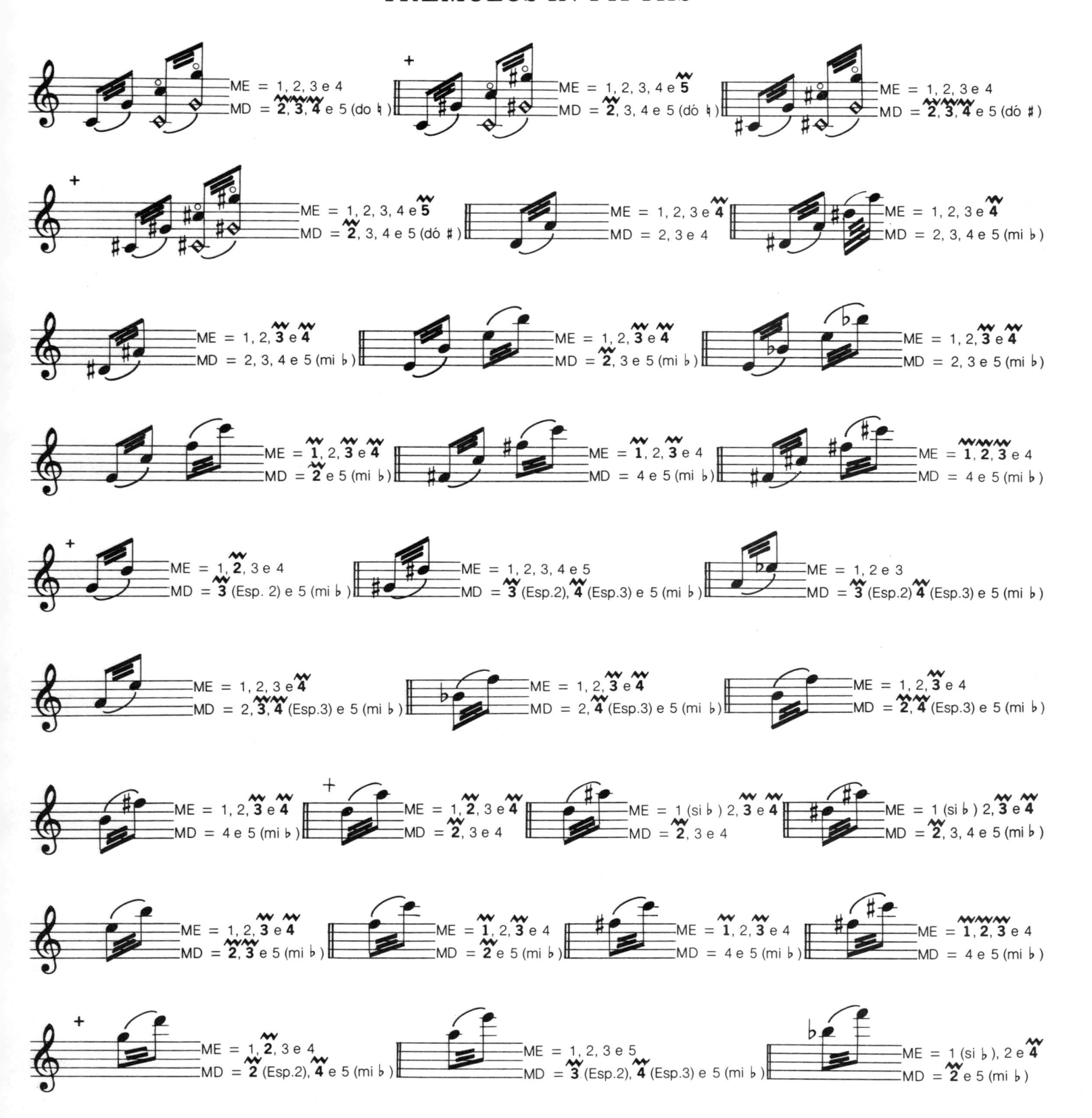

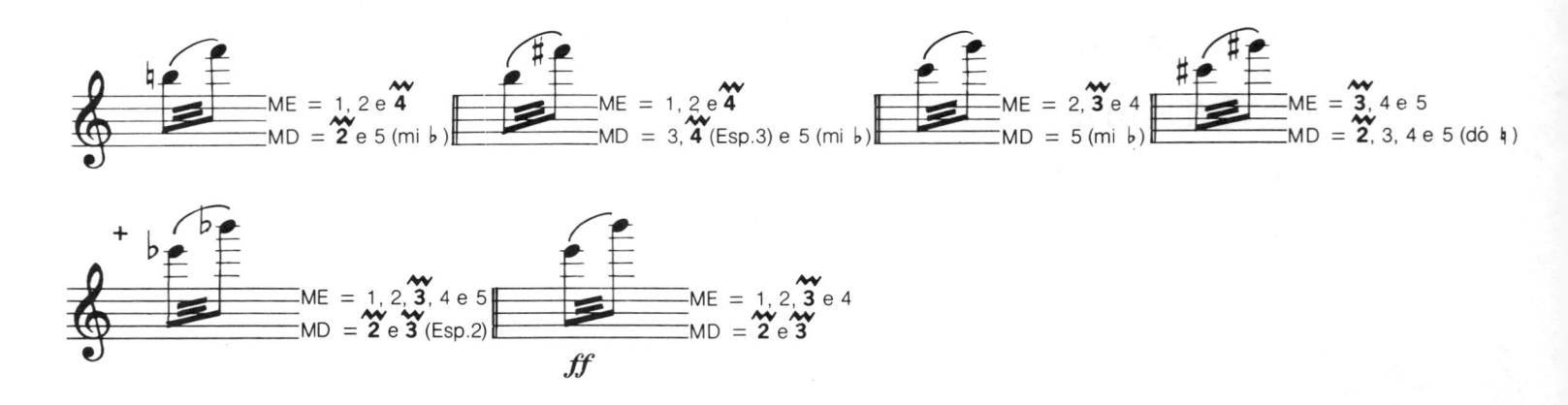

TRÊMULOS COM INTERVALOS DE SEXTAS
TRÉMOLOS CON INTERVALOS DE SEXTAS
TRÉMOLOS AVEC DES INTERVALLES DE SIXTES
TREMOLOS IN SIXTHS

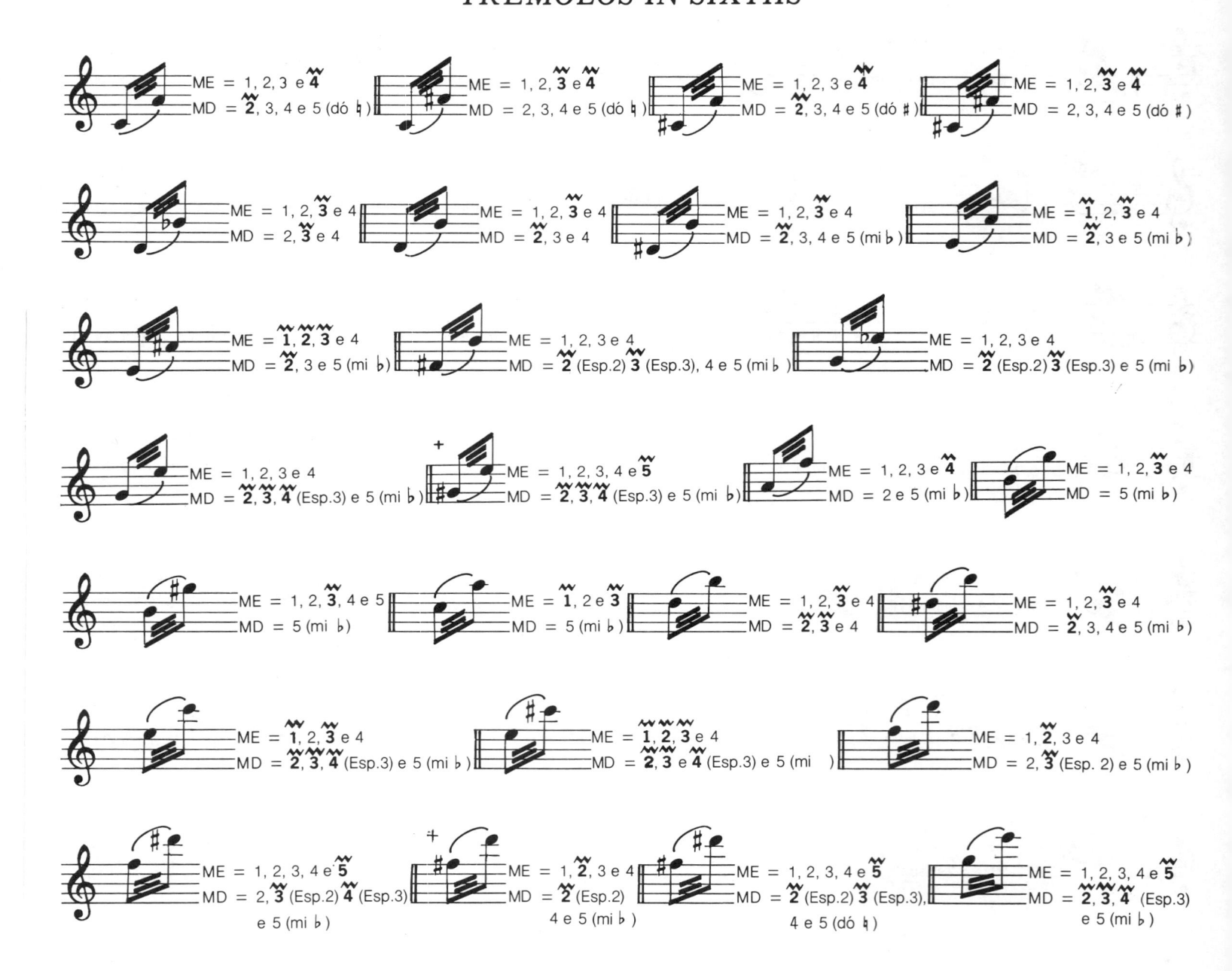

TRÊMULOS COM INTERVALOS DE SÉTIMAS
TRÉMOLOS CON INTERVALOS DE SÉPTIMAS
TRÉMOLOS AVEC DES INTERVALLES DE SEPTIÈMES
TREMOLOS IN SEVENTHS

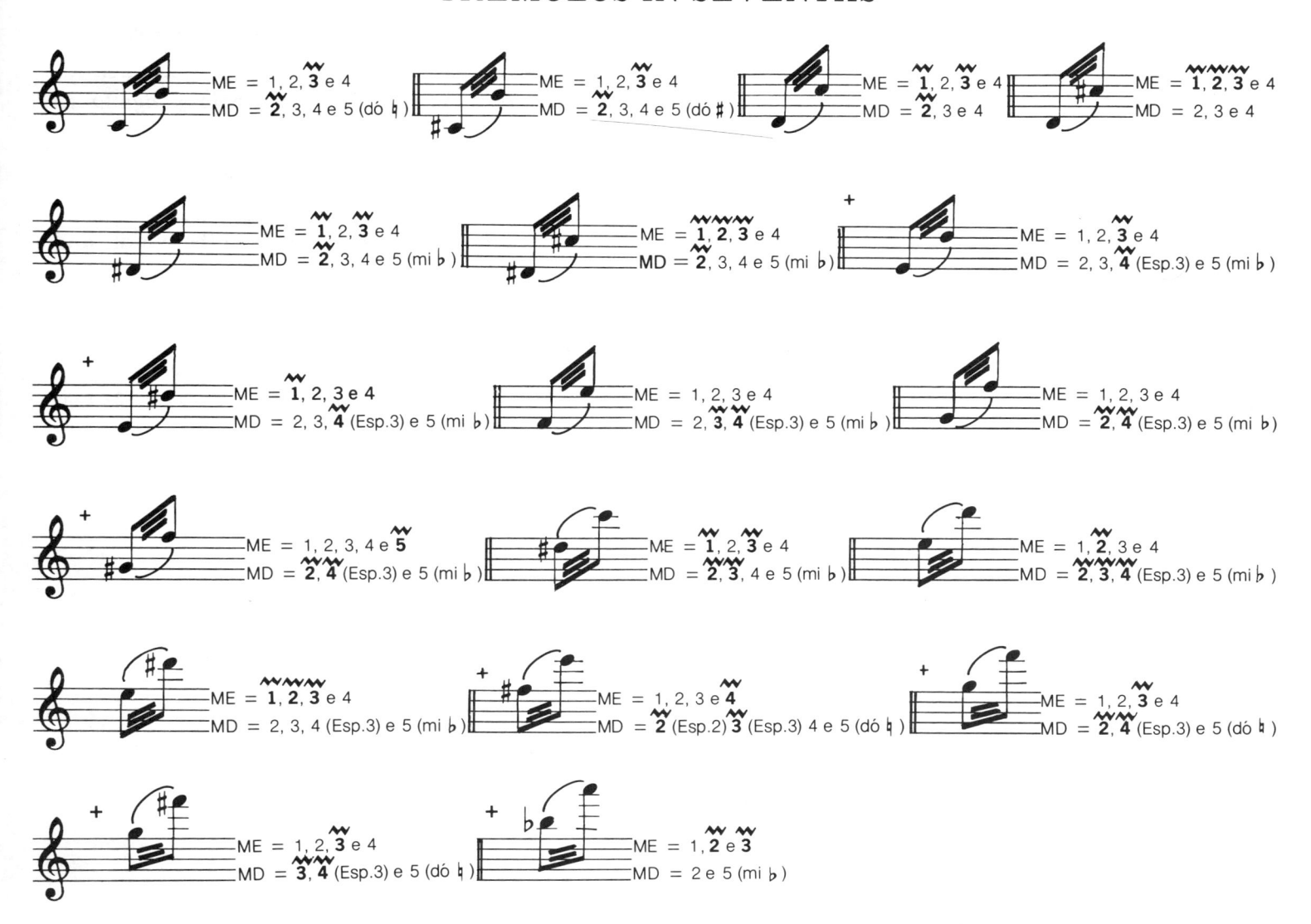

TRÊMULOS COM INTERVALOS DE OITAVAS
TRÉMOLOS CON INTERVALOS DE OCTAVAS
TRÉMOLOS AVEC DES INTERVALLES DE OCTAVES
TREMOLOS IN OCTAVES

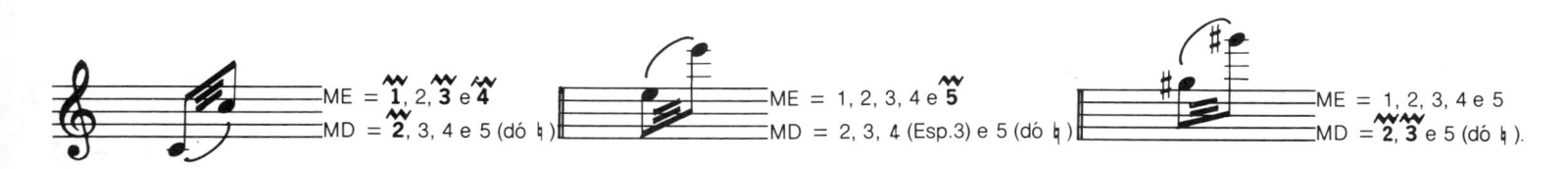

Capítulo IX
DEDILHADOS ESPECIAIS

Capítulo IX	Chapitre IX	Chapter IX
DEDEOS ESPECIALES	*DOIGTÉS DE FACILITÉ*	*SPECIAL FINGERINGS*

Estes dedilhados servem para facilitar a emissão das notas das regiões média e aguda em pianíssimo e fortíssimo.

Estos dedeos sirven para facilitar la emisión de las notas de las regiones media y aguda en "pianissimo" y "fortissimo".

Ces doigtés servent à faciliter l'émission des notes des régions moyenne et aigües dans les dynamiques "pianissimo" et "fortissimo".

These fingerings are to facilitate the pianissimo and fortissimo production of notes in the middle and high registers.

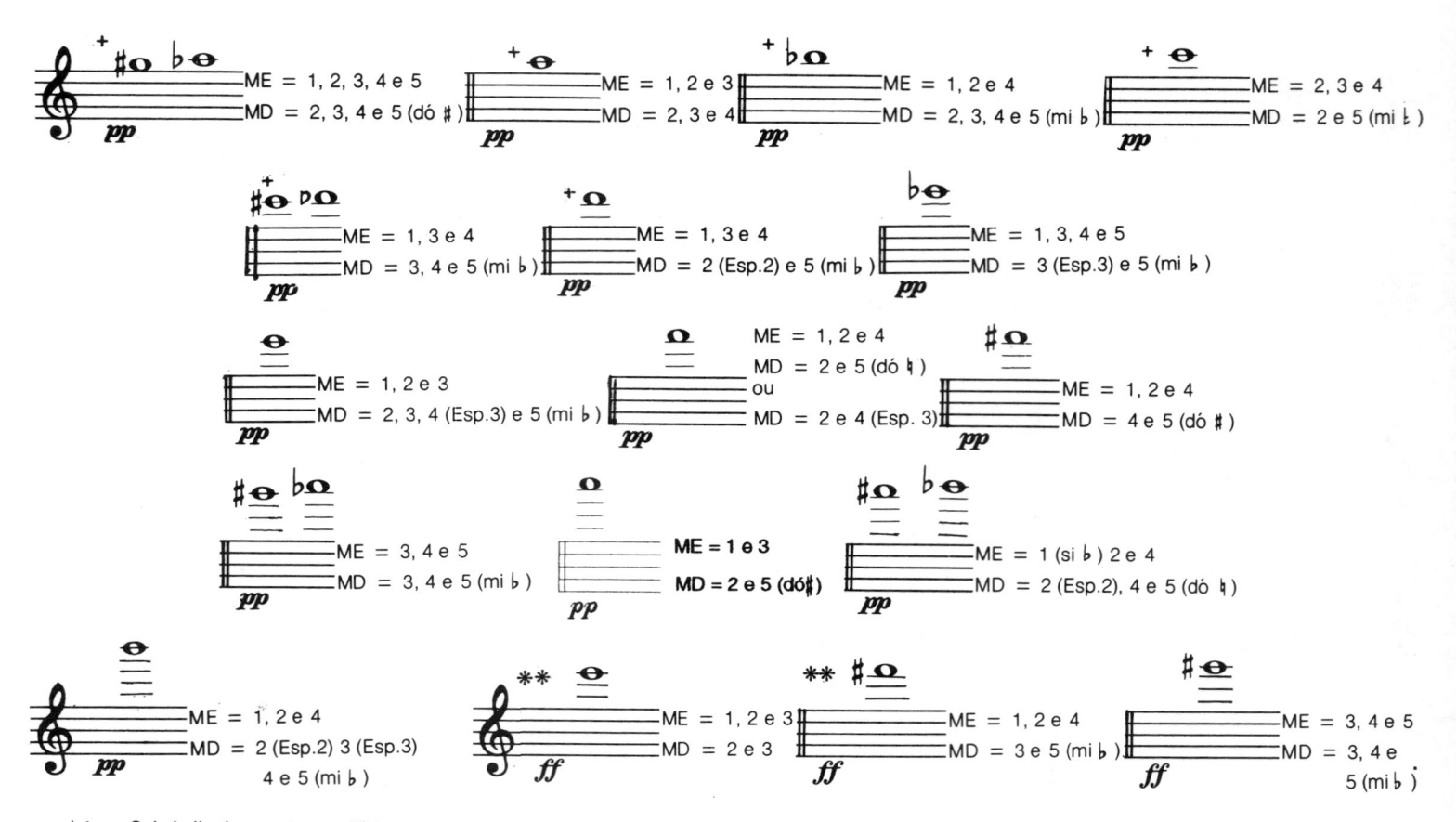

[Musical notation showing fingering charts:]

- +♯○ ♭● : ME = 1, 2, 3, 4 e 5 / MD = 2, 3, 4 e 5 (dó ♯) *pp*
- +● : ME = 1, 2 e 3 / MD = 2, 3 e 4 *pp*
- +♭Ω : ME = 1, 2 e 4 / MD = 2, 3, 4 e 5 (mi ♭) *pp*
- +● : ME = 2, 3 e 4 / MD = 2 e 5 (mi ♭) *pp*

- +♯● ♭Ω : ME = 1, 3 e 4 / MD = 3, 4 e 5 (mi ♭) *pp*
- +Ω : ME = 1, 3 e 4 / MD = 2 (Esp.2) e 5 (mi ♭) *pp*
- ♭● : ME = 1, 3, 4 e 5 / MD = 3 (Esp.3) e 5 (mi ♭) *pp*

- ● : ME = 1, 2 e 3 / MD = 2, 3, 4 (Esp.3) e 5 (mi ♭) *pp*
- Ω : ME = 1, 2 e 4 / MD = 2 e 5 (dó ♮) ou MD = 2 e 4 (Esp. 3) *pp*
- ♯Ω : ME = 1, 2 e 4 / MD = 4 e 5 (dó ♯) *pp*

- ♯● ♭Ω : ME = 3, 4 e 5 / MD = 3, 4 e 5 (mi ♭) *pp*
- Ω : ME = 1 e 3 / MD = 2 e 5 (dó ♯) *pp*
- ♯Ω ♭● : ME = 1 (si ♭) 2 e 4 / MD = 2 (Esp.2), 4 e 5 (dó ♮) *pp*

- ● : ME = 1, 2 e 4 / MD = 2 (Esp.2) 3 (Esp.3) 4 e 5 (mi ♭) *pp*
- **● : ME = 1, 2 e 3 / MD = 2 e 3 *ff*
- **♯Ω : ME = 1, 2 e 4 / MD = 3 e 5 (mi ♭) *ff*
- ♯● : ME = 3, 4 e 5 / MD = 3, 4 e 5 (mi ♭) *ff*

+1 Cobrir ligeiramente o orifício da embocadura para não elevar o diapasão.
Cubrir levemente el orificio de la embocadura para no elevar el diapasón.
Couvrir légèrement le trou de l'embouchure pour ne pas élever le diapason.
Cover the mouth-hole slightly so the pitch does not rise.

**2 Estes dedilhados, além de serem mais afinados, facilitam a execução de certas passagens como as que se seguem:
Estes dedeos, además de ser más afinados, ayudan en la ejecución de ciertos pasajes como los que se siguen:
Ces doigtés, en plus du fait d'être plus justes, aident beaucoup dans l'exécution des quelques traits comme ceux qui suivent:
These fingerings, besides being more in tune, facilitate the execution of passages such as the following:

[Musical example in 2/4 followed by musical example in 3/4]

Capítulo X
EFEITOS ESPECIAIS

FRULATTO ou FLATTERZUNG

O "frulatto" ou "flatterzung" é um dos efeitos mais empregados na música contemporânea. Obtém-se pronunciando a consoante "R" durante a execução de uma ou mais notas, geralmente ligadas. Pode ser produzido com a ponta da língua ou guturalmente.

Grafia: *flatter rrr*

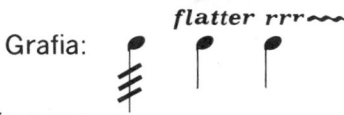

RUÍDO DE CHAVES — SONS PERCUTIDOS

Consiste o primeiro em articular as chaves sem emitir qualquer som. Já os sons percutidos são produzidos pela percussão de uma ou mais chaves, geralmente associada a um ligeiro ruído, em forma de ataque, produzido pela ponta da língua junto ao bocal. Um dos exemplos mais conhecidos é a peça para flauta solo intitulada "Density 21.5", que Edgard Varèse escreveu em 1936 para homenagear o célebre flautista francês George Barrère e sua famosa flauta de platina.

Esses efeitos não possuem ainda uma grafia universal, limitando-se os compositores a indicá-los através de um código próprio.

GLISSANDO

Efeito obtido com a escala cromática ao mesmo tempo que se gira o bocal para fora (glissando ascendente) ou para dentro (glissando descendente). Nas flautas modelo francês consegue-se um resultado melhor em vista das chaves serem providas de orifícios.

Grafia:

O verdadeiro glissando, como é conseguido pelo trombone de vara, por exemplo, só poderá ser obtido quando se empregar apenas o bocal da flauta. Neste caso, o dedo mínimo da mão direita atua como um pistão dentro do tubo.

Outra maneira de consegui-lo é apoiar a extremidade aberta do bocal na palma da mão, em forma de concha. O abrir e fechar da mão produz o efeito do glissando ascendente e descendente. Em ambos os casos, porém, a extensão dos glissandos será sempre indefinida, por causa da grande variedade de bocais existentes. Pelo mesmo motivo sua grafia também é indefinida.

ASSOBIO

Consiste em soprar diretamente no bocal produzindo glissandos.

Villa-Lobos empregou com muita propriedade esse efeito no final de sua peça para flauta e violoncelo intitulada "Assobio a jato". Nessa obra, o autor indica o efeito escrevendo a expressão "imitar assobios".

TOCAR E CANTAR SIMULTANEAMENTE

É outra técnica recentemente usada no "jazz" e também na música contemporânea. Consiste em cantar como se fora a "boca chiuzza", ao mesmo tempo que se emite o som natural da flauta. Ambas as vozes podem ou não mover-se juntas. Os intervalos entre ambas as linhas melódicas dependerão da habilidade de cada um.

Chapitre X
EFFETS SPÉCIAUX

COUP DE LANGUE ROULÉ

Le coup de langue roulée ou "frullato" ou "flatterzunge" est un des effets les plus employés dans la musique contemporaine. On l'obtient en prononçant la consonne "R" pendant l'exécution d'une ou plusieurs notes, généralement en legato. Il peut être produit avec le bout de la langue ou avec la glotte.

Graphie: *flatter rrr*

BRUIT DES CLEFS — SONS PERCUTÉS

Le premier consiste à articuler les clefs sans émettre de sons. Le sons percutés sont produits par la percussion d'une ou plusieurs clefs, associée généralement à un bruit léger, en forme d'attaque, produit par le bout de la langue contre l'embouchure. Un des exemples le plus connu est la pièce pour flûte seule appelée "Density 21.5", qu' Edgard Varèse a écrite en 1936 en hommage au célèbre flûtiste français George Barrère et à sa flûte de platine.

Ces deux effets ne possèdent pas encore une graphie universelle et les auteurs les indiquent à travers un code propre.

"GLISSANDO"

Cet effet est obtenu avec la gamme chromatique en même temps qu'on tourne l'embouchure vers l'extérieur (glissando ascendant) ou vers l'intérieur (glissando descendant).

Dans les flûtes modèle français on obtient un meilleur résultat, car les clefs sont munies de trous.

Graphie:

Le vrai "glissando" tel qu'il est obtenu par le trombone à coulisse, par exemple, peut être obtenu seulement quand on emploie à peine l'embouchure de la flûte. Dans ce cas, le petit doigt de la main droite agit comme un piston dans le tube. Une autre façon de l'obtenir c'est en prenant l'extrémité ouverte de l'embouchure dans la paume de la main en forme de creux. L'ouverture et la fermeture de la main produisent l'effet du glissando ascendant ou descendant. Dans ces deux cas, pourtant, l'extension des glissandos sera toujours indéfinie, à cause de la grande variété d'embouchures. Pour le même motif leur graphie est aussi indéfinie.

SIFFLEMENT

Il consiste à siffler directement dans l'embouchure en produisant des "glissandos". Villa-Lobos a employé avec une grande propriété cet effet à la fin de sa pièce pour flûte et violoncelle appelée "Assobio a jato". Dans cette oeuvre l'auteur indique l'effet en écrivant l'expression "imiter des sifflements".

JOUER ET CHANTER SIMULTANÉMENT

C'est une autre technique utilisée récemment dans le jazz et dans la musique contemporaine. Il s'agit de chanter comme si c'était "a boca chiuzza", en même temps qu'on émet le son naturel de la flûte. Le mouvement des voix peut être le même ou différent.

Les intervalles entre les deux lignes mélodiques dépendront de l'habilité de chacun.

Chapter X
SPECIAL EFFECTS

FLUTTER TONGUING

Flutter tonguing or "frullato" or "flatterzung" is one of the effects most frequently found in modern music. It is made by rolling an "R" for the duration of the note or notes which are usually slurred. You can use the tip or back of the tongue.

Written: *flatter rrr*

KEY-NOISE — PERCUSSIVE SOUNDS

The former is produced by fingering the keys without blowing. The latter are produced by striking one or more keys which give an attack rather similar to the sound made at the beginning of a note by the tongue. One of the best known examples is to be found in Varèse's piece for flute solo called "Density 21.5", written for the famous flautist George Barrère and his celebrated platinum flute.

These effects have no generally accepted notation and each composer indicates them as he thinks best.

GLISSANDO

This is an effect obtained by playing a chromatic scale combined with the turning-out of the head-joint (ascending) or turning-in (descending). French-model flutes get a better result because of the perforated keys.

Written:

A true glissando, as, for example, that obtainable on a slide-trombone, can only be obtained on the flute when the head-joint alone is used. In this case the little finger of the right hand is used like a piston inside the tube.

Another way is to put your hand cupped over the end of the head-joint. By opening or closing it you will obtain an upwards or downwards glissando. In both these cases, however, the extension of the glissandos cannot be defined due to the variety of head-joints to be found. Similarly, there is no definite notation.

WHISTLE

Cover the mouth-hole completely and blow, thus producing a glissando.

Villa-Lobos used this to great effect in his "Jet Whistle" for flute and cello, indicating it with the phrase "imitate whistles!"

PLAYING AND SINGING SIMULTANEOUSLY

This is another technique used in jazz and modern music. It consists of "humming" while you play normally. The two parts may or may not move together. The intervals between the "voices" will depend on each individual's prowess.

Capítulo XI - SONS MÚLTIPLOS
Capítulo XI - SONIDOS MÚLTIPLES
Chapitre XI - SONS MULTIPLES
Chapter XI - MULTIPLE SOUNDS

Nos últimos trinta anos tem havido um grande número de inovações na música contemporânea, principalmente quanto ao emprego dos instrumentos de sopro, em particular a flauta.

O ponto de partida para essas inovações baseou-se na exploração dos sons harmônicos, o que permitiu desenvolver uma série de efeitos, como os trêmulos, com intervalos diversos, e principalmente os sons múltiplos, explorados mais recentemente, graças às pesquisas de Bartolozzi, Pellerite, Heiss, entre outros (1).

Os sons múltiplos consistem na emissão simultânea de dois ou mais sons, obtidos através de um dedilhado especial e duma maneira muito particular de emissão.

Para o seu aprendizado é fundamental dominar a técnica dos sons harmônicos.

Na maioria das vezes, a coluna de ar deve ser posta em vibração com muita suavidade para permitir que o jato de ar possa ser dirigido em vários ângulos.

Dada a dificuldade de sua obtenção, é necessário um estudo diário tão cuidadoso quanto a prática das escalas e arpejos.

Os exemplos que se seguem correspondem aos sons múltiplos mais fáceis de serem obtidos.

En los últimos 30 años ha habido un gran número de innovaciones en la música contemporánea, principalmente en el empleo de los instrumentos de viento, en particular, la flauta.

El punto de partida para estas innovaciones se basó en la utilización de los sonidos armónicos, que permitió desenvolver una serie de efectos, como los trémolos con intervalos diversos, y principalmente los sonidos múltiples, utilizados más recientemente gracias a las pesquisas de Bartolozzi, Pellerite, Heiss entre otros. (1)

Los sonidos múltiples consisten en la emisión simultánea de dos o más sonidos, obtenidos a través de un dedeo especial y de una manera muy particular de emisión.

Para su aprendizaje, es fundamental dominar la técnica de los sonidos armónicos.

La mayoría de las veces la columna de aire debe ser puesta en vibración con mucha suavidad para permitir que el filete de aire pueda ser dirigido en varios ángulos.

Dada la dificultad de su obtención, es necesario un estudio diario tan cuidadoso como el de la práctica de las escalas y arpegios.

Los ejemplos que siguen corresponden a los sonidos múltiples más fáciles de ser obtenidos.

Il y a eu, dans les trente dernières années, un grand nombre d'innovations dans la musique contemporaine, principalement en ce qui concerne l'emploi des instruments à vent et, en particulier, de la flûte.

Le point de départ de ces innovations a été l'exploitation des sons harmoniques qui ont permis de développer une série d'effets, comme par exemple les trémolos avec des intervalles divers, et, principalement, les sons multiples, employés plus récemment, grâce aux recherches de Bartolozzi, Pellerite, Heiss et d'autres encore. (1)

Les sons multiples consistent en l'émission simultanée de deux ou plusieurs sons, obtenus à travers un doigté spécial et une émission appropriée.

Pour leur apprentissage, il est fondamental de dominer la technique des sons harmoniques.

Dans la plupart des cas, la colonne d'air doit être mise en vibration très légèrement pour permettre que le jet d'air soit dirigé dans plusieurs angles.

Étant donné la difficulté de les produire, il est nécessaire une étude journalière aussi soigneuse que la pratique des gammes et des arpèges.

Les exemples suivants correspondent aux sons multiples les plus faciles à obtenir.

In the last thirty years there have been many innovations in so-called modern music mainly for wind instruments and, of these, for the flute in particular.

These innovations had their origin in the exploration of the harmonics which enabled a series of effects to be evolved, such as tremolos with various intervals and especially multiple sounds researched latterly by Bartolozzi, Pellerite, Heiss and others. (1)

Multiple sounds consist of the simultaneous production of two or more sounds by means of special fingering and blowing.

Mastery of producing harmonics is essential if you are to learn them.

Usually the air column must be made to vibrate very gently to allow the air-stream to be aimed at different angles.

The difficulty in production makes their daily practice as essential as that of scales and arpeggios.

The following are examples of those most easily obtainable.

---

(1) Bruno Bartolozzi. New sounds for woodwind — Oxford University Press - London
James Pellerite. New fingerings for the flute — Zalo Publications. Bloomington. Indiana
John Heiss. Multiple Stops for the flute. New England Conservatory. Boston

SONS MÚLTIPLOS / SONS MULTIPLES
SONIDOS MÚLTIPLES / MULTIPLE SOUNDS

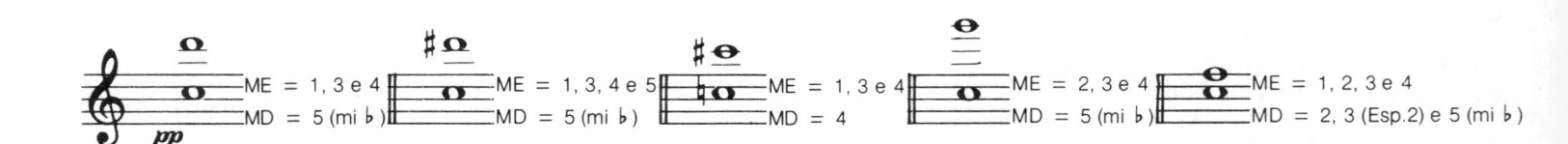

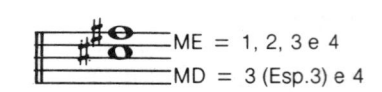

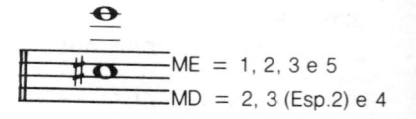

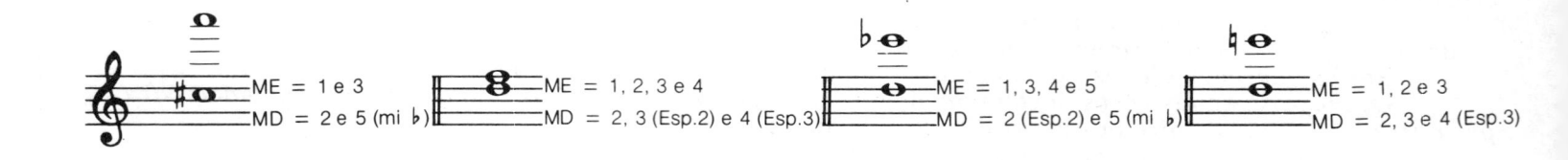

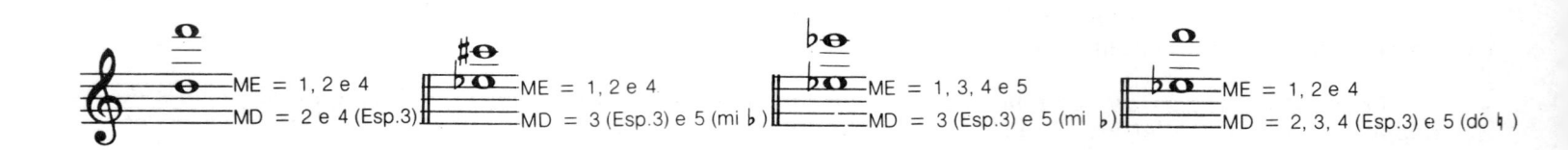

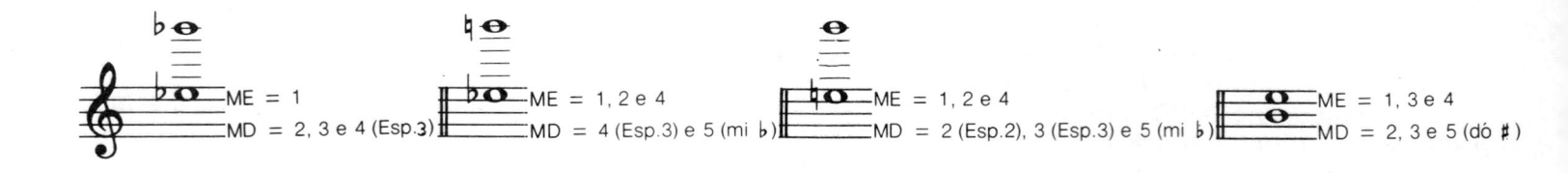

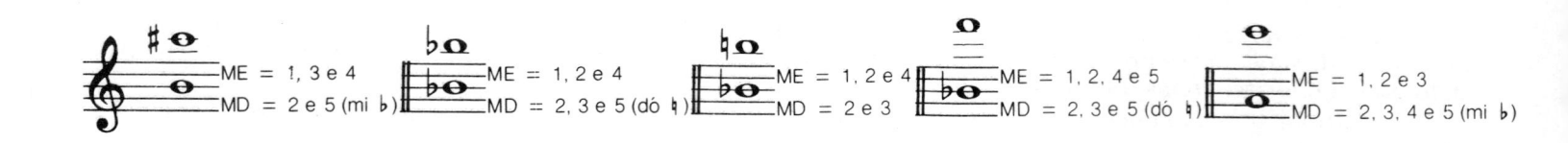

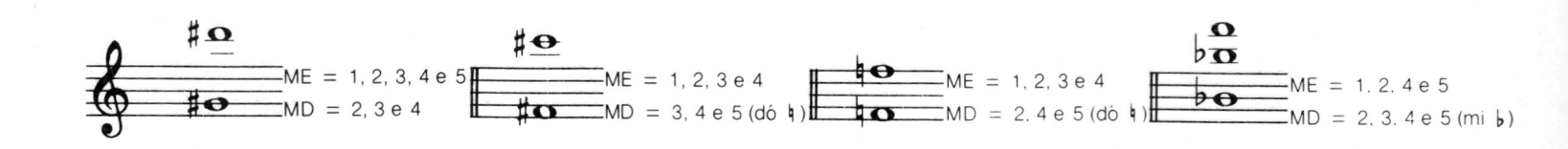

Capítulo XII - MICROTONS

Os intervalos de quarto de tom são muito empregados na música contemporânea e requerem igualmente um dedilhado especial. São indicados por sinais semelhantes aos tradicionalmente empregados para o sustenido e o bemol.

Damos a seguir alguns exemplos:

Capítulo XII - MICROTONOS

Los intervalos de un cuarto de tono son muy empleados en la música contemporánea y requieren igualmente un dedeo especial. Son indicados por signos semejantes a los tradicionalmente empleados para el sostenido y el bemol.

Damos seguidamente algunos ejemplos:

Chapitre XII - MICROTONS

Les intervalles de quarte de ton sont très employés dans la musique contemporaine et demandent un doigté spécial. Ils sont indiqués par des signes semblables aux signes traditionnels utilisés pour le dièse et le bemol.

Nous donnons ensuite quelques exemples:

Chapter XII - MICROTONES

Quarter-tones are used frequently in modern music and they too require special fingering. They are indicated by signs similar to those conventionally used for flats and sharps.

Here are some examples:

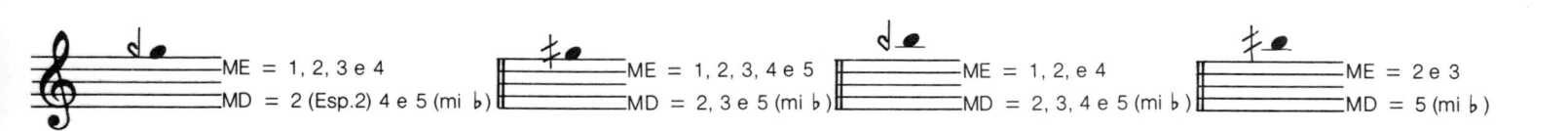

ME = 1, 2 e 4
MD = 2, 3 e 4
pp

ME = 1, 3 e 4
MD = 2 e 3

ME = 2, 3 e 4
MD = 2 e 4

ME = 1
MD = 2 e 5 (mi ♭)

ME = 1, 3 e 4
MD = 2, 3, 4 e 5 (dó ♯)

ME = 2, 3 e 4
MD = 2, 4 (Esp.3) e 5 (mi ♭)

ME =
MD = 3 (Esp.2) 4 (Esp.3) e 5 (mi ♭)

ME = 1, 2, 3 e 4
MD = 2, 4 e 5 (dó ♯)

ME = 1, 2, 3 e 4
MD = 2 (esp.2), 3 e 4 (mi ♭)

ME = 1, 2, 3 e 4
MD = 2 (Esp.2) 4 e 5 (mi ♭)

ME = 1, 2, 3, 4 e 5
MD = 2, 3 e 5 (mi ♭)

ME = 1, 2, e 4
MD = 2, 3, 4 e 5 (mi ♭)

ME = 2 e 3
MD = 5 (mi ♭)

Capítulo XIII - FLAUTA AMPLIFICADA

Podemos conseguir efeitos dos mais surpreendentes, tais como: multiplicação de vozes, duplicação de oitavas simples ou combinadas com sons de outros instrumentos, etc., utilizando a flauta elétrica.

Para isto é necessário ter equipamentos eletrônicos, tais como: amplificadores, alto-falantes, oitavadores (octavoice), câmaras de eco, distorcedores ("over-drive"), sintetizadores e microfones para amplificação do som.

Dentre os microfones mais usados destacamos os de contato, que podem ser aplicados diretamente ao instrumento, embutindo-os na rolha do bocal ou fixando-os por meio de uma espécie de pinça.

Os mais recomendáveis são os do tipo de lapela usados pelos locutores de televisão, pois evitam a amplificação do ruído das chaves do instrumento.

Capítulo XIII - FLAUTA AMPLIFICADA

Podemos conseguir efectos de los más sorprendentes como: multiplicación de voces, duplicación de octavas simples o combinadas con sonidos de otros instrumentos, etc., utilizando la flauta eléctrica.

Para esto, es necesario tener equipos electrónicos especiales como: amplificadores, altoparlantes, octavadores (octavoices), cámaras de eco, "over-drive", sintetizadores y micrófonos para la amplificación del sonido.

Entre los micrófonos más usados destacamos los de contacto, que pueden ser aplicados directamente en el instrumento, embutiéndolos en el corcho de la embocadura o fijándolos por medio de una especie de pinza.

Los más recomendables son los del tipo de solapa, usados por los locutores de televisión pués evitan la amplificación del ruido de las llaves del instrumento.

Chapitre XIII - FLUTE AMPLIFIEE

Nous pouvons obtenir des effets surprenants tels que: multiplication des voix, duplication des octaves simples ou combinées avec les sons d'autres instruments, etc, nous servant de la flûte électrique.

Pour cela, il faut avoir des équipements électroniques spéciaux, comme par exemple: amplificateurs, haut-parleurs, "octavoices", caméras d'echo, "over-drive", synthétiseurs et microphones pour l'amplification du son.

Parmi les microphones les plus utilisés se trouvent ceux de contact qui peuvent être appliqués directement à l'instrument, en les insérant dans le bouchon de la tête ou en les fixant au moyen d'une espèce de pince.

Les plus recommandés sont ceux appliqués au revers du veston et portés par les présentateurs de télévision, car ils évitent l'amplification du bruit provoqué par les clefs de l'instrument.

Chapter XIII - AMPLIFIED FLUTE

We can obtain the most surprising effects such as: multiplication of voices, duplication of octaves by themselves or combined with other instruments etc. by the use of the electric flute.

For this, electronic equipment is needed such as: amplifiers, loudspeakers, octavoice, echo-chambers, distorters ("over-drive") synthesizers and microphones, to pick up the sound.

Contact microphones are to be recommended as they can be fixed on the instrument or built in the cork in the head-joint or held by a clip.

The best are the lapel ones used by T.V. announcers, as they avoid the amplification of key-noise from the instrument.

Capítulo XIV - DEDILHADOS ALTERADOS

NOVOS TIMBRES

Além dos sons obtidos com o dedilhado normal da flauta, pode se obter outros efeitos com uma mesma nota, tornando-a mais brilhante ou mais opaca. Esses efeitos são conseguidos com um dedilhado especial. Exemplos:

Capítulo XIV - DEDEOS ALTERADOS

NUEVOS TIMBRES

Además de los sonidos obtenidos con el dedeo habitual de la flauta, se pueden obtener otros efectos con una misma nota que podrá llegar a ser más "brillante" o más "opaca". Estos efectos se consiguen con un dedeo especial. Ejemplos:

Chapitre XIV - DOIGTES ALTERES

NOUVEAUX TIMBRES

En plus des sons obtenus avec le doigté normal de la flûte, on peut obtenir d'autres effets avec la même note, la rendant plus "brillante" ou plus "opaque". Ces effets sont obtenus avec un doigté spécial. Exemples:

Chapter XIV - ALTERED FINGERINGS

NEW TONE-QUALITIES

Besides the tone produced with normal fingering, other qualities can be obtained for the same note by means of special fingerings to make it. Examples:

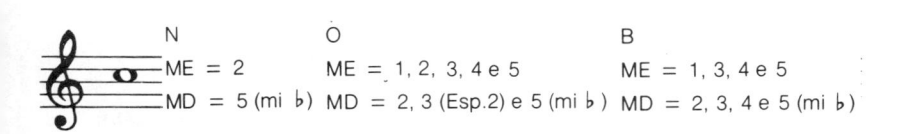

NORMAL	OPACO	BRILHANTE
NORMAL	*OPACO*	*BRILLANTE*
NORMAL	*OPAQUE*	*BRILLANT*
NORMAL	*OPAQUE*	* *BRILLIANT*

First staff:
- N: ME = 1 e 2 / MD = 5 (mi ♭)
- O: ME = 1 e 3 / MD = 5 (mi ♭)
- B: ME = 1, 2, 3 (●) e 4 / MD = 2, 3 e 5 (mi ♭)
- N: ME = 2 / MD = 5 (mi ♭)
- O: ME = 1 e 2 / MD = 2, 3 (Esp.2) e 5 (mi ♭)
- *B: ME = 2, 3 e 4 / MD = 2, 3 (●) e 5 (mi ♭)

Second staff:
- N: ME = 1, 3 e 4 / MD = 5 (mi ♭)
- O: ME = 1, 3 e 4 / MD = 3 e 4
- B: ME = / MD = 3 (Esp.2) e 5 (mi ♭)
- N: ME = 1, 2, 3 e 4 / MD = 2 e 5 mi ♭)
- *O: ME = 1, 2, 3 e 4 / MD = 2 (●) 3, 4 e 5 (mi ♭)
- *B: ME = 1, 2, 3 e 4 / MD = 2, 4 e 5 (dó ♯)

Third staff:
- N: ME = 2 / MD = 5 (mi ♭)
- O: ME = 1, 2, 3, 4 e 5 / MD = 2, 3 (Esp.2) e 5 (mi ♭)
- B: ME = 1, 3, 4 e 5 / MD = 2, 3, 4 e 5 (mi ♭)

* Praticáveis apenas nas flautas abertas
Praticables solamente en las flautas modelo francés
Praticables seulement dans les flûtes modèle français
Praticables only on the French model flutes

Capítulo XV
RESPIRAÇÃO CONTÍNUA OU CIRCULAR
Noções Básicas

A respiração contínua ou circular é um recurso que permite tocar um instrumento de sopro sem interromper o fluxo de ar. Consiste em expulsar o ar armazenado na boca, enquanto inspira-se, simultaneamente, pelo nariz.

Inicialmente, queremos ressaltar que ela não é absolutamente indispensável para o flautista. É apenas um recurso para permitir a execução de frases excessivamente longas, especialmente, na música do século XX, impraticáveis com a respiração normal. A falta de critérios no seu emprego, no entanto, poderá acarretar um certo mal estar entre os ouvintes não habituados com esse tipo de respiração.

É importante ressaltar que esta técnica deve ser somente praticada quando o flautista já tiver um domínio completo da respiração diafragmática.

Apesar de sua popularidade recente entre os adeptos da música contemporânea, a respiração contínua é, no entanto, uma técnica milenar empregada, principalmente, entre os povos orientais na fabricação artesanal do vidro.

Dentre todos os instrumentos de sopro, a flauta é a que oferece maiores dificuldades para a sua aplicação, em razão do grande volume de ar empregado e da pouca pressão utilizada na produção do som.

Com os instrumentos de palheta ou de bocal, obtém-se melhores resultados já que, ao contrário da flauta, eles necessitam de muita pressão e oferecem por si sós um ponto de apoio para os lábios, facilitando o processo de armazenamento do ar. Por esse motivo, o flautista necessita de uma embocadura especial, mais relaxada do que a normalmente utilizada.

Por ser uma técnica que emprega movimentos antagônicos, expirar e inspirar ao mesmo tempo, muitos desistem de aprendê-la, desanimados pelas dificuldades iniciais. É preciso muita perseverança.

Alguns autores recomendam que se inicie o aprendizado desta técnica pelo desenvolvimento da nova embocadura. Outros recomendam os exercícios mecânicos da respiração, porque seus resultados são mais imediatos.

EXERCÍCIOS MECÂNICOS

1- Exale todo o ar dos pulmões.
2- Infle as bochechas.
3- Expulse o ar das bochechas de maneira a provocar um ruído. Ao fazê-lo, certifique-se de que o orifício entre os lábios, por onde o ar escapa, situe-se na mesma posição utilizada na embocadura normal.

A medida que o ar vai sendo expulso, inspire, simultaneamente, pelo nariz, de maneira a repor o ar, anteriormente, existente nos pulmões. Repita o exercício várias vezes até automatizá-lo.

Outro exercício muito interessante, semelhante ao anterior, consiste em substituir o ar armazenado nas bochechas, por água.

1- Encha a boca de água.
2- Expulse o ar dos pulmões.
3- Expulse a água pressionando as bochechas e inspire, simultaneamente, pelo nariz.

Depois de alguma prática, o próximo passo será fazer os exercícios do método conhecido como "bolha d'água", o qual consiste em fazer borbulhas dentro de um copo de água com o auxílio de um canudinho de refresco.

1- Inspire, normalmente, pelo nariz.
2- Expire através do canudinho, produzindo as borbulhas, inspirando ao mesmo tempo pelo nariz.

Nas primeiras tentativas, é normal que o ar se esgote rapidamente. Por isso, deve-se praticar, regularmente, com muita concentração a fim de manter o fluxo constante das borbulhas.

É preciso, também, concentrar-se no momento da inspiração para evitar a entrada de água no conduto errado... Neste caso, não perca o humor e recomece o exercício.

O momento mais difícil é a transição do uso do ar das bochechas para o ar dos pulmões, quando se verifica uma ligeira interrupção. Com muito treino, porém, essa transição tornar-se-á imperceptível.

A EMBOCADURA

A adaptação a uma nova embocadura poderá ser igualmente frustrante se não houver perseverança. Os primeiros exercícios deverão ser feitos diante de um espelho, apenas com o bocal, podendo vedar a extremidade do tubo com a palma da mão para facilitar a emissão do som. Tente emitir um som, inflando apenas as bochechas, sem pressionar muito os lábios de encontro ao bocal, tendo o cuidado de não tensionar os músculos laterais da boca (evite o "sorriso forçado"). A etapa seguinte será obter os sons com a flauta montada.

Como já havíamos mencionado anteriormente, os melhores resultados são obtidos quando o instrumento oferece alguma resistência. Esta é a razão pela qual é aconselhável escolher as notas da região aguda (3ª oitava) para iniciar os exercícios. Ao fazê-lo, trate de emitir um som forte (o Sol é uma nota ideal). Somente depois de alguma prática, deve-se tentar as notas da 2ª oitava.

Observação importante: não espere que o ar se esgote para retomar a respiração. Na respiração contínua, deve-se inspirar com muita freqüência para se conseguir a continuidade desejada, da maneira mais natural possível, sem demonstrar ansiedade.

Capítulo XV
RESPIRACIÓN CONTINUA O CIRCULAR
Nociones Básicas

La respiración continua o circular es un recurso que permite tocar un instrumento de viento sin interrumpir el flujo del aire. Consiste en expulsar el aire almacenado en la boca mientras se inspira por la nariz.

Primeramente, queremos resaltar que nos es absolutamente indispensable para el flautista, es solamente un recurso para permitir la ejecución de frases excesivamente largas, especialmente en la música del siglo XX, impracticables con la respiración normal. La falta de criterios para su empleo, sin embargo, podrá producir un cierto malestar entre los oyentes no habituados a este tipo de respiración. Esta técnica solamente debe ser practicada cuando el flautista ya tenga un dominio completo de la respiración diafragmática.

A pesar de su reciente popularidad entre los adeptos de la música contemporánea, la respiración continua es, sin embargo, una técnica milenaria utilizada principalmente entre los pueblos orientales en la fabricación artesanal del vidrio.

Entre todos los instrumentos de viento, la flauta es la que ofrece mayores dificultades para su aplicación en virtud del gran volumen de aire empleado y de la poca presión utilizada en la producción del sonido.

Los mejores resultados se obtienen con los instrumentos de boquilla o de bocal que, al contrario de la flauta, precisan de mucha presión y por si solos ya ofrecen un punto de apoyo para los labios, facilitando el proceso de almacenaje del aire. Por eso, la necesidad de usar una embocadura especial, más relajada de la que normalmente se emplea.

Por ser una técnica que utiliza movimientos antagónicos, expirar e inspirar simultáneamente, muchos desisten de aprenderla, desanimados por las dificultades iniciales. Es preciso que se tenga mucha perseverancia.

Algunos autores recomiendan empezar el aprendizaje de esta técnica empleando una nueva embocadura. Otros prefieren los ejercicios mecánicos de respiración, porque sus resultados son inmediatos.

EJERCICIOS MECÁNICOS

1- Exhale todo el aire de los pulmones.
2- Infle la boca.
3- Expulse el aire almacenado provocando un ruido.

Tome cuidado que el orificio entre los labios, por donde se escapa el aire, debe situarse en la misma posición que en la embocadura normal. A medida que el aire va siendo expulsado, inspire simultáneamente por la nariz, reponiendo el aire anteriormente existente en los pulmones. Repita el ejercicio varias veces diariamente hasta automatizarlo.

Otro ejercicio muy interesante, semejante al anterior es substituir el aire almacenado en la boca, por agua.

1- Llene la boca con agua.
2- Exhale por la nariz el aire de los pulmones.
3- Expulse el agua presionando las mejillas e inspire simultáneamente por la nariz.

Después de alguna práctica, el próximo paso será hacer los ejercicios del método conocido como "burbullas de agua". Tratase de hacer burbullas en un vaso de agua con ayuda de una pajita de refresco.

1- Inspire normalmente por la nariz.
2- Sople en la pajita para producir las burbullas inspirando simultáneamente por la nariz.

En los primeros intentos es normal que el aire se agote rápidamente, por eso se debe practicar regularmente con mucha concentración, para mantener el flujo constante de burbullas. Es preciso también mucha concentración al inspirar para evitar que el agua entre en el conducto errado... En este caso, no pierda el humor y recomience el ejercicio.

El momento más difícil de esta técnica es la transición del uso del aire de la boca para el aire de los pulmones, cuando se verifica una rápida interrupción. Con mucho entrenamiento, esta transición se hará imperceptible.

LA EMBOCADURA

La adaptación a una nueva embocadura podrá ser igualmente frustrante si no hay perseverancia. Los primeros ejercicios deberán ser realizados en frente de un espejo, apenas con la cabeza de la flauta, pudiendo taparse la extremidad del tubo con la palma de la mano para facilitar la emisión del sonido. Intente emitir un sonido inflando apenas las mejillas sin presionar mucho los labios contra el bocal, tomando el cuidado para no tensar los músculos laterales de la boca (evite la "sonrisa forzada"). La etapa siguiente será de obtener los sonidos con la flauta montada.

Como ya dijimos anteriormente, los mejores resultados se obtienen cuando el instrumento ofrece alguna resistencia. Por esta razón aconsejamos elegir las notas de la región aguda (3ª octava) para comenzar los ejercicios. Al hacerlo trate de emitir un sonido fuerte (el Sol es una nota ideal). Solamente después de alguna práctica debense intentar las notas de las otras octavas.

Observación final importante: no espere que el aire se agote para retomar la inspiración. En la respiración continua se debe inspirar con mucha frecuéncia para conseguir la continuidad deseada, de la forma más natural posible, sin demostrar ansiedad.

Chapitre XV
RESPIRATION CIRCULAIRE O CONTINUELLE
Notions Préliminaires

La respiration circulaire est un recours qui permet de jouer d'un instrument à vent sans interrompre le flux d'air. Il consiste à expulser l'air retenu dans la bouche en même temps qu'on inspire simultanément par le nez.

D'abord nous voulons faire remarquer qu'elle n'est pas absolument indispensable pour le flûtiste. Elle est à peine un recours pour permettre l'exécution de phrases excessivement longues spécialement dans la musique du XXème siècle, impraticables avec la respiration normale. L'absence de critères pour son emploi pourra provoquer, par contre, un certain malaise dans l'audience non habituée avec ce type de respiration. Cette technique devra être pratiquée seulement après avoir un contrôle complet de la respiration diaphragmatique.

Malgré sa popularité récente parmi les adeptes de la musique contemporaine, la respiration circulaire est, cependant, une technique millénaire employée principalement chez les peuples orientaux dans la fabrication artisanale du verre.

De tous les instruments à vent, la flûte est celle qui offre une plus grande difficulté pour son application à cause de la grande quantité d'air employé et du peu de pression utilisée dans la production du son.

On obtient de meilleurs résultats avec les instruments à anche et à embouchure, lesquels, au contaire de la flûte, ont besoin de beaucoup plus de pression et possèdent un point d'appui pour les lèvres, ce qui facilite l'approvisionnement de l'air. C'est pour cela que le flûtiste qui se sert de cette technique doit changer son embouchure, celle-ci devra être plus détendue que celle utilisée normalement.

Comme c'est une technique qui emploie des mouvements antagoniques, expirer et inspirer en même temps, beaucoup de flûtistes renoncent à l'apprendre, découragés par les difficultés initiales. C'est pour cela qu'il faut avoir une grande persévérance pour pouvoir la dominer.

Quelques auteurs recommandent de commencer l'apprentisage, en se servant d'une nouvelle embouchure. D'autres préfèrent qu'on commence par des exercices mécaniques de respiration parce que les résultats sont immédiats.

EXERCICES MÉCANIQUES

1- Expulsez entièrement l'air des poumons.
2- Gonflez les joues.
3- Expulsez l'air contenu dans les joues en produisant un bruit. Faites attention à l'orifice des lèvres par où l'air s'echappe pour qu'il soit dans la même position utilisée dans l'embouchure normale.

Observez aussi qu'à mesure que l'air est expulsé, on doit inspirer simultanément par le nez de façon à remplacer l'air antérieurement existant dans les poumons.

Un autre exercice très intéressant, pareil à l'antérieur, consiste à remplacer l'air contenu dans la bouche, par de l'eau:

1- Remplissez la bouche d'eau.
2- Expulsez l'air des poumons.
3- Laissez sortir l'eau en pressant les joues et en inspirant par le nez.

Après une certaine pratique, la prochaine étape est de faire les exercices de la méthode connue comme "la bulle d'eau", qui consiste à faire des bulles dans un verre d'eau, à l'aide d'une paille de plastique.

1- Inspirez normalement par le nez.
2- Expirez à paille en faisant des bulles et en inspirant par le nez.

Aux premières tentatives, il est normal que l'air s'épuise rapidement. C'est pour cela qu'il faut pratiquer régulièrement, avec concentration, afin de maintenir le flux constant des bulles.

Il faut aussi se concentrer sur l'inspiration pour éviter l'entrée de l'eau dans le faux conduit... Dans ce cas-là, ne perdez pas l'humour et recommencez l'exercice.

Le moment le plus difficile de cette technique est la transition de l'utilisation de l'air de la bouche à celle de l'air des poumons lorsqu'on vérifie une légère interruption.

Avec beaucoup d'entraînement cette transition se fera imperceptible.

L'EMBOUCHURE

L'adaptation à une nouvelle embouchure pourra être aussi décourageante. Les premiers exercices devront se faire devant un miroir seulement avec la tête de la flûte, en bouchant l'extrémité du tube avec la paume de la main pour faciliter l'émission du son. Essayez de produire un son, en gonflant à peine les joues, sans pressioner trop les lèvres contre l'embouchure, en faisant attention de ne pas tendre les muscles lateraux de la bouche (évitez le sourire forcé).

Le prochain pas, c'est de produire le son avec la flûte déjà montée.

Comme nous l'avons déjà dit, les meilleurs résultats s'obtiennent quand l'instrument offre quelque résistance. C'est pour cela qu'il est conseillé de choisir les notes de la région aiguë (3ª octave) pour commencer les exercices. Après avoir réussi cet exercice, essayez les notes des autres octaves.

Une dernière observation importante: n'attendez pas que l'air s'épuise pour reprendre l'inspiration. Dans la respiration circulaire, on doit inspirer avec beaucoup de fréquence pour atteindre la continuité désirée, de la manière la plus naturelle possible et sans exprimer aucune anxiété.

Chapter XV

CONTINUOUS OR CIRCULAR BREATHING

Basic Notions

Continuous or circular breathing is a mean which permits one to play a wind instrument without interrupting the flow of air. It consists of storing a certain amount of air in the mouth while at the same time breathing by the nose.

First of all, we would like to point out that it is not absolutely indispensable for the flutist, being only an expedient that helps the execution of extremely long phrases, especially in the music of the 20th century, which would not be feasible with normal breathing. The lack of criteria in its usage, however, could cause a negative effect in the audience, not used to this kind of breathing. This technique should only be approached when the flutist already has a complete control over diaphragmatic breathing.

Notwithstanding its recent popularity among the followers of contemporary music, continuous breathing is however a thousand-year old technique employed mainly among the oriental civilizations for the manufacturing of glass.

Among all the woodwinds, the flute is the instrument that offers the biggest challenge for its application, due to the great volume of air and the small amount of pressure used in the production of sound.

The best results can be obtained with direct mouthpiece or reed instruments which, unlike the flute, by their own nature require a strong air pressure and offer a point of support for the lips, thus easing the process of storing air. For this reason, the flutist needs a new embouchure, more relaxed then the one normally used.

Because it is a technique that requires opposing movements, to exhale and to inhale all at once, many give up on it, overcome by the initial difficulties. Great perseverance is necessary to perfect this new way of breathing.

Some authors say that the first step in learning this technique should be to use a new embouchure; others recommend some mechanical breathing exercises to start with, since the results are more immediate.

MECHANICAL EXERCISES

1- Exhale all the air in your lungs.
2- Fill up your cheeks.
3- Exhale the air in your cheeks producing a noise. When doing this, make sure that the hole between your lips, whence the air escapes, is in the same position as in the normal embouchure.

As the air is being expelled, inhale simultaneously through your nose, replacing the air which was filling the lungs. Repeat this exercise many times, daily, until it becomes automatic.

Here is another interesting exercise, similar to the one we have just described. In this instance, the air stored in the mouth is substituted by water.

1- Fill your mouth with water.
2- Exhale, through your nose, the air from the lungs.
3- Expel the water squeezing your cheeks while, at the same time, you inhale through your nose.

After some practice, the next step will be to do the exercises known as "Water Bubble Method", which consists of breathing while blowing into a straw to produce bubbles in a glass of water.

1- Inhale normally, through your nose.
2- Exhale through the straw, producing bubbles, while at the same time inhaling through the nose.

In the first attempts, it is normal for the air to end rapidly, so one must practice regularly, in order to maintain a constant flow of bubbles. One should be careful when inhaling to avoid the entrance of water in the wrong channel... If this happens, don't worry. Just try to keep your sense of humor, and do try again!

The hardest moment in this technique is the transition between the use of the air in the mouth to the air in the lungs, when a slight interruption takes place. With a lot of training, however, this transition will tend to be imperceptible.

THE EMBOUCHURE

The adaptation to a new embouchure could be equally frustrating if one is not persevering. The first exercises should be practiced in front of a mirror, with the mouthpiece only; the extremity of the mouthpiece can be closed with the palm of one hand to make sound-producing easier.

Try to produce a sound, filling up your cheeks only, applying the smallest pressure possible to your lips against the mouthpiece and being careful not to make the side muscles of the mouth tense (avoid the "forced smile"). The next stage will be to obtain sounds with the complete flute.

As we have already mentioned, the best results are attained when there is some resistance from the instrument. For this very reason, it is best to choose the notes from the high region (3rd octave) to start the exercises. When you begin, try to emit a strong sound (the G is an ideal note). Only after some practice should one venture to the notes of the other octaves.

An important last observation: don't wait until you are totally out of breath to start breathing again. In circular breathing one must inhale very frequently in order to achieve a seamless flow, in the most natural manner possible, without letting any anxiety show.

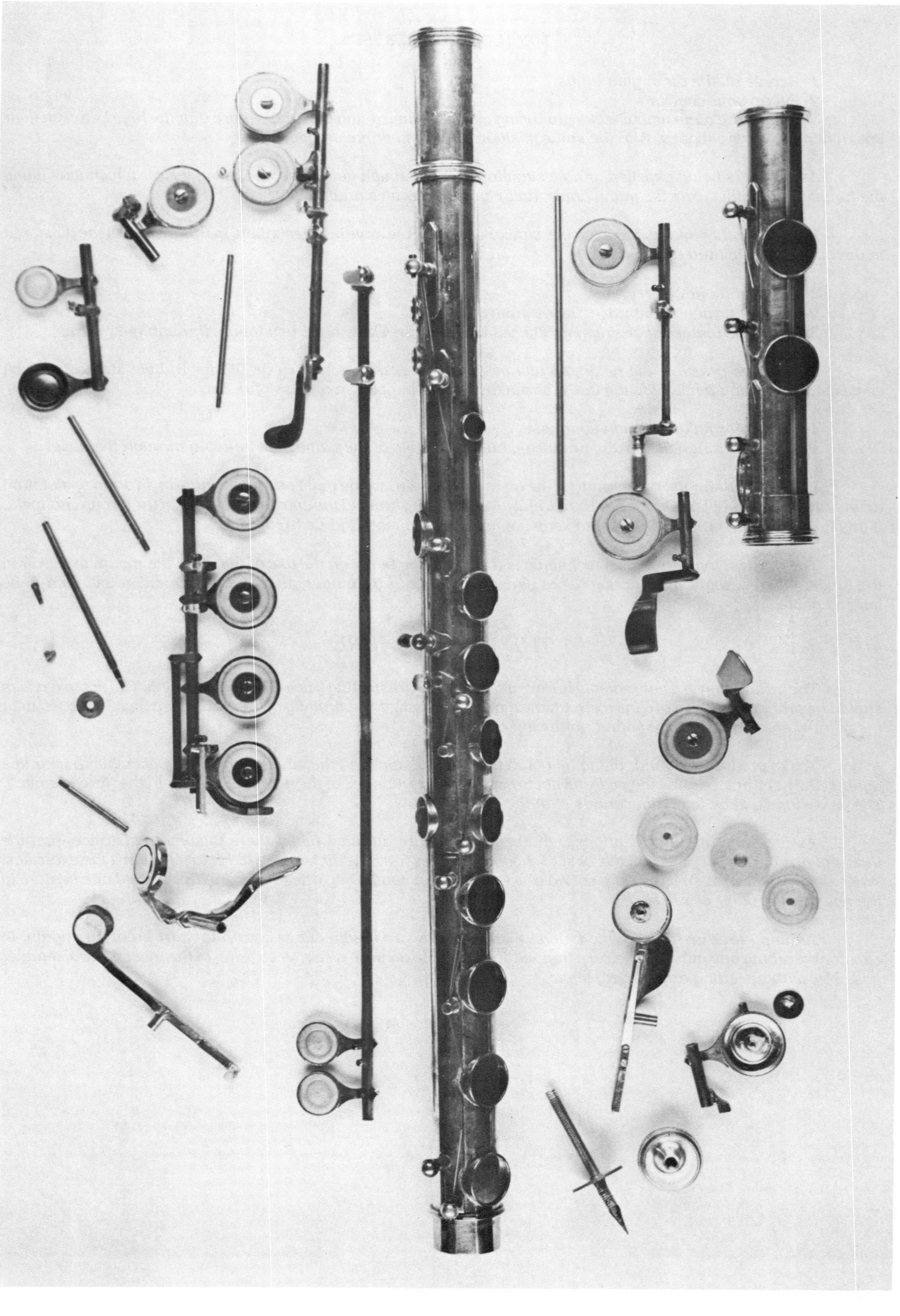

Capítulo XVI
NOÇÕES GERAIS DE REPAROS

Segundo o técnico Carlos Cesar Medeiros, reconhecido como um dos mais hábeis reparadores de flauta, membro vitalício da "National Flute Association" (USA), são as seguintes as ferramentas e acessórios mínimos indispensáveis para um perfeito ensapatilhamento: martelinho (1), vazadores (2), placa de chumbo (3), alicate (4), mandril (5), chave de fenda (6), ponteiro de aço (7), chapa de sapatilha (8), formas para confecção de sapatilhas (9), lamparina de álcool (10), lâmina de barbear (11), faca (12), molas de aço (13), gancho de molas (14), goma-laca (15), lacre (16), feltro (17 e 18), papelão (19), calços de papel (20), arruelas (21), cortiça (22), baudruche (23), óleo de relojoeiro ou similar (óleo de automóvel n.º 20 ou 30 dissolvido em querozene refinado na proporção de 50%), cola de madeira (tabletes dissolvidos em banho-maria). (foto 45).

Capítulo XVI
NOCIONES GENERALES DE MANTENIMIENTO

Según el técnico Carlos Cesar Medeiros, reconocido como uno de los más hábiles reparadores de flautas, miembro vitalicio de la "National Flute Association" (USA), las herramientas y accesorios mínimos indispensables para un perfecto enzapatillamiento son los siguientes: martillito (1), sacabocados (2), placa de plomo (3), alicate (4), mandril (5), destornillador (6), punzón de acero (7), placa de metal para nivelar las zapatillas (8), hormas para la confección de zapatillas (9), lamparilla de alcohol (10), hoja de afeitar (11), cuchillo (12), resortes (13), gancho de resortes (14), goma-laca (15), lacre (16), fieltro (17 y 18), cartón (19), calces de papel (20), arandelas (21), corcho (22), baudruche (23), aceite de relojero o lubricante de motor de automóvil número 20 o 30 disuelto en querosén refinado en la proporción de 50% y cola de madera (tabletas disueltas en baño de María. (Foto 45).

Chapitre XVI
ENTRETIENT (NOTIONS GENERALES)

D'après le technicien Carlos Cesar Medeiros, reconnu comme l'un des plus habiles réparateurs de flûtes, et membre à vie de la "National Flute Association" (USA), les outils et accessoires indispensables pour un parfait tamponnement sont les suivants: un petit marteau (1), des évidoirs (2), une plaque de plomb (3), des pinces (4), un mandrin (5), des tournes-vis (6), un poinçon d'acier (7), une plaque de métal pour niveler les tampons (8), des moules pour la confection des tampons (9), une lampe à alcool (10), une lame à rasoir (11), un couteau (12), des ressorts (13), un crochet pour repousser les ressorts (14), de la gomme laque (15), de la cire à cacheter (16), du feutre (17 et 18), du carton (19), des cales de papier (20), des rondelles (21) du liège (22), de la baudruche (23), de l'huile d'horloger ou de l'huile de moteur d'automobile n.º 20 ou 30, dilué dans du kérosène raffiné dans la proportion de 50%, de la colle à bois (des tablettes diluées au bain-marie) (Foto 45).

Chapter XVI
GENERAL REPAIR INFORMATION

According to Carlos Cesar Medeiros, one of our most able flute-repairers and life-member of the National Flute Association (USA), the following tools are the indispensable minimum for re-padding: a small hammer (1), punches (2), lead plate (3), pliers (4), mandril (5), screwdriver (6) steel pointer (7), pad-plate (8), pad-mould (9), alchohol lamp (10), razor blade (11), knife (12), steel springs (13), hook for springs (14), shellac (15), sealing wax (16), felt (17 & 18), cardboard (19), paper slips (20), metal disc (21), cork (22), fish-skin (23), watch-makers oil or equivalent (automobile oil number 20 or 30 dissolved in refined kerosene in the proportion of 50%), wood-glue (tablets dissolved in a container placed in hot water). (Photo 45).

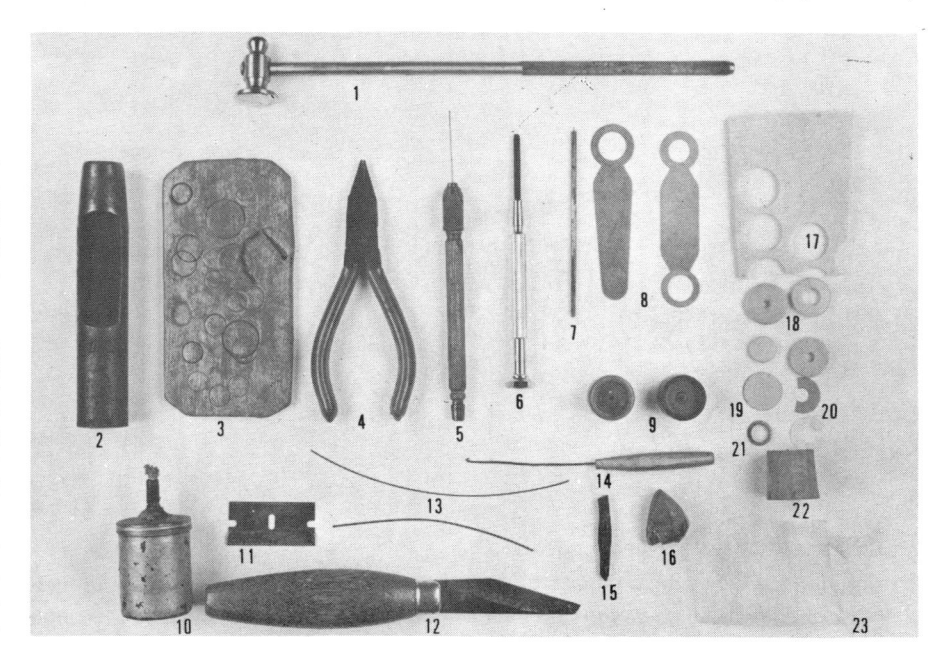

Foto 45

DESMONTAGEM DAS CHAVES
DÉMONTAGE DES CLEFS

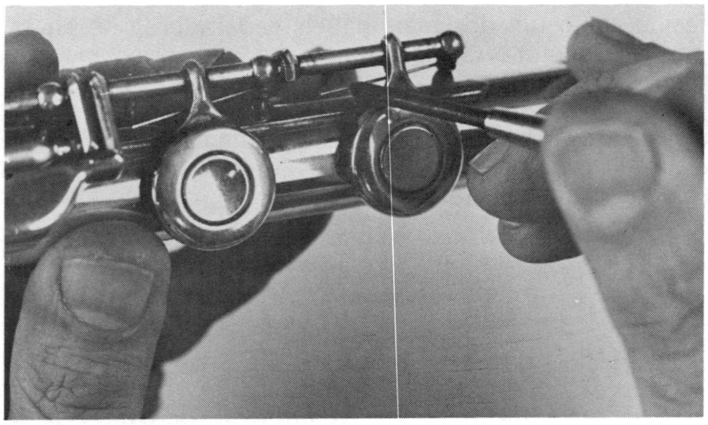

1.º) Retirar as molas dos contra-molas
1.º) Retirar los resortes de los "contra-resortes"
1.º) Retirer les ressorts du "contre-ressort"
1st) Unclip the springs

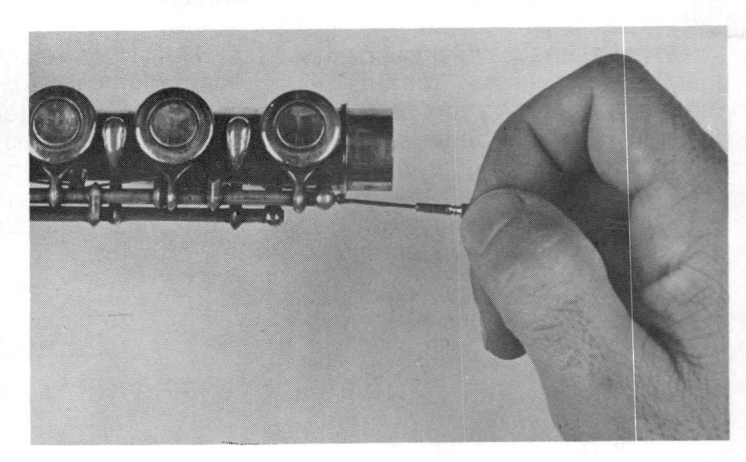

DESMONTAJE DE LAS LLAVES
REMOVING THE KEYS

2.º) Retirar as chaves soltando os parafusos
2.º) Retirar las llaves soltando los tornillos
2.º) Enlever les clefs en retirant les vis
2nd) Remove the screws to release the keys

ORDEM DE RETIRADA DAS CHAVES
ORDRE D'ENLÈVEMENT DES CLEFS

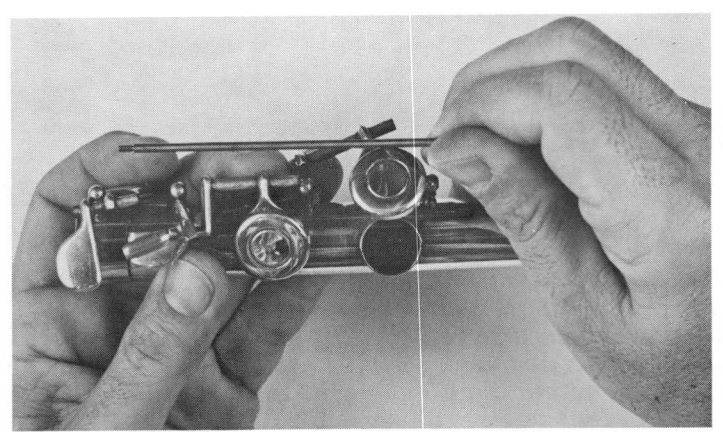

PÉ: 1.º) Dó, 2.º) Dó♯, 3.º) Ré♯
PATTE d'UT: 1er) Do, 2ème) Do♯, 3ème) Ré♯
Pié: 1.º) Do, 2.º) Do♯, 3.º) Re♯
FOOT-JOINT — 1st C, 2nd C♯, 3rd D♯

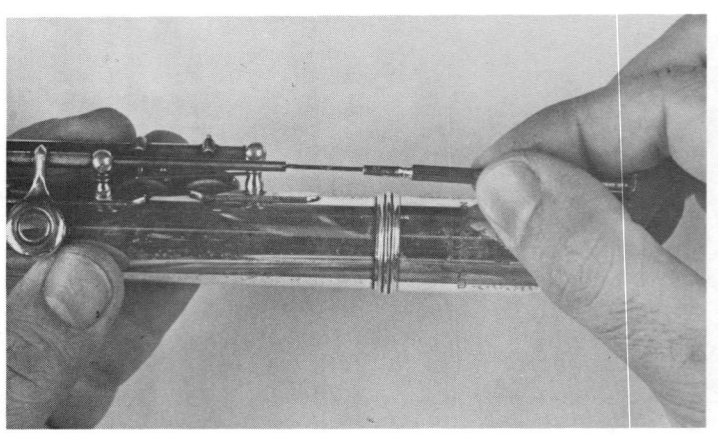

ORDEN DE RETIRADA DE LAS LLAVES
ORDER OF KEY-REMOVAL

CORPO:	CUERPO:	CORPS:	BODY
1.º) Dó	1.º) Do	1er) Do	1st) C

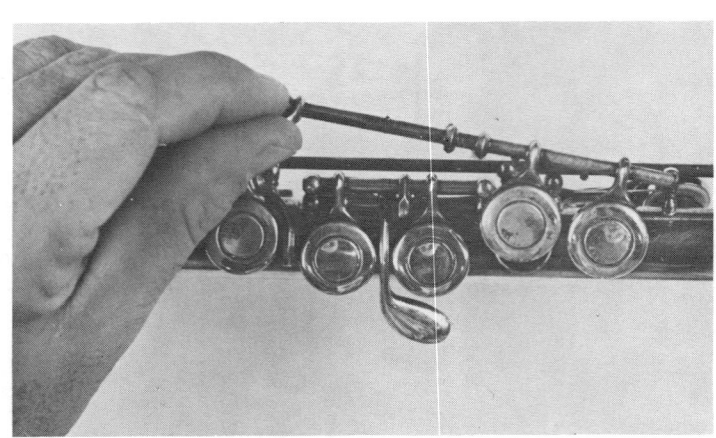

2.º) Conjunto de chaves da mão esquerda
2.º) Conjunto de llaves de la mano izquierda
2ème) Ensemble des clefs de la main gauche
2nd) The section with the keys for the left hand

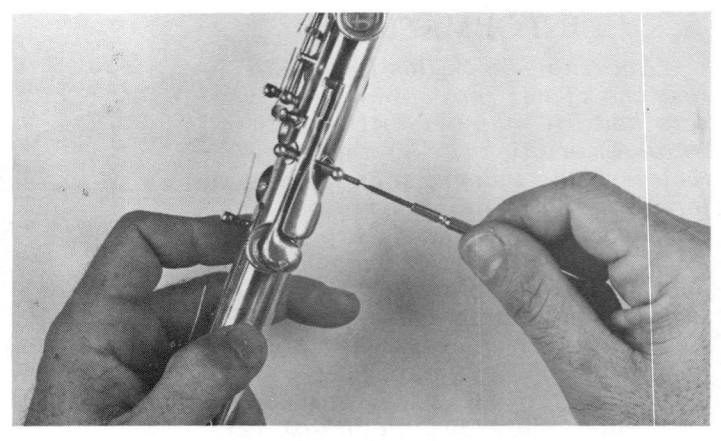

3.º) Conjunto de chaves acionadas pelo polegar esquerdo
3.º) Conjunto de llaves accionadas por el pulgar izquierdo
3ème) Ensemble des clefs actionnées par le pouce de la main gauche
3nd) Thumb-key section

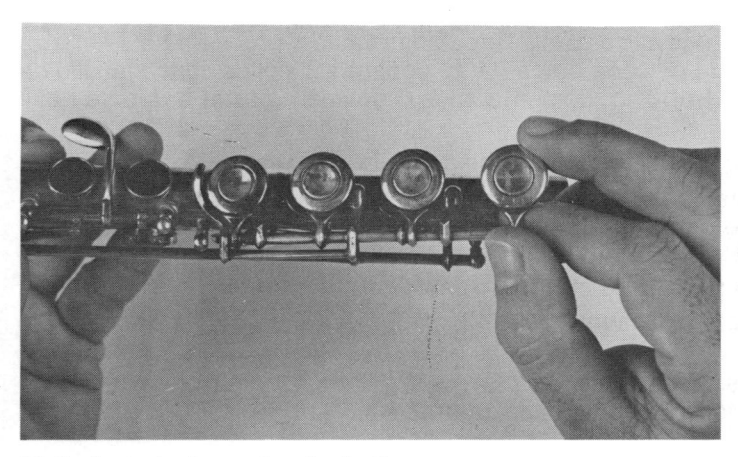

4.º) Conjunto de chaves da mão direita
4.º) Conjunto de llaves de la mano derecha
4ème) Ensemble des clefs de la main droite
4th) Section with keys for right hand

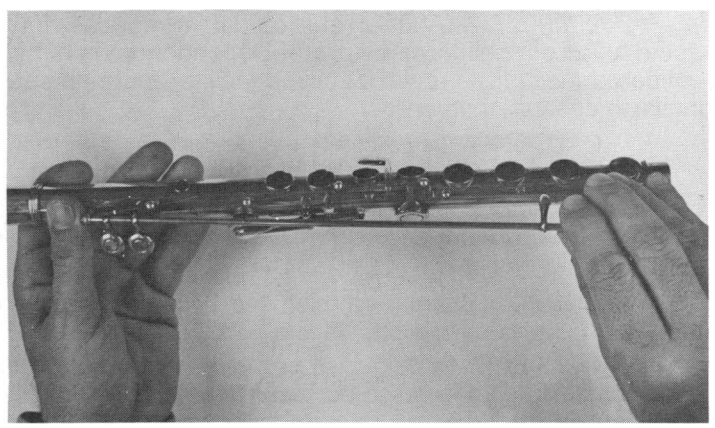

5.º) Chaves dos trinados de Ré e Ré♯ (espátulas 2 e 3)
5.º) Llaves de trinos de Re y Re♯ (espátulas 2 y 3)
5ème) Clefs des trilles de Ré et de Ré♯, (spatules n.º 2 e n.º 3)
5th) Trill keys for D and D♯ (finger-plates 2 and 3)

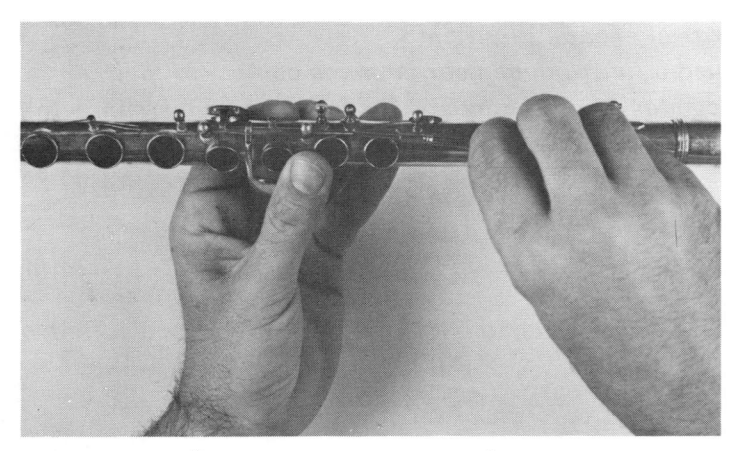

RETIRADA DAS MOLAS
RETIRADA DE LOS RESORTES
ENLÈVEMENT DES RESSORTS
REMOVAL OF SPRINGS

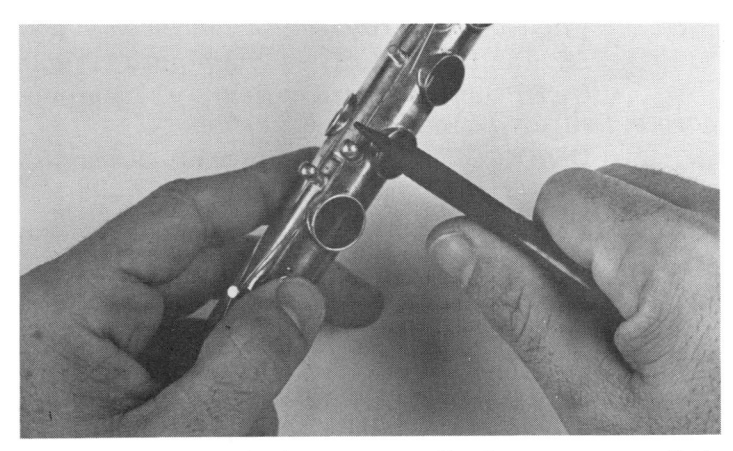

6.º) Chave de Sol♯   6.º) Llave de Sol♯
6ème) Clef de Sol♯   6th) G♯ key

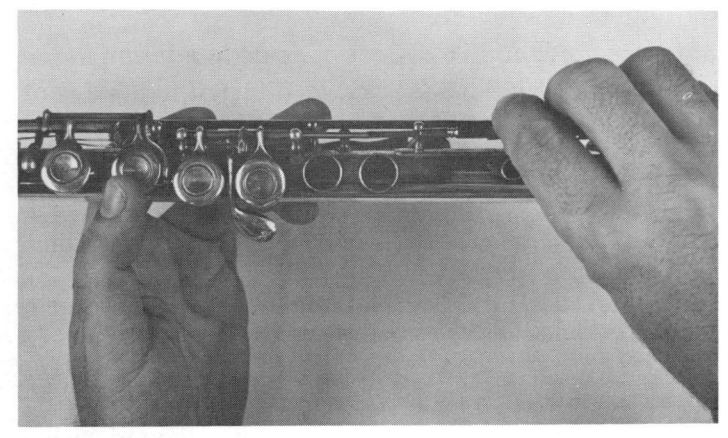

Obs.: Nas flautas não alinhadas (mão esquerda) o Sol é fixado num cavalete próprio. Nesse caso essa chave poderá ser retirada antes do Sol♯

Obs. En las flautas no alineadas (mano izquierda) el Sol está fijo en un caballete propio. En este caso, esa llave podrá ser retirada antes del Sol♯

Obs. Dans les flûte "non alignées" (main gauche) le Sol est fixé dans une tringle appropriée. Dans ce cas, cette clef pourra être enlevée avant le Sol♯

Obs. In the case of the flutes with an out-of-line G key this has separate supporting pillars and can thus be removed before the G♯ key

As molas são retiradas com o auxílio de um pequeno alicate pressionando-as contra o cavalete. Para que a mola de aço fique bem ajustada achata-se um pouco a sua extremidade. As cordas de piano podem ser utilizadas como molas.

Los resortes son retirados con ayuda de un pequeño alicate, presionándolos contra el caballete. Para que el resorte de acero quede bien ajustado en el caballete debe achatarse un poco su extremidad. Las cuerdas de piano pueden ser utilizadas como resortes.

Les ressorts sont enlevés à l'aide d'une petite pince en les poussant contre le support de la tringle. Pour que le ressort en acier reste bien fixé au support il faut aplatir son extrémité. Les cordes de piano peuvent être employées comme ressorts.

The springs should be removed by pressing them against the pillar with a small pair of pliers. For the steel spring to be firm in the pillar, the end must flattened slightly. Piano strings can be used as springs.

LIMPEZA — Após a retirada das molas, das chaves, dos calços e das sapatilhas velhas, processa-se a limpeza que é feita com polidores de prata. Dependendo da habilidade de cada um, a flauta poderá ser polida com o auxílio de polidores mecânicos (politriz) o que facilita enormemente o trabalho. Somente após o polimento total é que se deve iniciar o ensapatilhamento.

CALÇOS — Os calços feitos de cortiça, camurça ou feltro devem ser colados com goma-laca.

SAPATILHAS — As sapatilhas podem ser compradas diretamente dos fabricantes de instrumentos de sopro ou confeccionadas pelo próprio técnico. O material empregado é o seguinte: feltro de 2,5 mm de espessura, baudruche, papelão e cola de madeira. O feltro e o papelão são cortados com o auxílio de vasadores de medidas diversas:

PÉ: Dó, Dó♯ e Ré♯ — 19 mm para o feltro e 18,5mm para o papelão.

CORPO: 18 mm para o feltro e 17,5 mm para o papelão. Chaves de Dó e trinados de Ré e Ré♯ : 12 mm para o feltro e 11,5 mm para o papelão.

CONFECÇÃO: coloca-se primeiramente duas folhas de baudruche na forma seguindo-se o feltro e a rodela de papelão. Corta-se o excesso do baudruche e cola-se as extremidades no papelão (foto 57).

LIMPIEZA — Después de haber retirado los resortes, las llaves, los calces y las zapatillas viejas, debe hacerse la limpieza, que es hecha con pulidores de plata. Dependiendo de la habilidad de cada uno, la flauta podrá ser pulida con el auxilio de pulidores mecánicos lo que facilita enormemente el trabajo. Solamente después del pulimiento total, se debe comenzar el enzapatillamiento.

CALCES — Los calces hechos con corcho, gamuza o fieltro deben ser pegados con goma laca.

ZAPATILLAS — Las zapatillas pueden ser compradas directamente de las fábricas de instrumentos de vientos, o confeccionadas por el propio técnico, utilizándose el material siguiente: fieltro de 2,5mm de espesura, "baudruche", cartón y cola de madera.

El fieltro y el cartón son cortados con el auxilio de sacabocados de medidas diversas:

PIÉ: Do, Do♯ y Re♯ — 19mm para el fieltro y 18,5mm para el cartón.

CUERPO: 18mm para el fieltro y 17,5 mm para el cartón. Llaves de Do y trinos de Re y Re♯ , 12mm para el fieltro y 11,5mm para el cartón.

CONFECCIÓN: Colócase primero dos hojas de "baudruche" en la horma, después se coloca el fieltro y el disco de cartón. Córtase el exceso de "baudruche" y se pegan las extremidades en el carton (foto 57).

NETTOYAGE — Après l'enlèvement des ressorts, des clefs, des cales et des tampons usés, on fait le nettoyage en se servant d'un produit pour polir l'argent. Selon l'habileté de chacun, on peut se servir d'un appareil mécanique (un polissoir) ce qui facilite énormément le travail. C'est seulement après le polissage complet qu'on doit commencer le tamponnement.

CALES — Les cales faites de liège, de daim ou de feutre doivent être collées avec de la gomme laque.

TAMPONS — Les tampons peuvent être achetés directement chez les fabricants d'instruments à vent, ou bien, confectionnés par le technicien lui-même.

Le materiel employé est le suivant: du feutre de 2,5mm d'épaisseur, de la baudruche, du carton et de la colle à bois. Le feutre et le carton sont coupés à l'aide d'évidoirs:

PATTE d'UT: Do, Do♯ et Ré♯ — 19mm pour le feutre et 18,5mm pour le carton.

CORPS: 18mm pour le feutre et 17,5mm pour le carton. Clefs de Do et trilles de Ré et Ré♯ , 12mm pour le feutre et 11,5mm pour le carton.

CONFECTION: On met premièrement deux feuilles de baudruche sur le moule, ensuite on met le feutre et la rondelle de carton. On coupe l'excès de baudruche et on colle les extremités au carton (photo 57).

CLEANING — After removing springs, keys, paper slips and old pads, the flute can be cleaned with a silver polish. Depending on the individual's ability, this can be done with a polishing machine which helps a lot. When completely clean, the flute can be repadded.

SLIPS of cork, felt or chamois leather can be used and should be fixed on with shellac.

MAKING PADS — Pads can be bought ready-made from instrument factories or made by the repairer himself. The following material is used: felt 2.5mm thick, fish-skin, cardboard, woodglue. The felt and cardboard are cut using punches of different sizes:

FOOT-JOINT: C, C♯ and D♯ — 19mm for the felt and 18.5mm for the cardboard.

BODY 18mm for the felt and 17.5mm for the cardboard. C key and D and D♯ trill keys, 12mm. for the felt and 11.5mm. for the cardboard.

TO MAKE the pad, put two layers of fish-skin in the mould, then the felt on top of them and a ring of cardboard on top of this. Cut away the excess fish-skin and glue its edges on to the cardboard. (Photo 57).

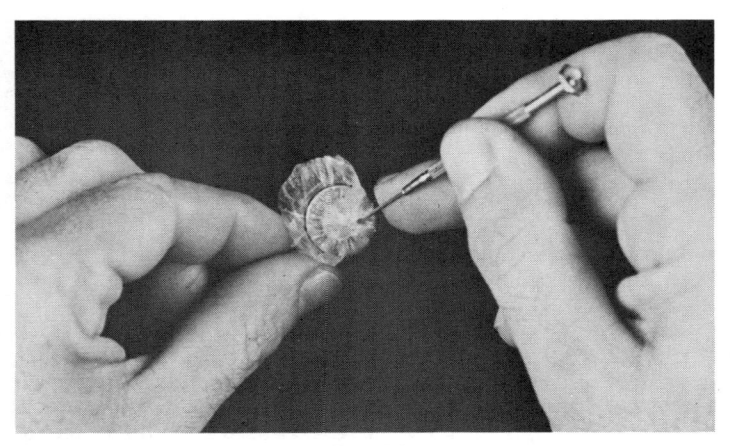

Foto 57

Foto 58

COLOCAÇÃO

As sapatilhas devem ser colocadas e ajustadas uma por uma da seguinte maneira: coloca-se a sapatilha na chave, apertando-se o parafuso com a respectiva arruela (foto 58).

Em seguida, com o auxílio de uma lamparina aquece-se ligeiramente a chave (foto 59) e pressiona-se em seguida contra à chapa de sapatilha, o que permite um primeiro nivelamento (foto 60). A mesma operação se repetirá em todas as chaves, à exceção das chaves de trinados de Ré e Ré♯ e a chave de Dó, que deverão ser coladas com lacre, já que não são providas de parafusos.

Nas flautas abertas, as arruelas são fixadas sob pressão.

COLOCACIÓN

Las zapatillas deben ser colocadas y ajustadas una por una de la siguiente forma: colócase la zapatilla en la llave, apretándose el tornillo con la respectiva arandela (foto 58). Enseguida, con el auxilio de una lamparilla se calienta ligeramente la llave (foto 59) y se presiona enseguida contra la placa de metal, lo que permite un primer nivelamiento (foto 60). La misma operación se repetirá en todas las llaves con excepción de las llaves de trinos de Re y Re♯ y la llave de Do que deberán ser pegadas con lacre ya que no poseen tornillos. En las flautas abiertas las arandelas son fijas a presión.

MISE EN PLACE

Les tampons doivent être mis en place et serrés un à un, de la façon suivante: on met le tampon dans la clef, en serrant la vis avec sa rondelle respective (photo 58). Ensuite, à l'aide d'une lampe à alcool, on chauffe légèrement la clef (photo 59) en la pressant contre la plaque appropriée pour faire le premier nivellement (photo 60).

On répétera cette opération dans toutes les clefs, sauf dans celles des trilles de Ré et Ré♯ et la clef de Do qui devront être collées avec de la cire à cacheter, car elles n'ont pas de vis. Dans les flûtes ouvertes les rondelles sont fixées sur pression.

INSERTION

Insertion and adjustment of pads is done one pad at a time and as follows: place the pad in the key and insert the screw with its metal disc (Photo 58).

With the alcohol lamp heat the key slightly (photo 59) and press it immediately against the pad plate to give a first levelling (photo 60). You repeat this process with all the keys except the C key and D and D♯ trill keys wich are glued with sealing-wax as they do not have screws. In the case of open-key flutes, the metal discs are fixed by pressure.

Foto 59

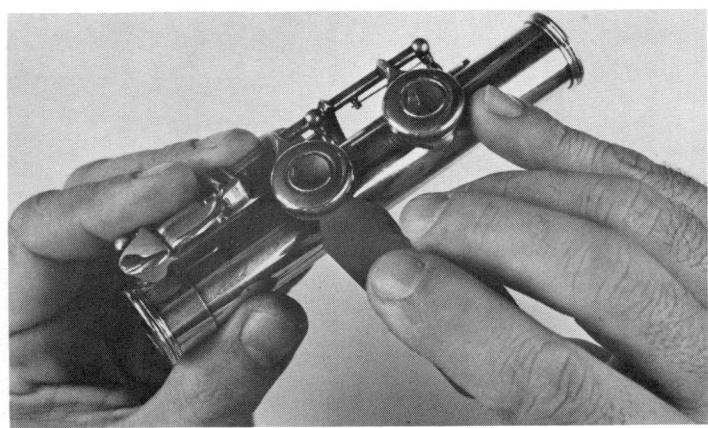

Foto 60

Concluída essa operação montam-se as chaves já ensapatilhadas dando-se-lhes novo aquecimento para o nivelamento final. Esse procedimento permite reduzir ao mínimo os vazamentos de ar que são corrigidos com pequenos calços de papel colocados sob as sapatilhas. Para melhor se detectar esses vazamentos podemos nos valer de uma lâmpada de lanterna acesa dentro do tubo da flauta. Os raios luminosos indicarão com precisão os lugares onde haja vazamentos. Com uma caneta hidrográfica ou lápis marca-se tais pontos. Retira-se então a sapatilha da chave colocando-se sob esta um calço de papel. Deve-se tomar cuidado para recolocá-la exatamente na posição anterior. Repetir essa operação até que não haja mais vazamentos.

Outro processo muito usual para essa operação é utilizar uma tira de papel de sêda entre a sapatilha e o buraco (foto 61). Nos pontos onde haja vazamentos o papel desliza.

Uma sapatilha bem nivelada deverá vedar completamente o orifício com a simples pressão do próprio peso da chave.
Antes do ajuste final feito com os calços e a regulagem dos parafusos, colocam-se as molas nos respectivos lugares.

Concluida esa operación se montan las llaves ya enzapatilladas y se calientan nuevamente para el nivelamiento final. Ese procedimiento permite reducir al mínimo los escapes de aire que son corregidos con pequeños calces de papel colocados debajo de las zapatillas. Para mejor detectar estos escapes podemos utilizar una lamparita de linterna, encedida dentro del tubo de la flauta. Los rayos luminosos indicarán, con precisión los lugares donde haya escapes. Con una lapicera o un lápiz márcanse tales puntos. Se retira, entonces, la zapatilla de la llave, colocando debajo de ésta un calce de papel. Se debe tener cuidado para recolocarla exactamente en la posición anterior. Repetir esta operación hasta que no haya más escapes de aire.

Otro proceso muy usual para esa operación es usar una tira de papel de seda entre la zapatilla y el orificio (foto 61). En los puntos donde haya escape de aire, el papel se desliza.

Una zapatilla bien nivelada deberá tapar completamente el orificio con la simple presión del propio peso de la llave.

Antes del ajuste final hecho con los calces y la regulación de los tornillos, se colocan los resortes en los respectivos lugares.

Cette opération finie, on monte les clefs déjà tamponnées en les rechauffant pour le nivellement final. Ce procédé permet de réduire au minimum les échappements d'air qui peuvent être corrigés avec de petites cales de papier, mises sous les tampons. Pour mieux détecter ces échappements d'air, on peut se servir d'une petite ampoule allumée dans le tube de la flûte. Les rayons lumineux signaleront avec justesse les endroits où il y a des échappements d'air. Avec un stylo ou un crayon on marque ces endroits-là.

On retire, alors, les tampons de la clef et on met dessous une cale de papier en ayant soin de remettre le tampon dans la même position. On doit répéter cette opération jusqu'à ce qu'il n' y ait plus d'échappements. Une autre façon très usuelle de procéder à cette opération consiste à se servir d'un morceau de papier de soie entre le tampon et le trou (photo 61). Le papier glissera dans les points où il existe des échappements.

Un tampon bien nivelé devra fermer complètement l'orifice avec la simple pression du poids de la clef.

Avant l'ajustement final fait avec les cales et le réglage des vis, on doit remettre les ressorts en place.

When all the above process has been completed, the padded keys are put back on to the flute and reheated for the final adjustment. This procedure reduces to a minimum the air leaks wich are then corrected by placing small pieces of paper under the pads. To detect these leaks we can use a torch bulb alight inside the tube of the flute. The light rays will show precisely where there are leaks. Mark these places with a hydrographic pen or pencil. Remove the pad from the key and place a slip of paper under it, making sure its position is exactly the same as before when you replace it. Repeat this process until all the leaks have been eliminated. Another common method is to place a slip of silk paper between the pad and the "cup" (photo 61). The paper will slide about where there is a leak.

A properly levelled pad should completely cover the hole with the weight of the key and no further pressure.

Before the final adjustment with the slips and screw adjustment, replace the springs.

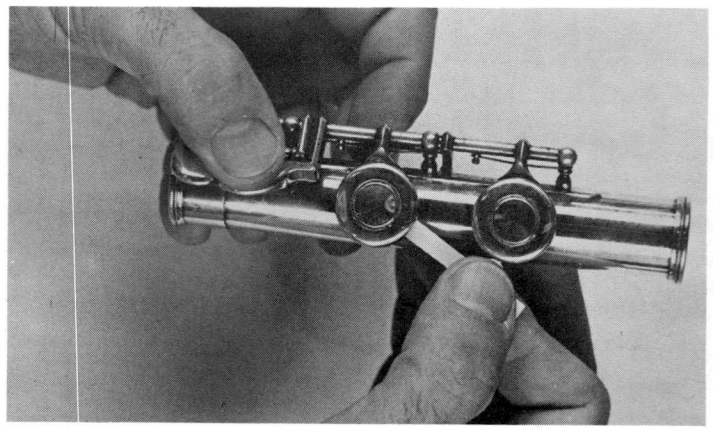

Foto 61

ORDEM DE MONTAGEM DAS CHAVES

PÉ: 1.º Dó) — 2.º) Dó# — 3.º) Ré#

CORPO: 1.º) Sol# — 2.º) Sol (no caso da chave ser desmembrada) — 3.º) chaves dos trinados de Ré e Ré# (espátulas 2 e 3) — 4.º) conjunto de chaves da mão direita — 5.º) chave de Dó (mão esquerda) — 6.º) conjunto de chaves da mão esquerda — 7.º) chaves de Si e Si b (polegar da mão esquerda).

No caso das flautas em que a chave de Sol não é alinhada a ordem passa a ser a seguinte: 1.º) Sol# — 2.º) espátulas 2 e 3 — 3.º) conjunto de chaves da mão direita — 4.º) chave de Dó (mão esquerda) e todo o jogo de chaves da mão esquerda. Finalmente as chaves de Si e Sib.

LUBRIFICAÇÃO

As flautas bem conservadas, em que os parafusos estejam bem ajustados, sem folgas, devem ser lubrificadas com a mistura de óleo n.º 20. O óleo n.º 30 deverá ser empregado nas flautas que apresentem muito desgate entre os cavaletes.

A lubrificação deverá ser feita com o auxílio de uma agulha, pingando-se pequenas gotas de óleo nas extremidades onde se encontram os parafusos e nas juntas das chaves, cuidando-se para não encharcar as sapatilhas.

CABEÇA OU BOCAL

A substituição da rolha deve ser feita da seguinte maneira: desparafusa-se a coroa, e com a vareta de metal pressiona-se a rolha expulsando-a na direção do corpo da flauta.

Ao recolocá-la, observar as recomendações feitas no capítulo III.

ORDEN DE MONTAJE DE LAS LLAVES

PIE: 1.º) Do — 2.º) Do# — 3.º) Re#

CUERPO: 1.º) Sol#— 2.º) Sol en el caso de que la llave sea desmembrada) - 3.º) llaves de los trinos de Re y Re# (espátulas 2 y 3) — 4.º) conjunto de llaves de la mano derecha — 5.º) llave de Do (mano izquierda) — 6.º) conjunto de llaves de la mano izquierda — 7.º) llaves de Si y Sib (pulgar de la mano izquierda).

En el caso de las flautas en que la llave de Sol no es alineada, el orden pasa a ser el siguiente: 1.º) Sol#, 2.º) espátulas 2 y 3 - 3.º) conjunto de llaves de la mano derecha — 4.º llave de Do (mano izquierda) y todo el juego de llaves de la mano izquierda. Finalmente las llaves de Si y Sib.

LUBRICACIÓN

Las flautas bien conservadas donde los tornillos estén bien ajustados, deben ser lubricadas con la mezcla de aceite n.º 20. El aceite n.º 30 deberá ser empleado en las flautas cuyos caballetes estén muy gastados.

La lubricación deberá ser hecha con ayuda de una aguja, colocando pequeñas gotas de aceite en las extremidades donde están los tornillos y en las juntas de las llaves, tomando cuidado para no impregnar las zapatillas.

CABEZA O EMBOCADURA

La sustitución del corcho debe ser hecha de la siguiente manera: destornillar la corona y con la varilla de metal presionar el corcho empujándolo en la dirección del cuerpo de la flauta. Al recolocarlo, seguir las recomendaciones hechas en el capítulo III.

ORDRE DE MONTAGE DES CLEFS

PATTE D'UT: 1) Do — 2) Do# — 3) Ré#.

CORPS: 1.º) Sol#, 2) Sol (dans les flûtes modèle français), 3) clefs des trilles de Ré et Ré# (spatules 2 et 3), 4) ensemble des clefs de la main droite, 5) clef de Do (main gauche), 6) ensemble des clefs de la main gauche, 7) clef de Si et Sib (pouce de la main gauche).

LUBRIFICATION

Les flûtes bien conservées, dont les vis sont bien ajustées, doivent être lubrifiées avec le mélange de l'huile n.º 20. L'huile n.º 30 ne doit être employé que dans les flûtes dont les supports sont trop usés.

La lubrification doit être faite à l'aide d'une aiguille, en versant des gouttelettes d'huile sur les extrémités où se trouvent les vis et sur les joints des clefs, en ayant soin de ne pas huiler les tampons.

TÊTE

Le remplacement du bouchon doit être fait de la façon suivante: dévisser la couronne et pousser le bouchon avec la tige de métal vers le corps de la flûte.

Au moment de le remettre, relire attentivement les recommandations du chapitre III.

KEY REPLACEMENT ORDER

FOOT-JOINT — 1) C — 2) C# — 3) D#

BODY — 1) G# — 2) G (in the case of a separate key) — 3) D and D# trill-keys (trill keys 2 and 3) — 4) Right hand key section — 5) C key (left hand) — 6) Left hand key section — 7) Lastly B and Bb keys (Left thumb).

LUBRICATION

Flutes in good condition with the screws well adjusted and with no "play" should be lubricated with the oil-mixture No. 20. Number 30 is used for flutes with very worn rods.

Lubrication is carried out with a few drops of oil on the end of a needle at the point where the keys meet and the ends where the screws are. Care must be taken not to get any oil on the pads.

THE HEAD OR MOUTHPIECE

To replace the cork unscrew the head-screw and push the metal rod downwards towards the body.

To replace it proceed as recommended in Chapter III.

Capítulo XVIII
ORGANIZAÇÃO DO REPERTÓRIO

Chapitre XVIII
ORGANIZATION DU REPERTOIRE

Capítulo XVIII
ORGANIZACIÓN DEL REPERTORIO

Chapter XVIII
BUILDING A REPERTOIRE

Damos aqui uma relação dos principais estudos e peças para flauta e as respectivas editoras.
Damos aqui una relación de los principales estudios y piezas para flauta y las respectivas editoras.
Nous donnons ensuite la relation des études et des morceaux pour flûte et leurs éditeurs.
Here is a list of the main studies and pieces for flute with their respective publishers.

ESTUDOS FÁCEIS
ESTUDIOS FÁCILES
ÉTUDES FACILES
EASY STUDIES

DEMERSSEMANN-MOYSE .... 50 Études mélodiques – A. Leduc
GARIBOLDI, G. .... 30 Progressive studies, vol. I – Augener
GARIBOLDI, G. .... Études mignonnes op. 131 – A. Leduc
TERSCHAK, A. ....Studien op. 131 – Schott

ESTUDOS DE MEIA DIFICULDADE
ESTUDIOS DE MEDIA DIFICULTAD
ÉTUDES ASSEZ DIFFICILES
STUDIES OF MODERATE DIFFICULTY

ANDERSEN, J. .... 25 Small caprices op. 37 – IMC
ANDERSEN, J. .... 18 Studies op. 41 – IMC
ANDERSEN, J. ....24 Studies op. 21 e op. 33 – IMC
BOEHM .... 24 Caprices op. 26 – IMC
GARIBOLDI, G. .... 30 Progressive studies vol. 2 – Augener
GARIBOLDI, G. .... Exercices journaliers op. 89 – A. Leduc
GARIBOLDI, G. .... 20 Études chantantes – A. Leduc
GENZMER ....Modern studies for flute –Schott
KÖEHLER, E. .... 15 Easy exercises op. 33 vol. I – Carl Fischer
REICHART .... Daily exercises op. 5 – AMP

ESTUDOS DIFÍCEIS
ESTUDIOS DIFÍCILES
ÉTUDES DIFFICILES
DIFFICULT STUDIES

ANDERSEN, J. .... 24 Studies op. 60, op. 63 e op. 15 – IMC
BITSH .... 12 Études pour flûte – A. Leduc
BOEHM .... 12 Études op. 15 – A. Leduc
BOEHM .... 24 Études mélodiques op. 37 – A. Leduc
BOZZA, E. .... 14 Études arabesques – A. Leduc
BRICCIALDI .... Six grandes études op. 31 – Ricordi
CAMUS, PAUL........................... Six grandes études – A. Leduc
CAMUS, PIERRE....................................... 12 Études – Senart
GARIBOLDI, G. .... Grandes Études de Style op. 134 – A. Leduc
GARIBOLDI, G. .... Grandes exercices op. 139 – A. Leduc
GARIBOLDI, G. .... 12 Études de perfectionnement et de virtuosité op. 217 – A. Leduc
JEANJEAN, PAUL .... 16 Études modernes – A. Leduc
KÖEHLER, E. ....8 Difficult studies op. 33, 3º vol. – IMC
LEONARDO DE LORENZO .... 9 Grand concert études – Zimmermann
MOYSE..48 Études de virtuosité – A. Leduc
NICOLET, A ....Studien zum Spielen neuer musik für Flóte – Breitkopf & Hartel
PAGANINI .... 24 Caprichos op. 1 – IMC
RUGGIERO .... Études atonales – A. Leduc
VINCI, D. .... 12 Studies – Ricordi

ESTUDOS ORQUESTRAIS
ESTUDIOS ORQUESTALES
TRAITS DIFFICILES D'ORCHESTRE
ORCHESTRAL STUDIES

ANÔNIMO .... The Modern Flutist – Southern Music
BACH, J. S. .... Flute repertoire (4 vols.) – Peters
BAJEUX, B. .... Traits difficiles – A. Leduc
BARTUZAT, C. ...... Flote orchester studien – Hofmeister Musikverlag
BOUSTEAUD .... Essential repertoire for flute – Universal Edition
BROOKE, A. .... Orchestral studies for flute – Cundy Bettoney
CHOSTAKOVITCH/WUMMER .... Orchestral studies from symphonic works – Leeds
CRUNELLE, G. ....Traits difficiles – A. Leduc
KRELL, J. .... Twentieth century orchestral studies – Schirmer
MADATOV .... Orchestral Difficulties for flute – Leeds
MAGG .... Beethoven, Brahms Orchestral Excerpts – Leaf Publishing
MAGG .... Strauss Orchestral Excerpts – Leaf Publishing
MAGG .... Berlioz, Prokofiev, Strawinsky Orchestral Excerpts – Leaf Publishing
MAGG .... French Orchestral Selections – Leaf Publishing
NITSCHKE .... Piccolo Orchestral Studies – Peters
NITSCHKE ....Mahler Orchestral Excerpts – Zimmermann
NITSCHKE .... Bruckner/Reger Orchestral Studies – Zimmermann
RICHTER .... Mozart Orchestral Studies – Zimmermann
SMITH, W. .... Orchestral studies for the flute – UMP
STRAUSS, R. ....Orchestra studies for flute – IMC
TAFFANEL & GAUBERT ....Traits difficiles – A. Leduc
TORCHIO, B. .... Passi difficili e "a solo" – Ricordi
WAGNER, R. ....Orchesterstudien – Breikopf & Hartel
WUMMER, J. .... Orchestral studies for flute – IMC
ZALO PARTS .... Tchaikovsky Symphonies – Zalo Publications
ZOLLER, K. .... Modern Orchester Studien fur flöte – Schott's Sohne, Mainz

PEÇAS FÁCEIS
PIEZAS FÁCILES
PIÈCES FACILES
EASY PIECES

BACH, J. S. .... Bourrée (da Suite em Si menor) – Breitkopf
CLASSICAL ALBUM................................... Perry – Boosey & Hawkes
FREDERICK THE GREAT .... Four pieces for flute – Nagels Verlag
GALWAY, J. .... Songs for Annie – Schirmer
GLUCK .... Scene from Orpheus - Schirmer – A. Leduc
HÄNDEL................................ Sonatas em Ré M, Sol menor – Breitkopf
HOTTETTERRE ....Suite em Ré maior – Presto Music
MAHLE, E. .... As Melodias da Cecília – Vitale
MOZART, W. ... Andante em Dó Maior – Boosey & Hawkes, Breitkopf
NAUDOT ....Sonata op. 5 em Sol Maior – Baerenreiter
LA FLÛTE CLASSIQUE .... Leroy - vol. I – Ed. Marcel Combre
FORTY LITTLE PIECES FOR BEGINNER FLUTISTS ...... Schirmer – Beginner
PEARLS OF THE OLD MASTERS .... vol. I – Cundy Bettoney
PESSARD, E. .... Première Pièce – A. Leduc
PURCELL, D. .... Sonata em Fá Maior – Schott

PEÇAS DE MEIA DIFICULDADE
PIEZAS DE MEDIA DIFICULTAD
PIÈCES ASSEZ DIFFICILES
PIECES OF MODERATE DIFFICULT

ALAIN, Jean	Trois mouvements – A. Leduc
BACH, J. S.	Sonatas em Dó M, Lá M e Mi b M – IMC, Peters
BARTÓK-ARMA	Suite paysanne hongroise – IMC
BEETHOVEN, L.	Sonata em Si b M – IMC
BIZET	Menuet from l'Arlesiènne – Rubank
BLAVET, M.	Sonatas nº 1, 2, 3, 4, 5 e 6 – Rongwen
CHOPIN, F.	Variations on a theme by Rossini – IMC
DEBUSSY, C.	The little nigger – Durand
DEBUSSY, C.	Syrinx (flûte seule) – Jobert
DEBUSSY, C.	Prelude to "The Afternoon of a Faun" – IMC
DEVIENNE, F.	Concertos nº 2 em Ré M e nº 7 em Mi m – IMC
DOPPLER	Fantasie Pastorale Hongroise – Schott
FAURÉ	Fantasie op. 79 – IMC
GAUBERT, Ph.	Romance – A. Leduc
GENIN, P.	Fantaisie sur un thème du Carnaval de Venise – Billaudot
GLUCK	Concerto – Heig
GRIFFES, Ch.	Poem (Fl/orch.) – Schirmer
GUARNIERI	Sonatina – Music Press
GUARNIERI	3 Improvisos – Rongwen Music
GUERRA-PEIXE	Melopéias nº 3 (flauta solo) – Vitale
HÄNDEL	Sonatas em Lá m, Fá M, Dó M, Si m e Mi m – Baerenreiter
HAYDN, J.	Concerto in D – Southern Music
HINDEMITH	Sonata – Schott
HONNEGER	Danse de la chèvre (flûte seule) – Salabert
LECLAIR	Sonatas em Si m e Dó M – Ricordi
MARCELLO, B.	Sonata em F – Oxford University Press
PERGOLESI	Concertos em Sol M e Ré M – IMC, Schott
QUANTZ, J.	Concertos em Sol M, Dó m, Mi m e Ré M – IMC, Breitkopf
REINECKE	Sonate Undine – IMC
REINECKE	3 Cadences for Concert in C for flute and harp – Breitkopf
RIVIER	Oiseaux tendres (flûte seule) – Salabert
ROUSSEL	Joueurs de Flûte – Durand
SCHUMANN	Trois Romances – Augeners Edition
TELEMANN, G.	Sonata em Fá M – IMC
VIVALDI	Concertos em Ré M, Dó M, Seis sonatas – IMC
VIVALDI	Concerto em Sol M – Ricordi
DICK, R.	Flying Lessons 6 Etudes - flute solo R. Dick – MMB music
DUTILLEUX	Sonatine – A. Leduc
ENESCO, G.	Cantabile et Presto – Enoch, IMC
EVANGELISTI	Proporzioni – Bruzziechelli
FELD	Concerto - Artia – Export Praga
FRANÇAIX, J.	Suite pour flûte seule – Schott
FRANÇAIX, J.	Divertimento – Schott
FRANÇAIX, J.	Concerto pour flûte – Schott
GAUBERT, Ph.	Nocturne et Allegro Scherzando – Southern Music
GENZMER	Sonata – Schott
GRETRY	Concerto – Southern Music, Andraud
HENZE, H. W.	Sonatine – Schott
IBERT	Concerto – A. Leduc
JOLIVET	Concerto pour flûte – A. Leduc
JOLIVET	Cinq incantations pour flûte seule – Boosey & Hawkes
JOLIVET	Suite en concert pour flûte et percussion – Billaudot
KARG-CLERT, S.	Sonata Apassionata op. 140 – Southern Music
KATCHATOURIAN	Concerto – IMC
LAVISTA, Mário	Canto del Alba – Ediciones Mexicanas de Música
MADERNA, B.	Honeyreves – Zerboni
MARIN MARAIS	Folies d'Espagne – Schirmer
MARTIN, F.	Ballade – Universal
MATSUDAIRA	Somaksah – Zerboni
MERCADANTE	Concerto em Mi m – Boosey & Hawkes
MESSIAEN	Le Merle Noir – A. Leduc
MILHAUD	Sonatine – A. Leduc
MOLIQUE, B.	Concerto – Southern Music
MUCZYNSKI, R.	Sonata op. 14 – Southern Music
NIELSEN	Concerto – Dania
PISTON, W.	Concerto for flute – AMP
POULENC	Sonata – Chester
PROKOFIEF	Sonata – Musica Rara, Boosey & Hawkes
RIVIER, J.	Concerto – Pierre Noel
RODRIGO, J.	Concierto Pastoral – Schott
SCHUBERT	Arpeggione Sonata-Zimmermann - Introduction and variations on a theme (Ihr Blumlein) – Breitkopf, IMC, Peters
TAMBA, Akira	Sonata – Editions Rideau Rouge
TELEMANN, G.	12 Fantasias – IMC
TELEMANN, G.	Sonata em Fá menor – IMC, Baerenreiter
VARÈSE	Density 21.5 (flûte seule) – Ricordi
VIVALDI	Concerto C menor – IMC

PEÇAS DIFÍCEIS
PIEZAS DIFÍCILES
PIÈCES DIFFICILES
DIFFICULT PIECES

BACH, C. Ph.	Sonata em Lá m – Baerenreiter
BACH, J. S.	Partita em Lá m – IMC, A. Leduc
BACH, J. S.	Sonatas em Si m e Mi m – IMC, Peters
BACH, J. S.	Suite em Si menor – IMC, Breitkopf & Hartel
BERIO	Serenata – IMC
BERIO	Sequenza - flute solo – Zerboni
BONNEAU, P.	Piece Concertante – A. Leduc
BORNE, F.	Carmen Fantaisie – Southern Music
BOULEZ, P.	Sonatine – Amphion, Paris
BOZZA, E.	Fantaisie Italienne – A. Leduc
BOZZA, E.	Image – A. Leduc
BOZZA, E.	Agrestide – A. Leduc
CASELLA	Scilènne et Burlesque – A. Leduc
CESAR FRANK	Sonata – IMC
CIMAROSA	Concerto for 2 flutes – IMC
CHAMINADE	Concertino – Enoch
DAMASE, M.	Concerto
DEMERSSEMANN, J.	6º Solo de Concerto – A. Leduc

DUETOS
DÚOS
DUOS
DUETS

ANDERSEN, J.	Allegro militaire (2fls/piano) – Billaudot
ARMA, P.	Trois Resonances – Billaudot
ARMA, P.	Flûtes qui chantent – Lemoine
ARRIEU, Cl.	Duo en 4 mouvements – Billaudot
BACH, C. Ph. E.	10 Duos faciles – Zimmermann
BACH, C. Ph. E.	3 Duos – Nagel
BACH, C. Ph. E.	Trio in E (2 fls/piano) – Kalmus
BACH, J. S.	15 Inventions – Zimmermann
BACH, J. S.	Sonate en trio (2 fls/piano) – Billaudot
BACH, J. S.	Trio Sonate in Bb (2 fls/piano) – Peters
BACH, J. S.	Trio Sonate in G (2 fls/piano) – Baerenreiter
BACH, W. F.	Trios nº 2 and 3 (2 fls/piano) – IMC
BACH, W. F.	6 Sonates – Breitkopf, IMC, Nagel
BARRE, M. de la	Suite en Mi – Sikorski
BARRE, M. de la	Suite en Sol – Ricordi
BARRE, M. de la	Duo en Sol – Ricordi
BEETHOVEN, L.	Allegro et Menuet en Sol – Breitkopf
BERBIGUIER	3 Duos op. 2 – Schott

BERBIGUIER	6 Duos brillants op. 7 – Simrock
BERBIGUIER	3 Duos concertants op. 11 – Musicus
BERBIGUIER	3 Duos concertants op. 22 – Breitkopf
BERBIGUIER	6 petits Duos faciles op. 59 – Litolff
BERBIGUIER	36 petits Duos méthodiques, faciles et chantants op. 72 – Breitkopf
BERBIGUIER	6 Duos concertants op. 83 – Schott
BLAVET, M.	6 Sonates op. 2 – A. Leduc
BLAVET, M.	3 Sonates – A. Leduc
BLAVET, M.	7 Duos français – Hinrichsen
BLAVET, M.	2 French Duets – Peters
BOISMORTIER, J. B.	6 Sonates op. 47 – Eulemburg
BOISMORTIER, J. B.	Suite – Heugel
BOISMORTIER, J. B.	6 Suites op. 17 – Billaudot, Schott
BRICCIALDI	Duo concertant op. 36 – Schott, Ricordi
BRICCIALDI	16 Duos dialogués op. 36 – IMC, Schott
CAGE, J.	3 Pièces – Peters
CHEDEVILLE	6 Duos galants – Baerenreiter
CHEDEVILLE	2 Patoralsonaten – Nagels
CHEDEVILLE	6 Duos op. 23 – Hinrichsen
COUPERIN, F.	Duo en Sol – Schott
COUPERIN, F.	Concerto en Sol – Baerenreiter
DEVIENNE, Fr.	12 petits Duos faciles op. 57 – Sinrock
DEVIENNE, Fr.	6 Duos op. 75 – Peters
DEVIENNE, Fr.	6 Sonates célèbres – Musicus
DEVIENNE, Fr.	18 petits Duos – Schott
DEVIENNE, Fr.	Air avec variations – IMC
DOPPLER, F.	Duettino Hongrois (2 fls/piano) – Schirmer
DOPPLER, F.	Rigoletto Fantasy (2 fls/piano) – Billaudot
DOPPLER, F.	Fantasie sur des Motifs Hongrois (2 fls/piano) – Billaudot
DOPPLER, F.	Andante et Rondo (2 fls/piano) – Billaudot
DOPPLER, F.	Valse di Bravura (2 fls/piano) – Musica Rara
DOPPLER, F.	Duettino Americain (2 fls/piano) – Billaudot
DOPPLER, F.	Concerto en ré mineur (2 fls/piano) – Billaudot
DUBOIS, P. M.	Berceuse et Rondo capriccioso – A. Leduc
GARIBOLDI, G.	6 Duos faciles op. 145 – A. Leduc
GARIBOLDI, G.	6 petits Duos op. 145b – A. Leduc
GARIBOLDI, G.	6 grands Duos op. 145f – A. Leduc
GARIBOLDI, G.	6 Duos melodiques op. 145c – A. Leduc
GARIBOLDI, G.	6 Duos de genre op. 145d – A. Leduc
GARIBOLDI, G.	6 Duosbrillants op. 145e – A. Leduc
HAYDN	6 Duos op. 104 – Simrock
HAYDN	6 Duos concertants – Billaudot
HAYDN	Duo nº 3 em Fá – SMC
HINDEMITH	Sonatine canonique – Schott
HONEGGER, A.	Petite Suite – A. Leduc
HOTTETTERRE	Suite en Si – Sikorski
HUGHES	Grand Concerto Fantasy – IMC
KOECHLIN, Ch.	Sonate op. 75 – Senart, Ricordi
KÖHLER	6 Sonatines – SMC
KUHLAU, F.	3 Duos concertants op. 10 – Littolf, Breitkopf
KUHLAU, F.	3 Duos brillants op. 13 bis – Costallat, Billaudot, Belwin
KUHLAU, F.	3 grands duos concertants op. 39 – Littolf, IMC
KUHLAU, F.	3 Duos brillants op. 80 – Littolf, Costallat, Peters
KUHLAU, F.	3 Duos brillants op. 81 – Augener, Littolf, Costallat
KUHLAU, F.	3 Grands Duos op. 86 bis – Costallat
KUHLAU, F.	3 Duos op. 90 bis – Costallat
KUHLAU, F.	Duo op. 103 bis – Costallat
KUHLAU, F.	Duo op. 103 bis – Costallat
KUHLAU, F.	3 petits Duos faciles op. 20 – Billaudot
KUHLAU, F.	Trio op. 119 (2 fls/piano) – Billaudot
LECLAIR, J. M.	Deuxième Récréation de Musique (2 fls/piano) – Baerenreiter
LOCATELLI, P.	6 Sonates op. 4 – Ricordi
LOEILLET, J. B.	6 Duos – Schott
LOEILLET, J. B.	Sonates en Fa – U.E.
LOEILLET, J. B.	Sonates en Re – Galaxy
LOEILLET, J. B.	Sonate en Trio op. 2/8 (2 fls/piano) – A. Leduc
LOEILLET, J. B.	Trio Sonate op. 1/6 (2 fls/piano) – IMC
LOEILLET, J. B.	Trio Sonate in G minor (2 fls/piano) – IMC
LEONARDO DE LORENZO	Suite Moderne, op. 83 – Peters
MARAIS, M.	Suite in D (2 fls/piano) – Universal Edition
MARCELLO, B.	2 Sonates – Sikorski
MARTINU, B.	Divertimento – Eschig
MERCADANTE, S.	3 Duos concertants – Breitkopf
MOZART, W.	12 Duos op. 75 – Peters
NAUDOT	6 Sonates – Simrock
PLEYEL, I.	6 petits Duos op. 8 – Costallat
PLEYEL, I.	12 Duos – Doblinger
QUANTZ, J.	6 Duos op. 2 – Breitkopf
QUANTZ, J.	Sonata in D (2 fls/piano) – Cundy Bettoney
QUANTZ, J.	Trios Sonatas in G and C (2 fls/piano) – Baerenreiter
REICHA, A.	Variations op. 20 – Peters
REICHA, A.	3 Romances op. 21 – IMC
STAMITZ, A.	6 Sonates op. 1 – Schott
STAMITZ, A.	6 Duos – Breitkopf
TAKEMITSU	Masque continu/Incidental 1959 – Salabert
TELEMANN, G.	6 Sonates op. 2 – Baerenreiter, IMC, Schott
TELEMANN, G.	6 Sonates en canon op. 5 – IMC
TELEMANN, G.	6 Sonates sans basse – Billaudot
TELEMANN, G.	Trio Sonata in C (2 fls/piano) – Kalmus
TERSCHAK, A.	12 Duos progressifs op. 70 – Schott
TOULOU, J. L.	3 Duos faciles op. 1 et 11 – Costallat
TOULOU, J. L.	3 Duos concertants op. 3 – Costallat
TOULOU, J. L.	3 Duos difficiles op. 12 et 15 – Costallat
TOULOU, J. L.	3 Duos op. 18 – Breitkopf
TOULOU, J. L.	3 Grands Duos op. 72 – Breitkopf
VIVALDI, A.	Concerto in C (2 fls/piano) – IMC

TRIOS

ALBISI, A.	Suites Miniatures – Cundy Bettoney
ANDERSSEN, J.	Scherzino (3 fls/piano) – Rubank
BEETHOVEN, L.	Grand Trio op. 87 – SMC
BERBIGUIER, B.	3 Trios concertants op. 51 – SMC
BOISMORTIER, J. B.	6 Sonates op. 7 – Schott
CARTER, E.	Canon for 3 in memorian I. Strawinsky – Bote & Bock
CASTEREDE, J.	Flûtes en vacances – A. Leduc
DEVIENNE, F.	6 Trios – IMC
FURSTENAU, A.	3 Trios op. 14 – Breitkopf
FURSTENAU, A.	3 Grands Trios avec des fugues op. 66 – Peters
FURSTENAU, A.	Grand Trio op. 118 – IMC, Bote & Bock
GABRIELSKI	3 Trios op. 6 – Breitkopf
GABRIELSKI	Grand Trio Concertant – SMC
GABRIELSKI	Trios op. 55, 56 e 58 – Breitkopf
GEARHART	Flute Sessions – Shawnee Press
HAYDN, J.	3 Trios – IMC
HEISS, J.	Four Movements – Boosey & Hawkes
HOVHANESS, A.	The spirit of ink op. 230 – Peters
JOPLIM, S.	Entertainer (3 fls/piano) – Rubank
KOECHLIN, Ch.	3 Divertissements op. 90 – IMC
KUHLAU, F.	3 Trios op. 13 – Breitkopf, Costallat
KUHLAU, F.	3 Trios op. 86 – Costallat
KUHLAU, F.	Grand Trio op. 90 – Schott
KUMMER, K.	Trio op. 24 – IMC
KUMMER, K.	Trio op. 59 – Cundy Bettoney
KUMMER, K.	Trios op. 65, 72 – Breitkopf
LEONARDO DE LORENZO	I tre Virtuosi op. 31 – Zimmermann
MERCADANTE, S.	3 Serenades – Ricordi
MOZART, W.	Allegro & Concertante – Belwin
MOZART, W.	Allegro & Menuetto – Belwin
MOZART, W.	Rondo – Belwin
MOZART, W.	Divertimento nº 3 – SMC
QUANTZ, J.	Sonate a tre – Schott
QUANTZ, J.	Sonate Ré – Nagel
REICHA, A.	Trio op. 26 – Ginnis & Marx
RIMSKY-KORSAKOV	Flight of the Bumble Bee (3 fls/piano) – Rubank
TOMASI, H.	3 Pastorales – A. Leduc
TCHAIKOWSKY, P.	Danse des Mirlitons (3 fls/piano) – Rubank
TSCHEREPNINE, A.	Trio – Boosey & Hawkes
TULOU, J. L.	Trio op. 65 – IMC
WALCKIERS, E.	Grand Trio Concertant op. 2 – Zimmermann

QUARTETOS
CUARTETOS
QUATUORS
QUARTETS

APERGHIS, G.	Signaux – Salabert
BARTOLOZZI, B.	Sinaulodia per flauti diversi – Zerboni
BONNEAU, P.	Divertissement (4 fls/piano) – A. Leduc
BENEY, A.	Calligraphies – A. Leduc
BIZET, G.	Andante and Minuet from l'Arlesienne – Rubank
BOISMORTIER, J. B.	Sonate a quattre – A. Leduc
BONNEAU, P.	Divertissement – A. Leduc
BORNSCHEIN	The french clock – A. Leduc
BOZZA, E.	Deux Esquisses – A. Leduc
BOZZA, E.	Trois pièces – A. Leduc
BOZZA, E.	Jour d'été a la montagne – A. Leduc
BUCHELER, F.	Kleine Studie – Zimmermann
CASTERÈDE, J.	Flûtes en vacances – A. Leduc
CORELLI/JOHNSON	Sarabande - Gavotte – Rubank
DAHL, I.	Serenade – Boosey & Hawkes
DAMASE, M.	Quartet – Billaudot
DEBUSSY/THOMAS	Clair de Lune – Southern Music
DEFAYE, J.	Six pièces d'audition – A. Leduc
LEONARDO DE LORENZO	Capriccio – Peters
DELIBES, L.	Pizzicato Polka (4 flutes and piano) – Schirmer
DESPORTES, Y.	Suite italienne – Southern Music
DILLON, B.	Flautissimo – Pro Arte Ensemble Series
DUBOIS, P. M.	Quatuor – A. Leduc
ECK	Quartet Album for flutes – Belwin Mills
FARRENC/BROOKE	Andante – Cundy Bettoney
FAURE/WYE	Cantique de Jean Racine (4 fls/piano) – Alry Publications
FLUTE SESSIONS	Shawnee Press
FLUTE SYMPHONY	Rubank
FURSTENAU	Quatuor – Ashdown
GLUCK/EPHROSS	Lovely Fields so Gentle – Southern Music
GOSSEC/ELK	Gavotte – Belwin Mills
GOSSEC/ELK	Tambourin – Amsco
GRIMM/CAVALLY	Salute to Quantz – Southern Music
HAL, L.	Music from the Fantasticks – HLP
HANDY, W. C.	St. Louis Blues (4 fls/piano) – Pan Publications
HESSEMBERG, K.	Quartettino op. 99 – Zimmermann
JESSEL/CAVALLY	Parade of the Tins Soldiers – Southern Music
JONGEN, J.	Elegie – Southern Music
JOUBART	Suite Barometrique – Ed. Robert Martin
KÖEHLER, E.	Grand Quartet op. 92 – Cundy Bettoney
KÖEPPE, P.	Danse Capriole – Rubank
KÖEPPE, P.	Autumm Idyll – Rubank
KÖEPPE, P.	Fox Fire – Rubank
KORSAKOFF/KÖEPPE	Song of India – Rubank
KUHLAU, F.	Quatuor op. 103 – Peters
LENNOT, J.	Airs variés dans un paysage – Salabert
LENNOT, J.	Belvederes II – Salabert
LEVINAS, M.	Contrepoints irrels/reencontres III – Salabert
LIADOF, A.	A Musical Snuff Box – A. Leduc
LEONARDO DE LORENZO	Capriccio op. 82 nº 3 – Peters
LEONARDO DE LORENZO	I Seguaci de Pan op. 32 – Zimmermann
LOUVIER, A.	Neuf Carres – A. Leduc
MC GINTY	Ambage – HLP
MC GINTY	Epigrams – HLP
MANCINI, H.	Flutters Ball (4 fls/piano) – Kendor Music
MENDELSSOHN/MAGG	Midsummer Night's Dream Overture – E.A.M.C.
MENDELSSOHN/JOHNSON	Andante con Moto – Rubank
MEYER, J.	Castandelle – Billaudot
MOZART, W.	Quartet in F – Little Piper
MÜLLER-HORNBACK	Ritual Canon – Zimmermann
PACHELBEL, J.	Canon and Gigue – Rubank
PAUBON, P.	2 pièces – Billaudot
PRESSER, W.	Song and March – A. Leduc
REICHA, A.	Symphonic Quartet op. 12 – Billaudot
REICHA, A.	Menuet op. 12 – Zimmermann
REYNOLDS, R.	Four Etudes – Cundy Bettoney
RIMSKY-KORSAKOV	Le vol du bourdon – IMC
RIVIER, J.	Affetuoso et Jocando – Salabert
SHORT	Flirty Flutes – Kendor
SOLBERGER, H.	Grand Quartet (In Memorian Frederich Kuhlau) – McGinnis & Marx
SOUSSMAN/PORTER	Quartet op. 27 nº 1 – Southern Music
TELEMANN, G.	La Caccia – Edizioni Musicale Berben
TCHAIKOWSKY?JOHNSON	Chanson Triste – Rubank
TCHEREPNINE, A.	Quartet – Boosey & Hawkes
VAN STEEN PIP	Very Flute Indeed – Broeckmans
VOXMAN, H.	Flute Repertoire – Rubank
WAGNER/CAVALLY	Under the Double Eagle – Southern Music
WALKIERS, E.	Quatours op. 46, 58, 70 – Zimmermann
WYSTRAETTE	Quatuor – A. Leduc

QUINTETOS
QUINTETOS
QUINTETTES
QUINTETS

ANONIMOUS/HERICHÉ	Greensleeves – Billaudot
BANK, J.	Quintette – Donemus
BOER, J.	Cirrus 1973 – Donemus
BOISMORTIER, J. B.	6 Concertos – Hofmeister
BROWN, R.	Three fugues – Western International Music
DESMOND/CUSTER	Take Five – Belwin
EYNDEN, F.	Microphony – Donemus
GILTAY, B.	Divertimento 1969 – Donemus
GILTAY, B.	Elegy 1969 – Donemus
LEONARDO DE LORENZO	Sinfonietta – Peters
MIERANU, C.	Segunda-Feira – Salabert
MISSAL, J.	The Musical Snufbox – Southern Music
PRAAG, H.	Sonate 1963 – Donemus
REBIKOV, W.	A musical Snufbox – Southern Music
RUITTER, W.	Flute Quintet – Southern Music
TURESCHEK	Flute Quintet with piano – Witmark
VEKTOR, V. J.	Lustige Flötensmusik – Zimmermann

CORAIS
CORALES
CHORALES
FLUTE-CHORUS

ALBERT, M.	Feelings – Hansen
BACH, J. S./CHRISTHENSEN	Aria for Flute Choir (From the suite in D) – Southern Music
BACH/MAC GINTY	Petite Fugue – Hansen
BEERMAN	Frame – Southern Music
BERLIN, I.	Alexander's Ragtime Band – Musicians Publications
BERLIOZ/REARICK	Fugue for two Choirs – Studio Press
BÖER, J.	Elements 1978/79 – Donemus
BORNE, F.	Carmen, Fantasie Brillant – Pan Publications
BONSEL, A.	Anthriscus Sylvestres Divertimento 1974 – Donemus
BRANT, H.	Angels and Devils – MCA
BROWN, H.	2 improvisations 1976 – Zalo Publications
CAVALLY	Eight Madrigals for Seven Flutes – Southern Music
CHOPIN, F.	Variations on a theme by Rossini – Little Piper
CHRISTENSEN, J.	Meditations (sur le prelude em Ut de J. S. Bach) – Jaren music
CEELY, R.	Ritual (40 flutes) – ACA
CORELLI, A.	Concerto Grosso op. 6/8 – Alry Publications
DEBUSSY/DORSEY	Arabesques I/II – Musicians Publications
DIEMMER, E. L.	Toccata for Flute Ensemble – Southern Music
DOPPLER, F.	L'Oiseau des Bois – Pan Publications
DUBENSKY	Suite for 9 Flutes – Franco Colombo
FAURÉ/CHRISTHENSEN	Pavanne – Zalo Publications
GABRIELI	Sonata Pian' e Forte – Southern Music

GRAVINA, G.	Preludio and Fuga – Zalo Publications
GRIMM, C.	Divertimento for Eight Flutes – Southern Music
GRIMM, C.	Five Etudes – Southern Music
HAENDEL/HINDSLEY	Sarabande – Southern Music
HAND, C.	Fanfarre for a Festival op. 64 – Schott
HOLCOMBE, B.	Music for Weddings – Musicians Publications
HOLCOMBE, B.	Super Flutes Jazz Suite, vol. I and II – Musicians Publications
HOLCOMBE, B.	A Christmas Jazz Suite – Musicians Publications
HOLCOMBE, B.	Gay Nineties – Musicians Publications
HUSTON, S.	3 Humors – Zalo Publications
JOPLIN, S.	Ragtime Dance – Piper Press
KENNEDY, T.	Hsiang-tzu – Zalo Publications
LUENING, O.	Sonority Canon for flutes – Galaxia Music Co.
LONGLEY, J.	Five pieces for Flute Chorus – Appleton, WI
MC GINTY	Prelude-Rondo – Hall Leonard Publications
MC GINTY	Greensleeves Fantasia – Hall Leonard Publications
MANCINI, H.	Pink Panther Suite – Alry Publications
MANCINI, H.	Baby Elephant Walk – Alry Publications
MANDEL, J.	The Shadow of your Smile – Musicians Publications
MAYNE, K.	Roundabout Rag, Suite nº 2 – Seascape
MAYNE, K.	Ceremonial Suite – Cambria Records and Publishing
MENDELSSOHN/REARICK	Andante from Italian Symphony – Studio
MICHAEL, F.	Speile 1974 op. 38 (2 - 12 flöten) – Zimmermann
MISSAL	The Musical Snufbox – Southern Music
MISSAL	Rondo Caprice – Leblanc Publications
MOZART, W.	Allegro Molto from Symphony 40 – Noetzel
MOZART, W.	The Magic Flute Overture – Alry Publications
MOZART, W.	Eine Kleine Nachtmusik – Alry Publications
PACHELBEL/WEBB	Canon in D – Southern Music
PORCELIJN, D.	Amoche for ten flutes – Domenus
PURCELL, H.	Chaconne – Zalo Publications
RODGERS, R.	Selections from the Sound of Music – Musicians Publications
SOUZA, J. Ph.	The Stars and Stripes Forever – Musicians Publications
STRAUSS, J.	Chit-Chat – Musicians Publications
STRAUSS, J.	The Blue Danube – Musicians Publications
TELEMANN, G.	Suite a minor – Little Piper
WALTERS, H. L.	Scenes from the West – Rubank, Inc.
WYE, T.	Opus 1A – Musicians Publications
WYE, T.	Three Brillant Showpieces - Novello – London & Sevenoaks

FLAUTIM E PIANO
FLAUTÍN Y PIANO
PETITE FLÛTE ET PIANO
PICCOLO AND PIANO

ANDRIEU, F.	Rossignol d'amour – Billaudot
AVON, E.	Dance Joyeuse – Cundy Bettoney
BAILLERON, L.	Le Moineau du Luxembourg – Salabert
BARTOK, B.	Suite – Alry Publications
BASTON, J.	Concerto nº 2 in C – AMP
BENT, R.	Swiss Boy – Carl Fischer
BOUSQUET, N.	Golden Robin Polka – Carl Fischer
BREWER, A.	Comet – Boosey & Hawkes
BREWER, A.	Lark's Festival – Boosey & Hawkes
BREWER, A.	Message of Spring – Boosey & Hawkes
CALABRO, L.	Three Pieces for Solo Piccolo – Elkan-Vogel
CARMAM, M.	Piccolinette – Salabert
CHOSTAKOVITH, D.	Polka de "L'age d'or" – Musicus
CHRISTENSEN, J.	Piccolo Espagnol – Kendor
CLEMENT, F. W.	Marching Through Georgia – Carl Fischer
DAMARE, E.	Bolero – Salabert
DAMARE, E.	Cleopatra – Boosey & Hawkes
DAMARE, E.	The Lark – Carl Fischer
DAMARE, E.	Le Rossignol de l'Opera – Boosey & Hawkes
DAMARE, E.	The Wren – Carl Fischer
DAMM, A.	Through the Air – Carl Fischer
DUBOIS, P. M.	La Piccolette – Rideau Rouge
DU BOIS, ROB.	Bewegingen – Donemus
DVORAK-JOHNSON	Air Gracile, op. 54 nº 1 – Rubank
FISCHER, C. A.	My Old Kentucky Home – Carl Fischer
GENIN, P.	Fantasie/Carnaval de Venise – Richault
GRIFFITH, S. R.	Nesting Time – Carl Fischer
HARTMANN, N.	Whistle (polka) – Carl Fischer
HAUN, E.	Burla – Carl Fischer
JACOME	Air Varié – Salabert
JANACEK, L.	Marche des petits chanteurs 1924 – Artia nº 1947
JEWEL	Jewel Collection – Carl Fischer
JOHNSON	Wind in the Pines – Rubank
JOPPLIN, S.	Entertainer – Rubank
KÖEHLER, O.	Nightingale Polka – Carl Fischer
LAKE, M.	Six Preludes – Alry Publications
LEGENDRE	Air Varié – Salabert
LE THIERE	Bird in the wood – Carl Fischer
LEVY, J.	The Salute Polka – Carl Fischer
MIMART	Air Varié – Salabert
PERSICHETTI, V.	Parable for Solo Piccolo – Elkan-Vogel
POPP, W.	Polka Militaire op. 310 – Leichssenring-Hambourg
PRYOR	The Whistler and his Dog – Carl Fischer
READ, L.	Canary Polka – Carl Fischer
TOMASI, H.	Le Tombeau de Mireille – A. Leduc
TOWNSEND	Dance, Improvisation and Fugue – Peters
VIVALDI	Three Concertos – Ricordi
WILLIAMNS, E.	Sequoia Polka – Carl Fischer

FLAUTA CONTRALTO EM SOL
FLAUTA CONTRALTO EN SOL
FLÛTE CONTRALTO EN SOL
ALTO FLUTE IN G

AHLGRIMM, H.	Sonate (fl. piano) – Lienau
BADINGS, H.	Cavatina voor altfluit en harp – Donemus
BADINGS, H.	Trios nº10 (fl/viola/harp), Stichting Donemus (Amsterdam)
BARTOLOZZI, B.	Cantilena (flute solo) – Zerboni
COPLAND, A.	Threnodies I & II (fl/string trio) – Boosey & Hawkes
COSTA, N. G. DA	3 short pieces for flute solo – Atsoc Music
DELANEY, Ch.	Variations on the Seeds of Love – Alry Publications
DECOUST, M.	Le Cigne (flute solo) – Salabert
DENISOV, E.	Duo (C fl./Alto fl.) – A. Leduc
DIJK, J.	Sonatine (flute solo) – Donemus
FOX, D.	Meditation (fl/piano) – Arly
FUKUSHIMA, K.	Ekagra (fl. piano) – Zerboni
GARDNER, K.	Touching souls (flute and guitar) – Gnomes Music
GOORHUIS, R.	Canto per flautone (flute solo) – Donemus
GUYONNET, J.	Polyphonie I (flute solo) – Universal Edition
HERMANSSON, A.	Sons d'une flûte op. 6 (flûte seule) – Wilhelm Hansen
JACOB, G.	Introduction and fugue (flute trio) – Emerson Edition (Ampleforth)
JOLIVET, A.	Incantation "Pour que l'image devienne symbole" (flûte seule) – Billaudot
JOLIVET, A.	Ascèses (flûte seule) – Billaudot
KROLL, G.	Sonate fur altflote solo – Edition Modern
LOUVIER, A.	Promenade (flûte seule) – A. Leduc
MASSENS, J.	Fantasie op. 12 (fl. piano) – Donemus
MONACA, J.	Autumno op. 57 (fl. piano) – Carl Fischer
MONACA, J.	Primavera op. 51 (fl. piano) – Carl Fischer
MUSSORGSKY, M.	Hebrew Song – Little Piper
PABLO, L.	Condicionado op. 13 (flute solo) – Tonos
PERSICHETTI, V.	Parable (flute solo) – Elkan-Vogel
RENOSTO, P.	Strutture (flute solo) – Ricordi
SCIARINO, S.	D'un Faune (Alto Fl./Piano) – Ricordi
SOLBERGER, H.	Hara – Peters
TAIRA, Y.	Maya (flûte seule) – Rideau Rouge

FLAUTA BAIXO
FLAUTA BAJO
FLÛTE BASSE
BASS FLUTE

CHARLES, M.	....	Lied (Bass Flute - Piccolo - Alto Flute) – A. Leduc
ERDMANN, D.	....	Lamento (flute solo) – H. Gerig
FEBEL, R.	....	Delta für bassflöte und tonband – Moeck
FULKERSON, J.	....	Patterns V (flute solo) – Edition Modern
GOORHUISS, R.	....	Cantone per flautone (flute solo) – Donemus
HOLLINGER, H.	....	Lied (Flute, Alto Flute or Bass Flute) – Breitkop & Hartel
JOLAS, B.	....	Fusain (pour un flutiste jouant Piccolo et Flute Basse) – Heugel
JUNG, K.	....	Sophisticad Blues (flute solo) – Peters
KELEMEN, M.	....	Canzona (Flute, Alto Flute and Bass Flute) with Piano – Sikorski
LANG, J.	....	Solo – Musica Budapest
LATHAM, W.	....	SBF (For some bass flutist) – Spratt
LEVINAS, M.	....	Arsis et thesis (flûte seule) – Salabert
LOMBARDI, L.	....	Shattenspiel – Zerboni
NGUYEN THIEN DAO	....	Framic – Salabert
SCIARRINO, S.	....	All'aure in una lontananza (flute solo) – Ricordi
SOEGIJO, P.	....	Saih I 1971 (flute solo) – Bote & Bock
SYDEMAN, W.	....	Last Orpheus – NY Seasaw Music Co.
YUN, ISANG	....	Salomo – Bote & Bock
TAYRA, Y.	....	Maya (flûte seule) – Rideau Rouge
TAYRA, Y.	....	Hierophonie IV (pour 5 flûtes, un exécutant) – Rideau Rouge

FLAUTA E VIOLÃO
FLAUTA Y GUITARRA
FLÛTE ET GUITARRE
FLUTE AND GUITAR

ALBINONI, T.	....	Sonata en la mineur – Billaudot
ANTONIOU, Th.	....	Stichromythia – Baerenreiter
ATARAH'S BANDKIT	....	Eight Duets – Novello
AZPIAZU, J. DE	....	Sonate Basque – Zimmermann
BACH, C. Ph.	....	Sonate in G – Doblinger
BACH, J. S.	....	Sonata nº 4 in C Major – Boosey & Hawkes
BACH, J. S.	....	Suite in D minor – Breitkopf & Hartel
BARON, E. G.	....	Sonata – Breitkopf & Hartel
BARTOK, B.	....	Roman nepi tancok – Universal Edition
BEHREND, S.	....	Legmaniana – Zimmermann
BENKO, D.	....	Eight Pieces transcribed by François Castet – A. Leduc
BOHEM, Th.	....	Nel Cor Piu – Billaudot
BONNARD, A.	....	Sonatine brève – A. Leduc
BORNE, F.	....	Carmen Fantasy – IMC
BOUSCH	....	Comme chante la source – A. Leduc
BOZZA, E.	....	Berceuse et Serenade – A. Leduc
BRETTINGHAM SMITH	....	Two Times Past – Bote & Bock
BURKHARD, W.	....	Serenade op. 71/3 – Baerenreiter
CASTERÈDE, J.	....	Sonatine d'Avril – A. Leduc
CARULLI, F.	....	Nocturne op. 190 – Breitkopf & Hartel
CASTELNUOVO TEDESCO	....	Sonatina – Breitkopf & Hartel
CASTET	....	Quatre Pièces – A. Leduc
DEBUSSY, C.	....	The Little Nigro – A. Leduc
DELAVIGNE	....	Les Fleurs – A. Leduc
DEMILLAC	....	Petite Suite Medievale – A. Leduc
DENISSOV	....	Sonate – A. Leduc
DIABELLI, A.	....	Three Pieces – Breitkopf & Hartel
DJEMIL	....	Petite Suite Medievale – A. Leduc
DRAKE, J.	....	Sonata – Salabert
DUARTE, J. W.	....	Sonatina op. 15 – Novello
FELD, J.	....	Deux Danses – A. Leduc
FURSTENAU, K.	....	12 originalkompositionem op. 35 – Barenreiter
FURSTENAU, K.	....	12 Pieces op. 16 – Breitkopf & Hartel
FURSTENAU, K.	....	Suite op. 34 – Zimmermann
GEBAUER, M.	....	Polanaise – Breitkopf & Hartel
GEMINIANI, F.	....	Sonate e moll – Zimmermann
GENIN, P.	....	Carnival of Venice – Southern Music
GIULIANI, M.	....	Sonata op. 85 – Boosey & Hawkes
GIULIANI, M.	....	Duettino op. 85 – Boosey & Hawkes
GIULIANI, M.	....	Serenata op. 127 – Boosey & Hawkes
GIULIANI, M.	....	"Qual Mesto Gemito" – Boosey & Hawkes
GOSSEC, F.	....	Gavotte et Tambourin – Billaudot
HAENDEL, G.	....	Sonata in A minor – Editio Musica Budapest
HAENDEL, G.	....	Sonata C Dur – Doblinger
HAENDEL, G.	....	Sonata G moll – Doblinger
HAENDEL, G.	....	Sonata E minor – Breitkopf & Hartel
HANDLER	....	Suite – A. Leduc
HAYDN, J.	....	London Trio – Alry Publications
IBERT, J.	....	Histoires – A. Leduc
IBERT, J.	....	Entr'acte – A. Leduc
IBERT, J.	....	Paraboles – A. Leduc
JAFFE, G.	....	Sonatina – Southern Music
JOPPLIN, S.	....	Entertainer – Schimer
KAISER, D.	....	Pan – A. Leduc
KUMMER, K.	....	Nocturne op. 40 – Zimmermann
KUMMER, K.	....	Amusements op. 38 – Zimmermann
KUMMER, K.	....	Suite op. 34 – Zimmermann
LEGNANI, L.	....	Duetto Concertante op. 23 – Zerboni
LEONHARD DE CALL	....	Variazioni – Boosey & Hawkes
LOCATELLI, P.	....	Sonata in G – Doblinger
MALIPIERO, R.	....	Liebsspiel – Edizioni Suivini Zerboni
MARCELLO, B.	....	Sonatas in A and D – Musica Budapest
MILLAUD, D.	....	Corcovado – Max Eschig
MOLINO, F.	....	Nocturne nº 2 op. 38 – Sikorski
MOZART, W.	....	Divertimento – Billaudot
NED ROREM	....	Romeo and Juliet – Boosey & Hawkes
NIELSEN, C.	....	Pieces Op. 3 – Wilhelm Hansen
OBROVSKA, J.	....	Suite inn Alten Stil – Baerenreiter
OWEN	....	Intimate Dances – Southern Music
PAGANINI, N.	....	Sonate I ("Centone di Sonati") – Billaudot
PAUBON, P.	....	Suite – A. Leduc
PESSARD, E.	....	Andalouse – Southern Music
PIAZZOLA, A.	....	Histoire du Tango – Lemoine
POULENC, F.	....	Movements Perpetuals – Chester
PRAEGER, H.	....	Introduction, Theme and Variations op. 21 – Sikorski
RAVEL, M.	....	Pièce en forme de habanera – A. Leduc
RAVEL, M.	....	Pavane – Schott
RODRIGO, J.	....	Serenata al Alba del Dia – Schott
SAMMARTINI, G.	....	Sonate G Dur – Zimmermann
SARASATE/MADDOX/JAMES	....	Romanza Andaluza – Southern Music
SATIE, E.	....	Three Gymnopedies – Theodor Presser
SCARLATTI, D.	....	Three Sonates – Southern Music
SCHEIDLER, G.	....	Sonata in D – Billaudot
SHANKAR, R.	....	L'Aube Enchantée – Lemoine
SCHUBERT, F.	....	Originaltanze – Zimmermann
SCHUMANN, R.	....	Kinderscenen Selections – A. Leduc
SOR, F.	....	L'Encouragement – Baerenreiter Basel
STRAWINSKI, I.	....	Four Pieces – Chester
TEDESCO	....	Sonatina – Max Eschig
TELEMANN, G.	....	Sonata in C – Billaudot
TELEMANN, G.	....	Sonata in F – Doblinger
TELEMANN, G.	....	Six Melodic Cannons – A. Leduc
TOMASI, H.	....	Le petit chevrier corse – A. Leduc
TORU TAKEMITSU	....	Toward the Sea (Alto flute & Guitar) – Schott
VASQUEZ, E.	....	Trientos I – Salabert
VILLA-LOBOS, H.	....	Bachianas Brasileiras nº 5 – Schirmer
VILLA-LOBOS, H.	....	Distribution de Flores – Max Eschig
VINCI, L.	....	Sonata D Dur – Zimmermann
VISEE, R.	....	Suite – Breitkopf & Hartel (Wiesbaden)
VIVALDI, A.	....	Sonata a flauto e basso – Zalo Publication
WHEATER	....	Dream Pipe nº 1 – Southern Music
WISSMER, P.	....	Sonatine – Max Eschig
ZANETTOVICH, D.	....	Berceuses populaires – A. Leduc

FLAUTA E HARPA
FLAUTA Y ARPA
FLÛTE ET HARPE
FLUTE AND HARP

ALBENIZ, I.	Tango – Alry Publications
ANDRIESSEN, H.	Intermezzo 1950 – Donemus
ANDRIESSEN, H.	Canzonetta – Donemus
ANDRIESSEN, J.	Padovana di Dom Chisiote 1972 – Donemus
ANGERER, P.	Oblectatio vespertina – Dohlinger
ANONYME	Greensleeves – A. Leduc
BACH, J. S.	Suite B minor (Polonaise and Badinerie) – Lyra Music - NY.
BADINGS, H.	Ballade 1950 – Donemus
BADINGS, H.	Cavatina - Stichting – Donemus (Amsterdam)
BADINGS, H.	Sonatas – Schott - NY.
BERLIOZ, H.	Trio op. 25 (2 fls. and Harp) – Zimmermann
BIZET, G.	Intermezzo from 2nd' L'Arlesiènne – Oxford University Press
BIZET, G.	Carmen - Acte 3º Entr'acte – Universal Edition
BOCHERINI, L.	Sonata C Major – Lyra Music - NY.
BOZZA, E.	2 Impressions – A. Leduc
BRESGEN, C.	4 Capriccios – AMP
BRETTINGHAM, S.	Two Times Past op. 18 – AMP
BRIZZI, A.	Mirtenlied – Salabert
BUSSER, H.	Les Cignes – A. Leduc
BUSSER, H.	Les Ecureils – A. Leduc
CAMPBELL, B.	Nocturne – Shawnee Press
CORELLI, A.	Concerti Grossi, Op 6 nº 8 (2 fls) Pastorale – Alry
CRAS, J.	Suite en duo – Salabert
DAMASE, J. M.	Sonate – Henry Lemoine
DAMASE, J. M.	Variations "Early Morning" – Henry Lemoine
DODGSON, A.	Duo – Oxford University Press
DONIZETTI, G.	Sonate – Peters
DRESDEN, S.	Sonata – Salabert
FAURE, G.	Berceuse (Cradle Song) – Lyra Music, NY.
FAURE, G.	Sicilienne, Op. 78 (Pelleas et Melissande) – Lyra Music, NY.
FLOTHUIS, M.	Cadenzas Mozart's Concerto – Broeckmans & Van Poppel
FONTYN, J.	Mime – Salabert
FRANÇAIX, J.	5 Petis Duos – Schott
FURSTENAU, A. B.	Fantaisie Op. 67 nº 8 – Peters
GAUBERT, Ph.	Divertissement Grec – A. Leduc
HESS, W.	Sonata Op. 129 D Major - Amadeus (Schweiz - Winterthur - Zurich)
HOVHANESS, A.	The Garden of Adonis Op. 245 – Peters
HILSE, B.	Suite op. 6 – Zimmermann
IBERT, J.	Entr'acte – A. Leduc
JOLIVET, A.	Alla Rustica – Boosey & Hawkes
KELTERBORN, R.	Monodie I – A. Leduc
KRUMPHOLTZ, J.	6 Sonates – Nagel
LAUBER, J.	4 Medieval Dances op. 45 – Zimmermann
LORA, A.	Two Sketches – AMP
METRAL, P.	Rapsodie – Tonos
MOUQUET, J.	Danse grecque – Henry Lemoine
MOZART, W.	Concerto – Breitkopf & Hartel
MULLER - Zurich, P.	Cadenza for flute & harp Mozart's Concerto C Major - Hug & Co. Zurich
NIELSEN, C.	The Fog is lifting – Wilhelm Hansen (Copenhagen)
PERSICHETTI, V.	Serenade nº 10 – A. Leduc
PREVIN, A.	Cadenzas to Mozart's Concerto for Flute & Harp – Wilhelm Hansen (Copenhagen)
PILNEY	Cadenzas to Mozart's Concerto – Zimmermann
RACHMANINOFF, S.	Vocalise Op. 34 nº 14 - Lyra Music, NY
RAVEL, M.	Pavanne pour une infante défunte – Musicus
RAVEL, M.	Pièce en forme de Habanera – A. Leduc
REINECKE, C.	Cadenzas to Mozart's Concerto – Zimmermann
ROSSINI, G.	Andante con variazioni – Lyra Music, NY
ROTA, Nino	Sonata – Ricordi
SAGNIER	Petite Suite Armoricaine – A. Leduc
SPOHR, L.	Sonate mib op. 113 – Zimmermann
TAKEMITSU, T.	Toward the sea nº 3 – Schott, NY
TOMASI, H.	Le petit chevrier corse – A. Leduc
VACHEY, H.	Grisaille – A. Leduc
VINCI, L.	Sonata D Major – Lyra Music, NY
WISSMER, P.	Sonatine - croissiere – Billaudot
YUN, TSANG	Novellette for flute, alto flute and harp – Bote & Bock
ZANETOVITCH, D.	Nocturne et Pantomime – A. Leduc
ZANINELLI, L.	Pezzi – Zalo Publication

FLAUTA E PERCUSSÃO
FLAUTA Y PERCUSIÓN
FLÛTE ET PERCUSSION
FLUTE AND PERCUSSION

ABBOTT, A.	Covalences for flute and vibraphone – Editions Françaises de Musique
ANUNCIAÇÃO, L.	Motivos Nordestinos – Simrock
ASYMPTOTES, L.	Flute & Vibraphone AMP
BAMMERT, M.	Introduction and tarantella – G. Schirmer NY
BECK, J.	Movimento III (Fl./vibraphone) – Zimmermann
CUOMO, J.	Song at Year's End – Media
DAHL, I.	Duettino Concertante – Alexander Broude In.
DE PONTE, N.	Thoughts for flute and vibraphone – Music for Percussion
FINK, S.	Impression nº 1 (flute & vibraphone) – AMP
FROCK, G.	Variations for Multiple Percussion and Flute – Southern Music
HARRISON, L.	First Concerto – Peters
HEISS, J.	Epigrams – Schirmer
HOFFMANN, W.	Sonata Piccola – Zimmermann
HORVIT	Lyric Suite – Southern Music
HOVHANESS, A.	Suite for Jade hotch Flute – ACA
JOLIVET, A.	Suite en Concert – Billaudot
KRAFT	Line Drawings
LAMBERT, D.	Variations – Music for percussion, NY
LAZAROF	Asymptotes – Bote & Bock
MCKENZIE	Pastorale – Music for Percussion
MATUSZCAK, B.	Musica da camera (3 fls.) – Moeck
MITREA-CELARIANU	Inaugurale 71 – Salabert
MOLS, R.	Interplay (2fls.) – Lancaster, NY
MOZART, W. A.	Country Dances (flute/drum & piano) - Breitkopf & Hartel (Wiesbaden)
PABLO, L. DE	Promenade sur un corps – Salabert
PAUBOM	Prélude et danse – A. Leduc
PAUBOM	Suite – A. Leduc
RAXACH, E.	Imaginary Landscape – Donemus
ROEDER, T.	Inventions – Zimmermann
SCELSIO, G.	Hyxos – Salabert
SCHROPFER, W.	Mouvement perpetuel – Edition Modern, Munich
SOLLBERGER, H.	Sunflower (Fl./marimba) – Sam Fox
STEIN, L.	Adagio and Chassidic Dance – Southern Music
STEIN, L.	Introduction and Rondo – Southern Music
TANNER, P.	Diversions for Flute and Marimba – Music for Percussion
TARANU, C.	Offrandes I (1 fl. 3 perc.) – Salabert
TOMASI, H.	Le Tombeau de Mireille – A. Leduc
WEINER	Fusions – Southern Music
WHITE, D.	Dreams within Dreams – Southern Music
WON, Y. S.	Chwi-ta – Ed. Transatlantiques
ZANETTOVICH, D.	Epigraphe pour un cimitière de guerre – A. Leduc

Capítulo XVIII
MÚSICA BRASILEIRA PARA FLAUTA
Capítulo XVIII
MÚSICA BRASILEÑA PARA FLAUTA

Chapitre XVIII
MUSIQUE BRESILIENNE POUR FLUTE
Chapter XVIII
BRAZILLIAN FLUTE MUSIC

ABREU, Zequinha (1880-1935). *Álbum de Choros* – Vitale

AGUIAR, Ernani (1950). *Meloritmias para flauta solo, 1 e 7* – ABM

ALBUQUERQUE, Armando (1901-1986). *Sonatina para flauta e piano* – ECA/USP

ALIMONDA, Heitor (1922-2002). *Flauta nº 1, 2 e 3 (flauta solo)* – EM/UFRJ

ANNES, Carlos. *Serenata Oriental (flauta e piano)* – EM/UFRJ

ANTUNES, Jorge (1942). *Redundantiae II (duas flautas)* – Sistrum; *Flautatualf, per un flautista* – Ed. Suivini Zerboni.

AQUINO, Francisca (1956). *Música Brasileira para o iniciante (flauta e piano e flauta em sol e piano)* – Assunto Grave Ed.

AQUINO/VASCONCELOS. *Beira-mar (flauta e piano e flauta em sol e piano); Santa Teresa (flauta e piano e flauta em sol e piano); Gosto de Brasil (flauta e piano e flauta em sol e piano)* – Assunto Grave Ed.

ARANTES, Alberto (1941-1990). *Música Brasileira para Conjuntos de Flauta (4 fls., baixo e violão); Pot-Pourri Brasileiro (flauta e piano)* – Vitale

ASSIS, Pedro de (1893-1947). *Moraima (flauta e piano); Deuxième Romance (flauta e piano)* ; *15 Estudos de Virtuosidade* – EM/UFRJ

BARBOSA, Lourenço (1904-1997). *Duas peças para flauta solo (1951).*

BAUER, Guilherme (1940). *Sugestões de Inúbias (2 flautas)* – EM/UFRJ; *Só para flauta* – Vitale

BIDART, Lycia de Biase (1910). *Estudo para flauta solo; O Mosquito (flauta solo); Evocação (flauta solo); Concertino para flauta e piano; Serenata para flauta e cordas* – ECA/USP; *Improviso para flauta e harpa ou piano* – BN

BLAUTH, Brenno (1931-1993). *Concertino para flauta e orquestra de cordas; Passárgada para 4 flautas doces ou transversais* – BN; *Enigma (flauta e violão)* – Musicalia/Ricordi; *Sonata para flauta e piano* – Vitale;

BRAGA, Francisco (1868-1945). *Serenata para flauta e piano; Air de Ballet (flauta e piano); Capricho* (flauta e piano); *Romance primaveril (flauta e piano)* – EM/UFRJ. *Serenata para flauta e cordas* - EM/UFRJ; *Improviso para flauta e harpa ou piano* - BN;

BRAGA, Luis Otávio (1953). *Impressões e sonho (flauta e violão)* – EM/UFRJ

BRANCO, Waltel (1920). *Quadrilha (5 flautas e contrabaixo)* – BN

BRANDÃO, Sergio (1956). *Um Poema de Luz (flauta solo)* – BN.

CAETANO, Luiz (1927). *Variações sobre vassourinhas, Frevo de câmara para flauta e orquestra de cordas* - ABM

CALLADO, Joaquim Antônio (1848-1880). *Cruzes Minha! Polka (flauta e piano)* – BN; *Lembranças do Cais da Glória, Polka (flauta e piano)* – BN; *Lundú Característico* – EM/UFRJ

CAMEU, Helza (1903-1995). *Pequeno Divertimento para Flauta Solo* – BN

CAMARGO GUARNIERI, Mozart (1907-1992). *3 improvisos para flauta solo* – Rongwen Music; *Sonatina para flauta e piano (1947)* – Vitale; *Choro para flauta e orquestra de câmara (1972)* – BN; *Improvisação para flauta e cordas* – EM/UFRJ

CAMPOS, Lina Pires de (1918-2003). *Improvisações 1, 2 e 3 para flauta solo; Sonatina para flauta e piano* – ECA/USP

CARDOSO, Lindembergue (1939-1988). *Estudo op. 51 para flauta, flautim e flauta em sol (1 só executante)* – Sistrum; *Aspectos de Ouro Preto para 10 flautas; Outros aspectos de Ouro Preto para 10 flautas* – BN

CARLOS GOMES, Antônio (1836-1896). *Quadrilha para flauta e piano; Joana de Flandres, solo de flauta do 2º ato* – BN; *Noturno para flauta e cordas, da ópera Condor, arranjo de Francisco Braga* - EM/UFRJ

CARRASQUEIRA, João Dias (1908-2000). *Ausência (flauta e violão)* – Novas Metas; *10 improvisos para flauta solo; 4 cadências originais para os concertos para flauta e orquestra de Mozart; 4 trios e 3 quartetos para flauta* - www.mariajosecarrasqueira.com.br

CARRILHO, Altamiro, (1924). *Chorinhos didáticos* - Bruno Quaino; *Flauta Maravilhosa* - Bruno Quaino; *Bem Brasil* -Intersong; *"Altamiro Carrilho"* - Fermata.

CASTRO, Luiz. *La nuit est belle (flauta e piano)* – EM/UFRJ

CAVALCANTI, Nestor de Holanda (1949). *3 Estudos para flauta solo (1976-78); Provérbios de Salomão, para flauta(s) block (1987); Duo simples... mas não tanto, para flauta e clarineta (1976); Improviso escrito, para flauta e violão (1981); Ostinato Lírico, para flauta e violão (1984); Suíte aberta em forma de coisas, para flauta e piano (1997); Variações complicadas sobre um tema simples, para flauta, oboé e piano (1976); Cancrizans (Caran- guejo), para flautim, maracas e tarol (1977); 4 Fragmentos Líricos, para 2 flautas e piano (1981); Pequeno Quarteto, para flautas block (1972-88); Praise, para flauta e trio de cordas (1997); Duo a Quatro, para soprano, flauta, violino e sax alto (1997); Coisas da Vida, para flauta, harpa, violoncelo e contrabaixo (2004); Tota e Zizi no Choro, para 2 flautas, flauta contralto, sax soprano e violão (2001); Microconcerto nº 1, para flauta e orquestra de câmara (1979); Microconcerto nº 1, para flauta e orquestra de câmara (versão para flauta e piano) (2005); O Sábio em Lá (2004), para flauta e clarineta solistas, percussão e cordas* – Obras com o autor: nhcavalcanti@rionet.com.br, www.nestordehollandacavalcanti.mus.br

CELESTINO, Maviael. *Dueto para flauta e fagote* – BN

CERQUEIRA, Fernando (1941). *Dualismo para duas flautas* – Sistrum

CERVO, Dimitri. *Canção (1987) - flauta e piano; Bagatela, op. 8 (1995) - flauta e piano* – Sunhawk (www.sunhawk.com); *Pattapiana, op. 17 (2001) - flauta solo e Orquestra de Cordas* – ABM; *Araiá (2002) - flauta e clarinete; Midossi (2003) - flauta solo e Orquestra de Cordas; Canauê (IX da Série Brasil 2000), op. 22 c (2005) - 7 flautas em dó e uma flauta em sol* – Biblioteca da UFSM

COELHO, Miguel P. (1948). *Soli (1980) para flauta e violão* – BN

CORRÊA, Adelman Brasil (1884-1947). *Serenata Maranhense para flauta e piano* – BN

CORRÊA LISBOA, José Felipe (1776-1854). *Introdução, tema e variações para flauta e cordas* - Museu da Inconfidência, Ouro Preto, MG.

CORRÊA, Sergio Vasconcelos (1934). *Desolação, para flauta solo* – Ricordi; *Divertimento a dois, para flauta e violoncelo* – BN; *Desafio para flauta e violão* – Ricordi

CROWL, Harry (1958). *Ária (flauta solo)* - ECA/USP

EISENBERG, Alexandre (1966). *Quatro Peças para duo de flautas (1985)* ; *Meditatio I, para flauta solo (1989)*; *Meditatio II, para trio de flautas (1989)*; *Sonata, para flauta e violão (1995)*; *Arquichorinho, para flauta e piano (1997)* ; *Quatro Epigramas, para quinteto baixo de sopros (2002) para flauta em sol, clarone, corne-inglês, contrafagote e trombone baixo* – ABM.

ESCALANTE, Eduardo (1937). *Duo nº 6 para flauta e marimba* - Novas Metas; *Choro nº 1 para flauta e piano* – Novas Metas; *Variações para flauta solo* – Novas Metas; *Variações para flauta e violão* – BN

ESCOBAR, Aylton (1943). *Tocata para flauta e piano* – Novas Metas; *Poética II para 4 flautas* – Novas Metas; *Para três bonecos de pano (trio de flautas)* – Novas Metas; *Sete palavras e um punhal (flautas, texto e fita magnética)* – Novas Metas

FARIA, Angélica (1957). *Três tempos com insistência (flauta e fagote)* – BN; *Madrigal e Dança, flauta e piano (1985)* – Vitale

FERREIRA, Ary (1905-1973). *Noturno para flauta e piano* – BN

FICARELLI, Mário (1937). *Trítonos para flauta solo* – Sistrum

GENTIL-NUNES, Pauxy. (1981). *Saltos, para flauta e bateria*; *Quarteto Singelo, para flauta, duas clarinetas e violoncelo*; *Maya, para flauta, fagote e harpa*; *Rapunzel, para flauta, duas clarinetas e violoncelo*; *Música do Imbuí, concerto para flauta e Big Band*; *Quarteto Cinético, para flauta, clarineta, violoncelo e piano*; *Trio Náutico, para flauta, violão e violoncelo*; *Músicas, para flauta, clarineta, fagote, trombone, contrabaixo e piano*; *Trio, para flauta, oboé e piano*; *Par, para flautim e contrabaixo* – ABM; *Base Lunar, para flauta, guitarra elétrica, piano e sintetizadores, baixo elétrico e bateria* – Biblioteca da UNIRIO

GISMONTI, Egberto (1944). *Loro mudo (3 flautas)* – BN

GNATALLI, Radamés (1906-1988). *Sonatina para flauta e violão; Divertimento para flauta em sol e cordas* – EM/UFRJ; *Sonatina para flauta e piano* – Vitale; *Serestas nº 2 para flauta e cordas*; *Noturno para flauta, piano com orquestra de cordas*; *4 movimentos dançantes para flauta, piano, contrabaixo e bateria*; *Suite para quinteto de sopros*; *Sonatina a seis para quinteto de sopros e piano* - ABM

GODINHO, Belmácio Pousa (1892-1980). *Intenções poéticas para flauta e piano* – BN

GONÇALVES, Manuel Alexandre. *Tempo de Minueto e Scherzo para 4 flautas* – BN

GONZAGA, Chiquinha (1847-1935) *Alma Brasileira* – BN; *Atraente (flauta e piano e flauta em sol e piano)*; *Não insistas, rapariga! (flauta e piano e flauta em sol e piano)*; *Duas miniaturas brasileiras (flauta e piano e flauta em sol e piano)* – Assunto Grave Ed.

GUEDES, Paulo. *Três pequenas peças em caráter popular para flauta, violão e cordas* – EM/UFRJ

GUERRA-PEIXE, César (1914-1993). *Melopéias nº 1, 2 e 3, para flauta solo*; *Quatro coisas (flauta e piano)* – Vitale; *A inúbia do cabocolinho, para flauta (flautim) e piano* – Vitale; *Música (dois movimentos) para flauta e piano* – ABM; *Suite para flauta e clarineta* – ABM; *Trios nº 1 e 2, para flauta, clarineta e fagote* – ABM; *Allegretto con moto, para flauta e piano* – ABM; *Duo flauta e violino* – EM/UFRJ

GUERRA-VICENTE, José (1907-1976). *Improviso para flauta solo (1973)* – Musi-Med; *Divertimento para flauta e violão* – Vitale

GRECO, Vicente. *Sonata 1974 para flauta e piano* – ECA/USP

HOLANDA, Cirlei (1948). *Peça para flauta solo* – BN

HOFMAN, Hubertus (1929). *Sonatina para flauta e piano (1985)* – EM/UFRJ

JARDIM, Antônio (1953). *Duo para flauta e fagote* – EM/UFRJ; *Cantilena (flauta solo)* – *Desenvolvimento e Síntese (flauta solo)* – BN

KAPLAN, José Alberto (1935). *Improvisação para flauta solo* – BN

KIEFFER, Bruno (1928-1992). *Música sem incidentes (flauta e violão)* – EM/UFRJ; *Notas soltas para flauta solo* – Novas Metas; *Poema para flauta e piano* – Novas Metas

KOELLREUTER (1915-2007). *Improviso e estudo para flauta solo* – BN

KRIEGER, Edino (1928). *Improviso para flauta solo (1944)*; *Sonatina para flauta e piano (1947)*; *Três miniaturas para flauta e piano (1947)* ; *Choro (1952) para flauta e orquestra de cordas*; *Toccata para flauta solo (1997)* – ABM

LACERDA, Osvaldo (1927). *Sonata (1954) para flauta e piano*; *Improviso para flauta solo (1974)*; *Variações sobre "Escravos de Jó" para flauta solo (1995)*; *Suíte para Flauta e cordas (1999)*; *Invenção para flauta e fagote (1953)*; *Balada para harpa e flauta (1995)*; *Marcha de Rancho e Fuga para flauta e fagote (1995)*; *Ostinato para flauta solo (1994)*; *Poemeto (1974) para flauta e piano* – ABM; *Cantilena (1974) para flauta e piano* – Ricordi/SP; *Toccatina para flauta e piano* – Novas Metas; *Momento lírico para flauta e piano (1974)*; *Concerto para flautim e orquestra de cordas* – BN; *Romântica (1975) para flauta e piano* – Casa Manon; *4 momentos musicais para flauta e piano* – Ricordi; *Variações sobre Tutú-Marambá (4 fls.)* – EM/UFRJ; *Festa Chinesa para flauta, canto e piano* – BN; *Sonata para flautim e piano (1991)* – EM/UFRJ; *Sonata para flauta doce e piano (1967)*; *Variações sobre o Peixe Vivo para quarteto de flautas doce e piano (1972)* - Musicalia Cultura Musical SP; *Variações sobre Muíe Rendera* - Vitale

LIMA, Paulo (1954). *Tece (flauta solo)* - ECA/USP

LIMA, Vicente de. *Serenata Amorosa op. 45 para flauta e piano* – BN

LISERRA, Moacyr (1905-1971). *Canto Espanhol para flauta e piano* – EM/UFRJ

LYRA, Abdon (1888-1962). *Amizade, valsa para flauta e piano* – BN

MACIEL, Jarbas (1939). *Aboio (flauta e cordas)* - Biblioteca Henrique Gregory, Conservatório Pernambucano de Música

MAHLE, Ernest (1929). *Melodia grega com variações para flauta e piano (1957)*; *Quatro estudos para flauta solo*; *Sonata para flauta e piano (1958)*; *Sonatina Nordestina para flauta e piano (1987)*; *Sonatina para flauta e piano (1971)*; *3 Concertinos para flauta e orquestra de cordas (1957, 1976, 1993)*; *12 duetos para flauta (1964)*; *Duetos modais (1984)*; *Canção Brasileira*, *para flauta e piano*; *Sete trios para flautas (1985)*; *Dois quartetos para flautas (1985)*; *7 trios para flautas transversais (1985)*; *Pequena suite para flauta, oboé e fagote (1977)*; Trio para flauta, clarineta e piano (1971); *Quinteto para flautas (1985)* – EM/Piracicaba. *As melodias da Cecília, para flauta e piano* – Vitale;

MAUL, Otávio (1901-1974). *Breve poema para flauta e piano* – EM/UFRJ

MENDES, Gilberto (1922). *Retratos I para flauta e clarineta* – Novas Metas; *Retratos II para duas flautas* – Sistrum; *Sinuosamente: Veredas (flauta solo)* - ECA/USP

MECHETTI, Fábio (1957). *Reflexão (flauta solo)* – ECA/USP

MEDAGLIA, Julio (1938). *Suite para flauta e cordas* – Obra com o autor: medaglia-maestro@uol.com.br

MESQUITA, Marcos Cruz (1959). *Três estudos para flauta solo* – BN; *Canção das 13 folhas, para flauta e piano* – BN; *Leituras I, flauta contralto em sol - solo (1993)*. *Trio de flautas (1978)*; *Quatro peças para flauta e piano (1979)*; *Duo motívico para flauta e clarineta sib. (1980)*. *Quatro movimentos para duas flautas (1982)*; *Resumo - flauta e piano (1982)*; *Menas duo para flauta e violino (1990)*. Obras com o autor: marcosmesquita@yahoo.com.br

MIGNONE, Francisco (1897-1986). *Sonata 1962, para flauta e piano*; *Sonata 1969, para flauta e oboé*; *Ária, Minueto e Saltarello para flauta e piano*; *Cucumbizinho, para flauta e piano*; *Trios nº 1 e 2 para flauta, violoncelo e piano*; *Sextetos nº 1, 2 e 3 para quinteto de sopros e piano*; *Quinteto para sopros*; *Gavota para 4 flautas*; *Divertimento para 4 flautas*; *Minueto irriquieto para 4 flautas*; *Pausa para 4 flautas*; *5/8 tem vez (4 flautas)* – ABM; *Valsa de esquina nº 7 (flauta e piano)* – EM/UFRJ; *Valsa de esquina nº5 para flauta e piano*; *Valsa de esquina nº10 para flauta e cordas* – BN; *Valsa de esquina nº7 para flauta e piano* – ECA/USP;

MIGUEZ, Leopoldo (1850-1902). *Romance para 4 flautas e piano*; *Madrigal opus 26 para flauta e cordas ou piano* – EM/UFRJ

MIRANDA, Ronaldo (1943). *Oriens III (trio para flautas)* – ECA/USP; *Quadrilha para 4 flautas* – BN; *Seresta para flauta solo*; *Simple Song (flauta solo)*. Obras com o autor: www.ronaldomiranda.com

MOROZOWICZ, Henrique de Curitiba (1934-2008). *Sonata para flauta e piano*; *Três episódios para flauta e piano*; *Pastoral para 5 flautas*; *Vagas ondas assimétricas para 3 flautas* – ECA/USP

MOURA, Eli-Eri (1963). *"Peixe-vivo" (quarteto de flautas e contrabaixo)* – EM/UFRJ

NAZARETH, Ernesto (1863-1934). *Nazareth para todos (flauta e piano e flauta em Sol e piano)* – Assunto Grave Ed.

NOBRE, Marlos (1939). *Solo I para flauta solo*; *Desafio para flauta e piano* – Vitale.

NOGUEIRA, Theodoro (1913-). *Recitativo para Flauta solo (1954)* - BN

OLIVEIRA, Sergio. *Fantasia para flauta solo (1998)*; *12 Bagatelas (2005) para flauta solo*; *Duo para flautas (1996)*; *Mot pour Laura (2001)*; *Miss You (2004)*; *Duo de flautas*; *Trio para flautas nº 1 (2001)*; *Trio para flautas nº 2 (2005)*; *Sem Espera (2004) - Quarteto de flautas*; *Micareta (2002) flauta e piano*; *Pau e Corda (2003) para qualquer madeira e qualquer corda*; *Berilo (2005) flauta e harpa*; *Farsa (2005) flauta e violão*, *Muito Prazer (2001) - 3 movimentos - flauta, sax alto, trombone tenor, piano e contrabaixo*; *Circus Brasilis (1999) - Duo para flautas barrocas*; *Faces (2000)*; *Divertimento nº 1 (2001) - duas flautas barrocas e cravo*; *A Linha e o Ponto (2003) - flauta barroca e violino barroco*; *Próprio (2003) - flauta doce e cravo*; *Num Junho Qualquer (2004) - quarteto de flautas doce* – UNI-RIO; *Duo para flautas barrocas*; *Duo de flautas* – Ed. Falls House Press; Obras com o autor: www.sergiodeoliveira.com

OLIVEIRA, Willy Corrêa de (1938). *Gesang des Abends* - Zalo Publications, USA.

ORNELAS, Nivaldo (1941). *Noturno para flauta e piano* – EM/UFRJ

PASCHOAL, Hermeto (1936). *Ilha das Galés (flauta e orquestra de cordas)* – BN; *Suite "Mundo Bom" para 20 flautas* – BN; *Quarteto para flautas* – BN

PEREIRA, Márcio (1945). *Sete duos para flauta e fagote* – BN

PITOMBEIRA, Liduino (1962). *Para Celso (flauta d'amore e cordas)*; *Seresta nº 2 para flauta solo*; *Sonata nº 2 para flauta e piano*; *Fantasia sobre tema da "Muié rendera" para flauta e piano* - ABM; *Peripécias do Guajara (quarteto de flautas, contrabaixo e violão)* – Vitale; *Sonata nº 1 para flauta e piano* – Alry Publications;

PIXINGUINHA (1897-1973). *O Melhor de Pixinguinha*; *Música brasileira para conjuntos de flautas (vol I e II)*; *O melhor do choro brasileiro (vol I e II)* – Vitale; *Gargalhada* – EM/UFRJ

PUMAR, Laura Maria (1924-?). *Galáxia (flauta solo)* – BN; *Malandrinho (flauta e piano)*; *Prelúdio (flauta e piano)* – BN

RAYMUNDO, Domingos (1904-?). *Serenata para flauta e piano* – BN

RIBEIRO, Vicente (1964). *Quarteto nº 1 para flautas* – BN

RICHTER, Frederico (1932). *Primavera*; *Canto do sabiá (peças para flauta solo)* - ECA/USP

RIPPER, João Guilherme (1959). *Diptico Latino Americano (duas flautas)* – ABM

RODRIGUES, Parga. *Rêverie (flauta e piano)* – BN

SANTORO, Cláudio (1919-1989). *Quatro epigramas para flauta* - Savart; *Sonata 1941 para flauta e piano* – BN; *Fantasia Sul-América (1983) para flauta solo* – Savart

SANTORO, Dante (1904-1969). *Álbum de Choros* – Vitale

SANTOS, Murilo (1931). *Prelúdio e Dança, para flauta e piano* – BN; *Miniatura e Canticum Brasiliensis (flauta solo)* – BN; *Divertimento para flauta e orquestra de cordas* – BN

SARDINHA, A. A. (Garoto) (1915-1955). *Álbum de Choros* – Vitale

SENNA, Caio (1959). *Igcoara - flauta solo (1991)*; *Ouro Preto, flauta e piano (1982)*; *Suite para flauta e piano (1990)*; *Pulgas, lesmas e baratas - quarteto de flautas (1996)*; *Tanganica - flauta e piano (2000)*; *Gravitons - flauta e contrabaixo (2002)*; *Olhai para o céu, contemplai as estrelas - Quareteto de flautas (2004)*; Obras com o autor: caiosenna@bol.com.br

SCLIAR, Esther (1926-1978). *Sonata para flauta e piano* – BN

SEDICIAS, Dimas (1930-2001). *Juca e Juquinha, duo para tuba e flautim* – ABM

SILVA, Adelaide Pereira da (1938-2005). *Acalanto para flauta e piano* – BN

SILVA, Pattapio (1881-1907). *O livro de Pattapio (obra completa)* – Vitale; *Beija-flor, Joanita, Volúvel (só partes de flauta)* – FUNARTE; *Cotinha* – ACARI; *Noturnos 1 e 2 para flauta, violino e piano* – Theodore Presser

SIMÕES, Wascyli (1928). *Folgando (choro para flauta e piano); Tal pai tal filho (choro para flauta e piano); Joneco (choro para flauta e piano); Shirley, Valsa (flauta e piano)* – EM/UFRJ

SIQUEIRA, João Baptista (1906-1993). *Flauta solo 1970; Romance para flauta e piano* – EM/UFRJ

SIQUEIRA, José (1907-1985). *Estudo de virtuosidade para flauta solo; Cinco invenções para duas flautas; Quatro miniaturas para 3 flautas; Sonatina para flauta e piano; Concertino para flauta e orquestra de cordas; Três estudos para flauta e piano* – BN;

SIQUEIRA, Lenir (1922). *Divagação (Pequeno concerto para flauta solo); Ermelinda, Valsa (flauta e piano); Serenata (flauta e piano); Marcha Militar (trio de flautas); Choro - Trio (flauta, oboé e fagote)* – EM/UFRJ

SOARES, Calimerio (1944). *Improviso para flauta solo* - ECA/USP

SOUZA LIMA, João de (1892-1982). *Ceciliana e variações para flauta e piano* – Novas Metas; *Peça para flauta e violão* – Musicália-Ricordi; *Diagrama II para flauta e piano* – BN

TACUCHIAN, Ricardo (1939). *Ária para flauta solo; Mitos para flauta solo; Concertino para flauta e orquestra de cordas; Alcaparra (flauta solo); Evocação à Lorenzo Fernandez (flauta e violão)* – ABM

TARANTO, Aldo (1906-?). *Lamento para flauta e piano* – EM/UFRJ

TAVARES, Mário (1928-2003). *Duo nº 1 para flauta e fagote (1976); Concertino para flauta e fagote (1959)* – BN; *Alento - flauta solo (1975)* – EM/UFRJ

VALLE, Raul do (1939). *Sonatina para flauta e piano* – EM/UFRJ

VIANA, Andersen (1958). *Prelúdio nº1, para flauta e piano (1978); Prelúdio nº2, para flauta e piano (1979); Quarteto para flautas (1979); Duo "Inseto", para flauta e contrabaixo (1979); Estudo nº1, para flauta e piano (1978); Estudo nº2, para flauta e piano (1979); Gôtas de Cristal, para flauta e piano (1979); Adagio e Allegro, para flauta e piano (1979); Trio, para flautas (1979); Fantasieta, para flauta e piano (1979); 24 Solfejos à duas vozes (1979); Prelúdio nº3, para flauta e piano (1979); Pastoral I, para flauta e piano (1979); Pequena Suite, para flauta e violoncelo (1980); Estudo nº1, para Flauta Solo (1980); Entretenimentos nº1, para Flauta e Viola (1982); "Solo per uma Amica", flauta em sol (1992).* Obras com o autor: www.andersen.mus.br

VICTÓRIO, Roberto (1960). *Ad infinitum, para flauta e piano; Três peças "in natura", para flauta e viola (1984); Choro mixto, para quarteto de flautas (1984); Arrits - duo de flautas (1991); Chronos II para flauta solo (1998); A colônia de pêcego para flauta e 2 violões (1984); Trio para flauta, oboé e clarineta Sib (1988); Três peças livres para flauta, clarineta, trompete e contrabaixo (1993); Concerto para flauta, violão e grupo de câmara (1994); Chronos I para flauta e percussão múltipla (1996); Mekaron para flauta, clarineta, violino e violoncelo (1998); Chronos VIII para quarteto de flautas (2001);Trilogia Bororo (parte II) Aroe Enogware, para quarteto de flautas e flautas Bororo: Ikapanna, parira e poari (2001); Chronos X, para flauta e bateria (2002); Fragmentos para flauta e piano (2004); Canto dos Elementais, para flauta, clarineta, trompa, fagote e cordas (1987)* – Obras com o autor: sextantemt@hotmail.com

VIEIRA LUCAS, Marcos (1964). *Quasar (4 flautas)* – EM/UFRJ

VILLA-LOBOS, Heitor (1887-1959). *Bachianas Brasileiras nº 5 - Ária (transcrição flauta e piano)* – AMP; *Bachianas Brasileiras nº 5 - Ária - adaptação para 6 flautas e contrabaixo por Alberto Arantes* – Vitale; *Choros nº 2 para flauta e clarineta* – Max Eschig; *Assobio a jato (flauta e violoncelo)* – Southern Music; *Bachianas Brasileiras nº 6 (flauta e fagote)* – AMP; *Distribuição de flores (flauta e violão)* – Max Eschig

VILLANI-CÔRTES, Edmundo (1930). *A 3a. folha do diário de um saci - flauta solo; Estudo dos sete fôlegos - flauta solo; Seresta - flauta solo; Introdução e choro para flauta em sol - flauta solo; Sonata encantada - flauta e piano; Luz - flauta e piano; Águas claras - flauta e piano; Choro do João - flauta e piano; O Gabriel chegou - flauta e piano; A orelha - flauta e piano; Pretensioso - flauta e piano; Choro patético - flauta e piano; Os chorões da Paulicéia - flauta e piano; Tríptico - flauta e piano; Cinco miniaturas brasileiras - flauta e piano; Série brasileira - flauta e piano; Os burulóides - duas flautas e piano; Celebração - flauta e quarteto de cordas; Concerto para flauta e orquestra; Villani in Village - flauta e piano; Ipê amarelo - flauta e piano; As três primaveras - 2 flautas e piano* – Obras com o autor: Rua Marambá, 157; Jardim França - São Paulo - 02338-050

WIDMER, Ernst (1927-1990): *Partita II para flauta e cravo; Trégua (flauta solo); Quatro estações de sonho (2 flautas e orquestra de cordas)* – EM/UFB. Obras com o autor: Rua Marambá 157, Jardim França, 02338-050, São Paulo, SP

WOLTZENLOGEL, Luiz (1904-1988). *Estherina - valsa para flauta e piano; Amizade - valsa para flauta e piano* – Biblioteca Escola de Música/UFRJ; woltzen@uol.com.br

ZAMPRONHA, Edson (1963). *Composição para flauta solo (1984); Modelagem I (1993); Modelagem II (1994); Fábula, duas flautas e piano (2007).* Obras com o autor: edson@zampronha.com

Capítulo XIX	Capítulo XIX
LITERATURA SOBRE A FLAUTA	LITERATURA SOBRE LA FLAUTA
Chapitre XIX	Chapter XIX
LITTERATURE SUR LA FLUTE	LITERATURE DEALING WITH THE FLUTE

ASSIS, Pedro de .... Manual do Flautista – Biblioteca Nacional, Rio de Janeiro
BARTOLOZZI, B. * .... New Sounds for Woodwind – Oxford University Press, London
BATE, Ph. .... The Flute – Ernest Benn Ltda.
BAYNES, A. .... Woodwind instruments and their history – Faber and Faber, London
BOEHM, Th. .... An Essay on the Construction of Flutes – Rudal & Carte, London
BOEHM, Th. .... The Flute and Flute Playing – Dover Publications, New York
CARSE, A. .... Musical Wind Instruments – Macmillan & Co.
CHAPMAN, F. B. .... Flute Technique – Oxford University Press, London
COOPER, A. .... The Flute – E. B. Reproductions, London
FAIRLEY, A. .... Flutes, Flautists and Makers – Pan Educacional Music, London
FITZGIBBON, H. M. .... Story of the Flute – Scribners Co.
DICK, R. .... The Other Flute – Oxford University Press, London
DICK, R.* .... Circular Breathing for the Flutist – MMB Music inc., St. Louis
DICK, R. .... Tone Development Through Extended Techniques – MMB Music inc., St. Louis
ESTEVAN, Pilar .... Talking with Flautists – Edutainment
GALWAY, J. .... Flute - Yehudi Menuhin Musical Guide – Macdonald & Co.
GILLIAM, L. .... The Dayton Miller Flute Collection – Library of Congress, Washington
GIRARD, A. .... Histoires et Richesses de la Flûte – Grund, Paris
HEISS, J. .... Multiple Stops for Flute – New England Conservatory, Boston
HOTTETTERRE .... Principes de la Flûte Traversière – Ballard-Christophe, Paris
HOWELL, Thomaz .... The Avant-Garde Flute: A Handbook for Composers and Flutists – University of California Press
LE ROY, R. .... Traité de la Flûte – Editions Musicales Transatlantiques, Paris
LISERRA, Moacyr .... A Flauta, Origem e Arte de Tocá-la – Biblioteca Nacional, Rio de Janeiro
DE LORENZO .... My Complete Story of the Flute – Citadel Press, New York
MCGHEE .... Improvisations for Flute – Berklee Press Publication, Boston
MEYLAN, R. .... La Flûte – Editions Payot, Lausanne
MOYSE, M. .... How I Stayed in Shape – Megido Music
PELLERITE, J.* .... New Fingerings for the Flute – Zalo Publications, Indiana
PELLERITE, J. .... A Handbook for Flute Literature – Zalo Publications, Indiana
PELLERITE, J. .... A Note Book of Techniques for a Flute Recital – Zalo Publications, Indiana
PHELAN, J. .... Flute Fitness - Care and Easy Repair You Can Do (Video) – Conservatory Publications, Stoneham, MA
PIERREUSE, B.* .... Flûte Literature – Editions Musicales Transatlantiques, Paris
PUTNIK, E. .... Flute Pedagogy – Presto Music, Florida
QUANTZ, J.* .... On Playing the Flute – Faber and Faber, London
RAMPAL, J. P. .... La Flûte – De Noel, Paris
RAMPAL, J. P. .... Music, My Love – Macmillan Publ. Co.
ROCKSTRO, R. S. .... A Treatise on the Construction, the History and the Practice of the Flute – Musica Rara, London
RUSH & BARTHO .... Breath Control and Tuning and Intonation Studies for Wind Instruments Players – Filmore Music House Cincinatti, Ohio
SCHECK, G. .... Die Flöte und ihre Musike – Schott
SHEPHERD .... How to Love Your Flute – Amsco
STAUFFER, D. W. .... Intonation Deficiences of Wind Instruments in Ensemble – Catholic University Press, Washington
STEVENS, R. S. .... Artistic Flute - Technic and Study – Highland Music Co.
STOKES, Sh. .... Special Effects for Flute – Trio Associates Highland, Culver City, CA
TOFF, Nancy .... The Development of the Modern Flute – Taplinger Publishing Co., New York
TOFF, Nancy .... The Flute Book – Scribner's Sons, New York
VESTER, F. .... Flute Repertoire Catalogue – Musica Rara, London*
VIOLA, J. .... The Technique of the Flute (Rhythm Studies and Chord Studies) – Berklee Press Publ., Boston
WELCH, Ch. .... History of the Boehm Flute – Rudal & Carte, London

* indispensáveis – indispensables

Capítulo XX
ENDEREÇOS DAS EDITORAS
Capítulo XX
DIRECCIONES DE LAS EDITORAS

Chapitre XX
ADRESSES DES EDITEURS
Chapter XX
PUBLISHER'S ADDRESSES

Academia Brasileira de Música – www.abmusica.org.br
Acari – www.acari.com.br
Alphonse Leduc – www.alphonseleduc.com
Alry Publications – www.alrypublications.com
Assunto Grave – www.assuntograve.com
Baerenreiter – www.baerenreiter.com
Belwin – www.mpa.org
Biblioteca Nacional – www.bn.br/fbn/musica
Billaudot – www.billaudot.com
Broekmans – www.broekmans.com
Bruno Quaino – www.guiapel.com.br
Carl Fischer – www.carlsfischer.com
Casa Manon- www.casamann.com.br
Costallat – www.jobert.fr
Doblinger – www.doblinger.at
Donemus – www.donemus.nl
Dover – www.fldstone.com
Durand – www.chezdamase.tripod.com
ECA/USP – www.eca.usp.br
Escola de Música de Piracicaba – www.faculdademetodista.edu.br
Escola e Música da UFBA – www.escolademusica.ufba.br
Escola de Música da UFRJ – www.musica.ufrj.br
Faber and Faber – www.faber.co.uk
Flute World – www.fluteworld.com
FUNARTE – www.funarte.gov.br
Hall Leonard – www.halleonard.com
Henri Lemoine – www.grainger.de
Max Eschig – www.chezdamase.tripod.com
Multiple Breath – www.breathmusic.moosbreath.com
Musicians Publications -www.billholcombe.com
Musi-Med – www.musimed.com.br
Musik Verlag – www.edition.peters.de
National Flute Association – www.nfa.online.org
Oxford University Press – www.oup.co.uk
Ricordi Brasil – www.ricordi.com.br
Rubank Music Publishing – www.the-sheet-music-store.com
Schott – www.schott-music.com
Salabert – www.chezdamase.tripod.com
Savart – www.hexagon-ensemble.com
Shawnee Press – www.shawneepress.com
Southern Music – www.southernmusic.com
Theodor Presser – www.presser.com
Transatlantiques – www.chezdamase.tripod.com
UNI-RIO – bpca@unirio.br
Universidade Federal de Santa Maria, RS – www.ufsm.br
Vitale – www.vitale.com.br
Zalo Publications – www.jamespellerite.com
Zerboni – www.esz.it/esz-eng

Capítulo XXI
Reparadores de Flauta no Brasil
Capítulo XXI
Reparadores de Flauta en Brasil

Capítulo XXI
Réparateurs de Flûte au Brésil
Capítulo XXI
Flute Repairmen in Brazil

Companhia do sopro – Niterói, RJ – (21) 2613-2729 www.companhiadosopro.com.br
Cyntia Munck – Juiz de Fora, MG – (32) 3212-4333 ou (32) 91031975 munck@uai.com.br
Fabio Stone – Porto Alegre, RS – Tel/fax: (051) 3208 22 92 Cel: (051) 9325 06 57 stonesax@stonesax.com.br
Franklin da Flauta – Rio de Janeiro, RJ – (21) 2509-6981 www.geocities.com/franklinflauta
Glicélio Torres – Tekne Instrumentos – Fortaleza, CE – (85) 3281-6186 gliceliotorres@gmail.com
Luiz Tudrey – São Paulo, SP – (11) 3836-9886 tudrey@hotmail.com
Marcos Kiehl – São Paulo, SP – (11) 3667-6328 mkflauta@gmail.com
Mario Ricardo Granzotto – Curitiba, PR – (41) 3029-3370 marioricardogranzotto@yahoo.com.br
Rogério Wolf (Só Straubinger) – Campinas, SP – (11) 8352-4052 rzwolf@terra.com.br
Ronald Moretto – Presidente Prudente, SP – (18) 3906 4763 ronald@morettoflutes.com
Sergio Morais – Brasília, DF – (61) 9157-7689 morais.sergio@gmail.com

COMPANYGRAF
Centro de Soluções Gráficas
Gráfica - Editora - CTP

Este livro foi impresso pela CompanyGraf Produções
Gráficas e Editora Ltda., a partir de fotolitos fornecidos
pelo cliente em Dezembro de 2008.